Les Gitans

dans

la

littérature

espagnole

COLLECTION « THESES ET RECHERCHES » No XI

Bernard LEBLON

Les Gitans dans la littérature espagnole

INSTITUT D'ÉTUDES HISPANIQUES ET HISPANO-AMÉRICAINES
UNIVERSITÉ DE TOULOUSE-LE MIRAIL

Alphabet phonétique

Cet alphabet est réduit ici aux signes réellement utilisés au cours de cette étude pour la transcription des mots tsiganes, le caló ou la prononciation médiévale du castillan. Il s'appuie, pour l'essentiel sur les normes de l'alphabet phonétique de l'Institut d'Ethnologie (A.I.E.), avec quelques exceptions que nous signalons.

ã = a nasal. Ex. : français 'bã' (banc);
ƀ = b fricatif (ou spirant). Ex. : castillan 'aƀa' (haba);
č représente l'affriquée palatale = ch castillane;
j (au lieu de y) représente la semi voyelle palatale;
k est l'occlusive vélaire sourde;
ş = le s dental du français;
ś = le s alvéolaire du castillan;
š et ž sont les fricatives palato-alvéolaires sourde et sonore correspondant aux consonnes françaises ch et j;
ts et dz (au lieu de ţ et ḑ) notent les affriquées dentales sourde et sonore;
č et dž (ou ǰ) sont les affriquées palatalo-alvéolaires.

La palatalisation est notée par le diacritique ◡ au-dessous du signe alphabétique. Ex. :
- ļ = l palatal (ll castillane);
- ņ = n palatal (n castillane);
- ţ (au lieu de t') = t palatal;
- t῾ représente le t aspiré du tsigane;
- ɵ (au lieu de ŧ) représente l'interdentale sourde ("zeta" castillane);
- X est la fricative vélaire ("jota" castillane).

Prologue

Il m'est plus qu'agréable de remercier ici Odette Gorsse et Marc Vitse qui ont su extraire de mes paperasses ce bel objet qui ressemble à un livre. Plus que les correcteurs vigilants, ils en sont, en quelque sorte, les co-auteurs et j'ose à peine leur dédier un ouvrage qui a pris forme entre leurs mains, grâce à leur patience et à leur amitié.

J'exprime avec plaisir ma gratitude envers Robert Jammes pour sa complicité et la clairvoyance avec laquelle il m'a lancé sur des sentiers obscurs.

Je n'oublie pas Jean-Louis Flecniakoska qui a été pendant douze ans le guide attentif et chaleureux de mes recherches sur les Gitans. Cet épisode littéraire ne lui est pas vraiment inconnu.

Je tiens à remercier également François de Vaux de Foletier, notre grand historien des Tsiganes, à la générosité duquel ce petit livre doit la plupart de ses illustrations.

INTRODUCTION

Cette étude sur les Gitans vus à travers la littérature espagnole est extraite d'une thèse consacrée à cette minorité ethnique (1). Elle
en constituait le troisième volet et venait à la suite d'une première partie essentiellement historique et d'une seconde plus spécialement sociolo-
gique (2). Bien que beaucoup moins importante que les deux précédentes du
point de vue du volume, cette troisième jouait, en quelque sorte, le rôle
de l'antithèse et, venant après l'analyse d'une masse de documents répres-
sifs : textes de lois, plaintes des Cortès, procès et rapports de police,
projets d'expulsion ou d'extermination, etc., elle nuançait et équilibrait
notablement la représentation que nous pouvions avoir de l'image et du rôle des Gitans dans la société espagnole, particulièrement aux XVIème,
XVIIème et XVIIIème siècles.

Disons tout de suite que l'aspect "répressif" n'est pas absent
de la littérature et que nous sommes amenés à distinguer des thèmes plus
"négatifs" (vol, escroquerie, mendicité...),d'autres plutôt "positifs"
(de type folklorique ou idéalisant). La distinction ne tient évidemment
pas compte du ton qui peut aller, comme nous allons le voir, de la critique

---

(1) Bernard Leblon, Les Gitans d'Espagne. Recherches sur les divers aspects
du problème gitan du XVème au XVIIIème siècle, Montpellier, Université Paul
Valéry, 1980, 3 tomes, 1763 + 257 pages dactylographiées.

(2) L'essentiel de la thèse, supprimé ici, sera condensé dans un livre qui
devrait paraître prochainement, sous le titre Les Gitans d'Espagne. Toute
la partie"littéraire"y sera remplacée par des études sur la langue et la
musique des Gitans.

la plus acerbe au comique le plus savoureux. Les oeuvres traitent fréquemment les deux catégories de thèmes, soit dans la même tonalité, soit même
en mélangeant les genres. C'est le cas de Cervantes qui tient, selon la
formule aristotélique, à divertir sans se priver de moraliser. On pourra
observer, de plus, que la bienveillance —ou la malveillance— de l'auteur
peut se situer aussi bien au niveau de la sélection des thèmes qu'à celui
du ton qu'il adopte pour les exposer. Quoi qu'il en soit et en tenant compte
de ces combinaisons de thèmes et de tonalités, nous pouvons percevoir dans
les oeuvres littéraires deux sortes d'attitudes vis-à-vis des Gitans, l'une
plus ou moins favorable et l'autre plus ou moins critique, qui correspondent
l'une et l'autre à des tendances de l'opinion. Dans la réalité pas plus que
dans la fiction des sentiments en apparence contraire ne s'excluent réciproquement. Aussi bien, le même individu peut craindre de se voir dévalisé par
des Gitans et prendre plaisir au spectacle de leurs danses. C'est bien le
propre de ce peuple d'apparence si mystérieuse d'inspirer une fascination
où l'admiration et la crainte soient étroitement mêlées et c'est de tendances
aussi complexes que vont naître les mythes qui entoureront les Gitans dans
la littérature espagnole et universelle, depuis le XVIème siècle jusqu'à nos
jours.

Or, ces mythes nous intéressent parce qu'ils nous révèlent une
réalité d'ordre psychologique plus évidente et plus vraie que celle qui éma-
ne des textes de lois et des rapports de police. C'est seulement à partir
d'une telle étude que nous pouvons tenter de répondre à une question fonda-
mentale : que représentaient réellement les Gitans pour les Espagnols à une
époque où la justice ne les considère plus que comme un vil gibier bon à
abattre ? Etaient-ils seulement des voleurs de chevaux et des bandits de
grands chemins ? Les lois reprochent fréquemment aux Gitanes de dire la bonne aventure, mais y aurait-il eu des chiromanciennes sans une abondante
clientèle avide de percer quelques secrets du présent et de l'avenir, grâce
à une magie "populaire" appréciée dans toutes les classes de la société,
comme en témoigne Cervantes ? Les lois ont tenté de faire disparaître les
spectacles gitans, en même temps que le costume et la langue de la race maudite, mais y sont-elles jamais parvenues ? Sur le plan des valeurs positi-
ves, nous savons que, dans les villages andalous, le Gitan ne jouait pas
uniquement un rôle folklorique. C'était aussi le forgeron qui pouvait réparer les outils agricoles; c'était le boulanger ou le boucher; c'est lui qui
s'occupait du pressoir à huile et d'autres tâches indispensables, mais ju-
gées dégradantes... Cependant, l'homme ne vit pas que de pain; il lui faut
aussi des jeux, en d'autres termes des divertissements et du rêve. Nous savons bien que les Gitans participent à diverses festivités religieuses ou
profanes et nous en avons relevé ailleurs des témoignages historiques, mais
c'est surtout à travers la littérature que cette fonction relative à la fête
se manifeste avec tout son éclat. C'est dans les documents utilisés dans la
présente étude qu'apparaît un nouvel aspect des rapports entre les Gitans
et les "payos" *   , soit que les thèmes traités fassent partie de cette catégorie que nous appelons "positive", soit qu'il s'agisse de thèmes déjà
bien connus, traditionnellement négatifs, mais abordés avec une optique
toute différente.

_____

* Non-Gitans.

        Le lecteur pourra remarquer qu'après une première partie dans
laquelle nous allons suivre rapidement l'évolution des thèmes gitans
dans la littérature espagnole, de la fin du XVème siècle au début du
XXème, le second volet de notre étude, intitulé *Autour des Gitans de Cer-*
vantes, en constitue la part la plus substantielle et il pourra peut-
être s'en étonner. Le choix de Cervantes comme pierre de touche en ce qui
concerne l'étude des Gitans n'est pas uniquement notre fait et il a toujours paru difficile de parler de cette minorité ethnique espagnole sans
évoquer l'auteur de *La Gitanilla*, à tel point qu'on a eu parfois tendance
à utiliser les oeuvres de ce dernier comme des documents ethnographiques,
ainsi que nous allons le voir. Cette tendance connaît même, actuellement,
un certain renouveau d'intérêt (3). Nous avons donc voulu faire le point
sur cette question et cette partie de notre travail nous permet, à la fois,
de passer en revue les différents thèmes gitans, tels qu'ils apparaissent
dans l'ensemble de la littérature espagnole du Siècle d'Or et de confronter,
pour chacun d'entre eux, l'apport de Cervantes et celui de ses contemporains. Cette étude comparative nous amène progressivement à nous pencher
sur certaines particularités très caractéristiques de cet auteur et à for-
muler quelques hypothèses pour tenter d'éclairer une attitude tout-à-fait
originale et dont la portée nous semble dépasser très largement le cadre
étroit du problème gitan.

---

(3) Cf. Manuel López Rodríguez, Tras las huellas del Flamenco. El mundo
gitano en la obra de Cervantes, Jérez de la Frontera, 1971.

PREMIÈRE PARTIE

Les thèmes littéraires et leur évolution

AVANT CERVANTES

    Vers 1610, lorsque Cervantes écrit *La Gitanilla*, il y a près de
deux siècles que les Gitans errent sur les routes d'Espagne. Quelles traces
ont-ils laissées dans la littérature ?

    En 1499, l'année de la première pragmatique des Rois Catholiques
contre les "Egyptiens", on trouve une allusion à la bonne aventure dans *La
Celestina* (1) . Au Portugal, il est question du vêtement d'une "dama do
Egypto", dans le *Cancioneiro Geral* de García de Resende, édité en 1516 (2);
tandis qu'un "romance" castillan évoque plus particulièrement la coiffure
des Gitanes :

> *Encima una saboyana*
> *un nunca visto tocado*
> *a manera de gitana*
> *revuelto con su tranzado.* (3)

---

(1) F. de Rojas, La Celestina, Clás. Cast., t. II, p. 72 (Cf. infra, p. 118).

(2) García de Resende, Cancioneiro Geral, Lixboa, H. de Cãpos, 1516.
        Nova edição preparada pelo Dr. A.J.Gonçálves Guimarães, Coimbra,
Impresa da Universidade, 1915, t. IV, p. 366.

(3) Romances viejos castellanos, dans Antología de poetas líricos castellanos, t. IX, vol. II, Biblioteca Clásica, vol. CCIX, Madrid, 1899, p. 315.

Est-ce en 1521, selon la *Copilaçam*, en 1525, si l'on en croit
Braacamp Freire, ou encore en 1531, d'après Mendes dos Remedios, que le
roi portugais Jean II assiste, à Evora, à une représentation de la *Farça
das Ciganas* de Gil Vicente ? Toujours est-il qu'il s'agit là d'un simple
divertissement de cour, dans lequel les comédiens s'adressent directement
au public. Quatre Gitans y proposent des échanges de chevaux et quatre
Gitanes y disent la bonne aventure (4). Dans l'*Auto da festa* du même auteur, deux Gitanes disent également la bonne aventure aux spectateurs (5).
    Francisco Delicado, auteur de *La lozana Andaluza*, publiée en
1528, fait allusion à la sorcellerie des "zíngaras" ou Gitanes (6), tandis
que dans le *Buen placer trovado*, de Juan Hurtado de Mendoza, édité en 1550,
c'est de la vie vagabonde des "grecs" ou Gitans qu'il s'agit :

> ¡ *Quién podríe aver acá por vida ufana*
> *la vida de unos griegos o Gitanos*
> *que van vagando por la vida humana*
> *temidos de los pobres aldeanos!* (7)

Le même thème apparaît, au passage, dans la *Comedia do Fanchono
ou de Bristo*, d'Antonio Ferreira, publiée en 1562 au Portugal :

> *Ando de terra em terra, como cigano, fazendo
> meus pousos onde me não conhecem, em dous dias som
> conhecido de todos.* (8)

Dans une oeuvre de la même époque, la *Farsa llamada Ardamisa*, de
Diego de Negueruela, une Gitane, avec son "ceceo" caractéristique, dit la
bonne aventure à Ardamisa, l'héroïne, et à un portugais (9), et dans la
Comedia llamada Aurelia de Juan de Timoneda, imprimée à Valence en 1564,
deux Gitans et une Gitane demandent l'aumône et disent la bonne aventure(10).
    L'aumône et la bonne aventure constituent également l'essentiel

---

(4) Gil Vicente, Farça das Ciganas, dans Obras completas, t. V, Lisboa,
1944, p. 319.
        - Auto de las Gitanas, Clás. Cast., n° 156, pp. 223-236.

(5) Id., Auto da festa, dans Obras completas, t. V, Lisboa, 1944, pp. 140-
141. (Cf. infra, p. 124).

(6) Francisco Delicado, La lozana Andaluza, Madrid, Taurus, 1967, p. 176.
(Cf. infra, p. 134).

(7) Juan Hurtado de Mendoza, Buen placer trovado en trece discantes de
cuarta rima castellana, Alcalá, 1550, fol. 24 v., deceno discante.

(8) Adrien Roig, La comédie de Bristo ou l'entremetteur d'Antonio Ferreira,
Paris, P.U.F., 1973, p. 198.

(9) Diego de Negueruela, Farsa llamada Ardamisa, Madrid, 1900. (Cf. infra,
pp. 127-128).

(10) Juan de Timoneda, Comedia llamada Aurelia, dans Obras completas, Valencia, 1911, t. I, pp. 315-376. (Cf. infra, pp. 120, 122-123).

Comedia llamada Aurelia, agora

nueuamente compuesta, en la qual se introduzen
las personas siguientes: sacada a luz
por Ioan Diamonte.

Saluzio romero.	Aurelia su hermana.	Garcia ama vieja.	Viejo hortolano.	Lucas bouo.

Ioan bouo	Y dos gitanos.	Vna gitana.	Vn frances. vn portugues.	Vn vizayno. vn soldado.

Impressa en Valencia, en casa de Ioan Mey, con licencia
del sancto Officio: y priuilegio por quatro años. 1564.

I - Frontispice de la *Comedia Aurelia* de Juan de Timoneda, Valencia, 1564.

de l'intervention de la Gitane dans la *Comedia Eufemia* de Lope de Rueda, écrite en 1544 et publiée en 1567; mais, cette fois, la prédiction est liée à l'intrigue de la pièce (11). Dans une autre oeuvre du même auteur, publiée la même année, la *Comedia llamada Medora*, une Gitane restitue à ses parents un enfant volé (12).

Les Gitans apparaissent encore dans un certain nombre d'oeuvres anonymes du XVIème siècle. C'est le cas de l'*Aucto del finamento de Jacob*, où un Gitan et une Gitane échangent des paroles étranges et se livrent à leurs activités favorites et désormais classiques : l'aumône et la bonne aventure (13). Quatre Gitanes et un Gitan interviennent dans l'*Aucto de la huida de Egipto*. Ce sont les Gitans qui hébergent la Sainte Famille lors de la fuite en Egypte; bien entendu, la bonne aventure fait encore partie du programme et les Gitanes dansent devant l'Enfant Jésus (14). C'est toute la vie du Christ qui fait l'objet d'une prédiction gitane dans *La vuelta de Egipto*, de Lope de Vega, qui raconte, cette fois, le retour de la Sainte Famille (15). Un autre "auto" de Lope, *El tirano castigado* (16) et une "comedia" *El primer rey de Castilla* (17), rédigés tous les deux avant 1604, mettent en scène des Gitanes qui prédisent l'avenir. Des allusions aux Gitans et à leurs diverses activités sont éparses dans plusieurs autres pièces de Lope de Vega, comme *El enemigo engañado* (18), *La serrana de la Vera* (19), *El esclavo de Venecia* (20) et *El ganso de oro* (21). On en trouve également quelques-unes dans le *Guzmán de Alfarache* de Mateo Alemán (22), dans la deuxième partie du roman picaresque due à la plume de Luján.

---

(11) Lope de Rueda, Comedia Eufemia, B.A.E., vol. II, pp. 248-262. (Cf. infra, pp. 122-123).

(12) Id., Comedia llamada Medora, dans Teatro completo, Barcelona, 1967, pp. 279-355.

(13) Aucto del finamento de Jacob, dans Léo Rouanet, Colección de autos, farsas y coloquios del siglo XVI, Barcelona-Madrid, 1901, t. I, pp. 200-216.

(14) Aucto de la huida de Egipto, ibid., t. II, pp. 374-387.

(15) Lope de Vega, La vuelta de Egipto, dans Obras de Lope de Vega, B.A.E., t. VI, vol. CLVII, pp. 345-358.

(16) Id., El tirano castigado, ibid., t. VII, vol. CLVIII, pp. 33-61.

(17) Id., El primer rey de Castilla, ibid., p. 232.

(18) Id., El enemigo engañado, Real Ac.N.E., t. II, vol. V, p. 132.

(19) Id., La serrana de la vera, B.A.E., t. XXV, vol. CCXXIII, p. 186 b.

(20) Id., El esclavo de Venecia, Real Ac.N.E., t. III, vol. V, p. 364 a.

(21) Id., El ganso de oro, ibid., t. II, vol. I, p. 166.

(22) Mateo Alemán, Guzmán de Alfarache, dans Novelistas anteriores a Cervantes, B.A.E., Madrid, 1876, t. III, p. 190 a, 271 a, 241 b, 351 b.

de Sayavedra (23) et dans *La pícara Justina*, signée par le docteur López de Úbeda (24). Ce sont des allusions de ce genre, spécialement celles qui concernent le maquignonnage, que nous allons retrouver dans *La ilustre fregona*, le *Coloquio* et *Don Quijote*.

A la même époque, dans les premières années du XVIIème siècle, Góngora évoque, dans un "romance" et deux chansons en l'honneur du Saint Sacrement, les Gitans danseurs, acrobates, forgerons et... voleurs (25). Le thème fameux du "romance" :

> *Trepan los Gitanos*
> *y bailan ellas*
> *otro nudo a la bolsa*
> *mientras que trepan.*

était glosé de façon tout à fait différente dans la version primitive de ce "romance" telle qu'elle parut en 1605 dans la *Segunda parte del Romancero General*. Mais, dans un cas comme dans l'autre, les thème satiriques transposés visent des Gitans, dont l'origine n'est pas nécessairement très exotique ! :

> *Gitanos del mundo*
> *que suelen dar vueltas*
> *por quitar a veces*
> *otras de cadena;*
> *cuyas coyunturas*
> *para no perderlas,*
> *si son de hurtar*
> *se doblan y quiebran.*
> *Pues que de ligeros*
> *muchas veces vuelan,*
> *como Águilas Reales*
> *de las faldriqueras,*
> *otro nudo a la bolsa*
> *mientras que trepan...* (26)

Le thème du vol déjà développé dans la *Medora* de Lope de Rueda, dont on a extrait le *Paso de la Gitana ladrona*, fournit à un intermède anonyme, publié en 1609 et intitulé *Entremés de Pedro Hernández y el co-*

---

(23) Mateo Luján de Sayavedra, Segunda parte de la vida del pícaro Guzmán de Alfarache, B.A.E., vol. XXXIII, p. 374 b, 410 a.

(24) Francisco López de Úbeda, La pícara Justina, dans Novelistas posteriores a Cervantes, B.A.E., t. II, vol. XXXIII, p. 81 b, 112 b, 117 b.

(25) Luis de Góngora y Argote, Obras completas, Madrid, Aguilar, 1956, p. 150, 347, 365.
    Voir l'étude de Robert Jammes sur ce romance : Dos sátiras vallisoletanas de Góngora, dans Criticón, 10, 1980, pp. 31-57 (Toulouse, France-Ibérie Recherche).

(26) Romancero General (1600, 1604, 1605), vol. II, ed. de Ángel González Palencia, Clásicos Españoles, n° IV, Madrid, 1947, p. 322, n° 1320.

rregidor, l'essentiel de son intrigue (27). Quant au thème de la danse, il
est particulièrement exploité dans un "auto sacramental" de Juan de Luque (28) qui voit le jour en 1608 et dans une "comedia" de Lope de Vega
probablement antérieure à 1604, *El nacimiento de Cristo* (29).

Nous venons de voir que, dès le XVIème siècle, les Gitans maquignons et musiciens et les Gitanes diseuses de bonne aventure et danseuses
font partie du folklore et deviennent des personnages familiers pour le public des "autos" et des "comedias". C'est dans cette lignée qu'il faut situer *La elección de los alcaldes de Daganzo* et, dans une certaine mesure,
Pedro de Urdemalas. Mais *Pedro de Urdemalas* c'est aussi l'histoire de la
jeune fille élevée par des Gitans et l'exaltation lyrique d'un certain "gitanisme"; c'est déjà, en puissance, le thème de *La Gitanilla*.

APRES LA GITANILLA. *EVOLUTION DES THEMES GITANS AU XVIIème SIECLE*.

Dans les années qui suivent l'édition des *Novelas ejemplares* de
Cervantes, l'un des événements les plus marquants est la publication, en
1608, de *El arenal de Sevilla* de Lope de Vega, où deux personnages se dé-
guisent en Gitans, ce qui entraîne l'évocation de certains thèmes traditionnels, comme celui de la bonne aventure (30).

La même année voit paraître les *Relaciones de la vida del Escudero Marcos de Obregón*, où Vicente Espinel raconte, de façon fort plaisante,
la vente d'un mulet par un Gitan astucieux, et, sur un ton moins serein, la
rencontre inquiétante, et sans doute vécue par l'auteur, du héros et d'une
troupe de Gitans au coeur de la "serranía" de Ronda (31).

Deux ans plus tard, en 1620, on publie,à Paris, une deuxième partie du *Lazarillo de Tormes*, due à la plume de Juan de Luna, où l'on voit
des Gitans danser chez le comte de Miranda, faire des tours de saltimbanques et se battre au couteau (32). C'est la même année que Salas Barbadillo
fait publier *El subtil cordobés Pedro de Urdemalas*, oeuvre inspirée par la
pièce de Cervantes (33), et le même auteur récidive l'année suivante avec
ce genre de thème, puisqu'une Gitane est l'héroïne de son roman *La sabia
Flora Malsabidilla*, qui paraît en 1621 (34).

---

(27) Emilio Cotarelo y Mori, Colección de entremeses..., Nueva B.A.E., vol.
XVII, pp. 123-126.

(28) Juan de Luque, Divina poesía y varios conceptos a las fiestas principales..., Lisboa, 1608, p. 530.

(29) Lope de Vega, El nacimiento de Cristo, dans Obras de Lope de Vega,
B.A.E., t. VIII, vol. CLIX, pp. 225-251. (Cf.infra, pp. 158-159).

(30) Id., El arenal de Sevilla, dans Comedias escogidas, B.A.E., t. III,
vol. XLI, pp. 527-546. (Cf. infra, p. 123).

(31) Vicente Espinel, Relaciones de la vida del Escudero Marcos de Obregón,
B.A.E., vol. XVIII, p. 411, 412, 416, 417. (Cf. infra, pp. 80-81).

(32) Juan de Luna, La segunda parte de la vida de Lazarillo de Tormes, dans
La novela picaresca española, ed. de Angel Valbuena y Prat, Madrid, Aguilar,
1966, pp. 113-146. (Cf.infra, p. 152).

(33) Alonso Jerónimo de Salas Barbadillo, El subtil cordobés Pedro de Urdemalas, Madrid, Juan de la Cuesta, 1620.

(34) Id., La sabia Flora Malsabidilla, Madrid, Luis Sánchez, 1621.

Deux "comedias" de Lope de Vega qui mettent en scène des Gitans
sont éditées successivement en 1621 et 1622. La première est *El primer rey
de Castilla* que nous évoquions plus haut et la seconde *La madre de la mejor*,
dans laquelle deux Gitans viennent danser pour célébrer la naissance de
Sainte Anne (35).

Désormais, les thèmes Gitans vont se développer dans deux domaines
privilégiés : le roman —pour l'instant il s'agit surtout du roman picaresque et du roman d'aventures— et le théâtre. En ce qui concerne le courant
picaresque, après le *Marcos de Obregón* et la deuxième partie du *Lazarillo*,
Estebanillo González et *Alonso, mozo de muchos amos* nous fournissent de
nouvelles occasions d'approcher les Gitans.

Estebanillo les rencontre pour nous, et bien contre son gré, sous
un chêne-liège où la pluie l'a forcé à chercher refuge. Il s'agit apparemment
d'une bande redoutable : les Gitans viennent de voler deux mules et cinq
bourricots près d'un village voisin et le héros nous explique pourquoi il
s'en méfie :

> *Saludélos de tal manera, que excedí los límites de
> la cortesía, más por temor de haber quedado en sus manos
> que por amor ni afición, que jamás les tuve; porque, ¿quién
> es tu enemigo ?, el que es de tu oficio.* (36)

Les Gitans, le voyant trempé, se mettent en devoir de le dépouiller de ses vêtements avec une sollicitude fort suspecte qui ne manque pas
de rappeler la tactique célèbre adoptée par le comte de Belmonte vis-à-vis
des "Gabachos", car Estebanillo a, lui aussi, sa fortune cousue dans les
plis de ses haillons. Il nous dépeint en trois expressions l'atmosphère particulière de ce campement :

> *Tenían entre ellos una algaraza como Gitanos, una
> alegría como gananciosos, y un temor como salteadores,
> pues cada instante volvían las cabezas por si llegaban
> en su seguimiento los dueños de su botín y cabalgada.*(37)

Là-dessus, les représentants de la justice font leur apparition
et toute la troupe prend la poudre d'escampette avec une rapidité surprenante (38).

La rencontre que fait le soldat Pindare est très différente. Sur
une place madrilène, il extrait d'une caisse une Gitane qui s'y était cachée pour ne pas être surprise en flagrant délit de pratiques magiques et
d'escroquerie à l'égard d'une jeune personne amoureuse qui l'accompagne :

> *Traía ésta desgreñado el cabello, y en las manos*

---

(35) Lope de Vega, La madre de la mejor, dans Obras de Lope de Vega, B.A.E.,
t. VIII, vol. CLIX, pp. 204-205.

(36) Vida y hechos de Estebanillo González, hombre de buen humor, dans La
novela picaresca española, op. cit., p. 1753 b.

(37) Id., ibidem.

(38) Cf. infra, p. 86.

*no sé qué baratijas, que luego al punto dejó caer a mis
pies; pudiera investigarlas, pero el preguntarla qué
hacía divirtió mi deseo. Al principio con mentiras y
embustes me entretuvo ronceando, mas en viendo que se
las entendía y que la amenazaba con la justicia, hin-
cándose de hinojos en el suelo y desviándose un poco
del cajón, me pidió la escuchase. Dijo : Pobreza, señor
mío, y el tener a mi marido en un gran trabajo me hace
andar en tales pasos; busco en ellos mi vida y el sustento de cuatro criaturicas; esto los puede disculpar.(39)*

Pendant ce temps-là, deux Gitans sont en train de cambrioler tran-
quillement le domicile de la jeune fille, dont la porte est restée ouverte,
mais notre héros arrivera à temps pour faire échouer leur entreprise.

Quant à Alonso, héros picaresque de Jerónimo de Alcalá, c'est une
véritable aventure qu'il va vivre,puisqu'il partage l'existence d'une troupe de Gitans pendant trois mois, durant lesquels il s'initie aux techniques
de ses hôtes et multiplie les observations.

Un auteur italien de la fin du XIXème siècle, Colocci,avait voulu
rendre justice à Jerónimo de Alcalá et il écrivait :

*... è uno dei più esatti scrittori antichi sugli zin-
gari spagnuoli.* (40)

Cependant, peu de temps après, ce jugement était attaqué par Salillas, qui défendait Cervantes et Mateo Alemán contre Alcalá, en qui il
ne voyait qu'un pâle imitateur :

*Por el contrario, Jerónimo de Alcalá no puede con-
siderarse como escritor de impresiones propias, descu-
briéndose a la legua que hilvana precedentes conocidos, y
que,con lo que sabe de lectura, describe lo que a los no
informados les parece·trasunto de propia observación.* (41)

En fait Alcalá a le mérite, si rare à cette époque, de ne pas se
contenter de l'aspect purement folklorique des Gitans et, contrairement à
ce que pense Salillas, de s'inspirer de l'observation directe. Maints détails de son évocation et, en particulier, tout ce qui touche à la vie du
campement, aux moeurs, aux coutumes, la description de l'enterrement par
exemple, tout cela ne peut avoir été inventé et ne se trouve nulle part ailleurs. Bien que ses Gitans soient vus sans complaisance, Alcalá ne peut se
défendre d'admirer leurs qualités physiques et leur résistance à supporter
une vie aussi dure et inhumaine; il sait se montrer sensible à leur extrême

---

(39) Gonzalo de Céspedes y Meneses, Fortuna varia del soldado Píndaro, dans
Obras, B.A.E., vol. XVIII, p. 337 b.

(40) Adriano Colocci, Gli Zingari. Storia d'un popolo errante, Torino, 1889.

(41) Rafael Salillas, El delincuente español . Hampa, Madrid, 1898, 2ª parte,
"Gitanismo", p. 142.

dénuement et à leur existence tragique de parias sans cesse traqués et
persécutés :

> ... *siendo su vida una campal batalla, corridos,*
> *acosados, sin haber lugar que los quiera admitir ni*
> *ciudad que no los aborrezca.* (42)

Ce point de vue très original à l'époque, qui consiste à ne pas voir les
Gitans uniquement de l'extérieur, à travers les torts qu'ils peuvent cau-
ser aux autres, mais aussi de l'intérieur, en évoquant leurs conditions
d'existence et leur destin, sans lyrisme et sans transposition bucolique,
pourrait faire de Jerónimo de Alcalá un auteur social avant la lettre.
    Le héros d'un roman de cour de Juan de Piña, intitulé *Casos pro-
digiosos y cueva encantada*, rencontre également des Gitans sur la route
qui mène de Madrid à la sierra de Guadarrama, près de Torrelodones, un lieu
de sinistre réputation, où, si l'on en croit Quiñones, leurs semblables
avaient coutume de commettre des forfaits atroces. Mais ceux dont il s'agit
ici sont hors d'état de nuire, solidement attachés dans quatre charrettes
qui les conduisent en prison. Don Juan en profite pour raconter une anecdote
sur la vente d'un mulet volé par un certain Pedro de Malla, qui fait partie
des prisonniers et pour citer —assez mal— quatre vers de Góngora :

> *Bailan las Gitanas*
> *y ellas dan bueltas;*
> *otro nudo a la bolsa,*
> *mientras que trepan.* (43)

    En ce qui concerne le théâtre, en plus des "comedias" de Lope
évoquées plus haut, il faut mentionner *La Gitanilla de Madrid*, d'Antonio
de Solís (44). Il ne s'agit, en réalité, que d'une assez pauvre adaptation
théâtrale de la nouvelle de Cervantes. En montant sur les planches, la
"Gitanilla" s'est dépouillée de tout ce qui n'était pas folklorique ou picaresque. Son intérêt tient, à la fois, à ce qu'elle souligne l'énorme succès de la nouvelle de Cervantes, et, surtout, à ce qu'elle en révèle, par
contraste, l'originalité. *La Gitanilla de Madrid* se situe à la tête d'une
longue lignée de pièces de théâtre et de romans inspirés par l'oeuvre de
Cervantes dans de nombreux pays d'Europe.
    On peut citer, entre autres, pour l'Italie, *Signorina Zingaretta*,
de Florido de Silvestris; en France, deux tragi-comédies qui portent le même titre, *La Belle Egyptienne*, l'une d'Alexandre Hardy et l'autre de Salle-
bray, et des ballets comme le *Ballet des romans* et *La boutade des comédiens*,
le premier de 1644 et le second de 1645; en Angleterre, *The Spanish Gipsie*
de Middleton et Rowley; aux Pays-Bas, *La vie de Konstance* de Tengnagel et

---

(42) Jerónimo de Alcalá, Alonso, mozo de muchos amos, dans Obras, B.A.E.,
vol. XVIII, p. 551 b.

(43) Juan de Piña, Casos prodigiosos y cueva encantada, Madrid, 1628, t. I,
p. 4, 5.

(44) Antonio de Solís, La Gitanilla de Madrid, B.A.E., vol. XLVII, pp. 59-
77.

La Tsigane espagnole de Catharina Verwers (45).
On trouvera quelques allusions aux Gitans dans nombre d'oeuvres théâtrales de cette époque. Chez Tirso de Molina, une bergère est :

más mudable que hato de Gitano. (46)

Un personnage de Moreto qui joue les Célestines donne cette référence :

Veréis que asegurar puedo
un aduar de Gitanos. (47)

Dans un"entremés"de Quiñones de Benavente,un Gitan personnifie le Nil (48) et, dans un autre, un vieillard qui se teint au henné est comparé à un âne sorti des mains d'un Gitan :

Vejecito que te alheñas,
pareces, tinto y lozano,
asno hurtado de Gitano,
trocadas las señas. (49)

Mais surtout, dans la deuxième moitié du XVIIème siècle, nous assistons à une véritable floraison d'intermèdes("entremeses") pièces burlesques("mojigangas")et ballets où les Gitans jouent très souvent un rôle important. Dans l'"entremés" de *La dama encerrada* qui traite très rapidement le thème du mari jaloux les Gitans,n'apparaissent qu'à la fin pour danser :

Oxitos de enamorado,
¡ qué rezeloso y honrado !
Dancemos al rededor
zarambeque de primor.
. . . .
Ha, mi señora casada;
dame essa mano nevada;
assí te vea apartada
de un marido zelador.

---

(45) M.A. Hainsworth, Les "Nouvelles exemplaires" de Cervantes en France au XVIIème siècle, Paris, 1933, p. 148.
François de Vaux de Foletier, Mille ans d'histoire des Tsiganes, Paris, 1970, p. 228.

(46) Tirso de Molina, El vergonzoso en palacio, dans Obras dramáticas completas, Madrid, Aguilar, 1946, t. I, p. 310 b.

(47) Agustín Moreto y Cabaña, Todo es enredos amor, dans Comedias escogidas, B.A.E., vol. XXXIX, p. 448 b.

(48) Luis Quiñones de Benavente, Entremés cantado : La puente segoviana, 1ª parte, dans Colección de entremeses, loas, bailes, etc., t. I, vol. 2°, Nueva B.A.E., vol. XVIII, p. 533 b.

(49) Id., Entremés cantado : La verdad, ibid., p. 573 b.

Dancemos al rededor. (50)

Dans *La hija del doctor* de Francisco de Avellaneda, attribuée à Figueroa dans la *Floresta* de 1691, les Gitanes arrivent sur scène en chantant et en dansant :

> *Gitanillas, Gitanas,*
> *tocar y baylar,*
> *ay que sí, garabí, garabí,*
> *⌐a⌐y que sí,*
> *que la buena ventura*
> *nos echa el compás.*
> ....
> *Andar, andar*
> *garabí, ay que sí garabí,*
> *ay que sí garabí, baylar,*
> *porque las mudanças,*
> *siempre lucen más.* (51)

et elles ne tardent pas à dire la bonne aventure :

TODAS   *Veamos las manos.*

LA PRADA   *Tomad.*

MANUELA   *¡ Hermoso campo de Venus !*

MARÍA   *¡ Qué larga vida que tienes !*

MANUELA   *¡ Qué corazón tan sereno !*

MARÍA   *Una Excelencia inutroque*
             Iúpiter te está ofreciendo.

MANUELA   *Mercurio te ofrece en ésta*
             todo un príncipe encubierto. (52)

L'*Entremés del alcalde nuevo* met en scène un alcade débutant et de trop bonne composition, qui visite la prison et met tout le monde en liberté, y compris les Gitans. Ces derniers se sont rendus coupables d'une dizaine de vols et d'un assassinat dans la région et l'un d'entre eux doit être soumis à la torture. Il promet d'avouer ses fautes à l'oreille du brave alcade :

GITANO 1° *De mil amores : yo tengo,*

---

(50) Entremés de la dama encerrada, dans Laurel de entremeses varios..., Zaragoza, 1660, pp. 126-127.

(51) Entremés de la hija del doctor, dans Floresta de entremeses y rasgos del ocio, Madrid, 1691, p. 143.

(52) Ibid.

> *señor Alcalde, cinco hijos*
> *tamañitos como los dedos*
> *de la mano; mire usted,*
> *no aprendí oficio, y por esso,*
> *compadecido de ver*
> *que perecen sin remedio,*
> *en las casas del lugar*
> *suelo pedir, y si encuentro*
> *por ay algunas cosillas,*
> *es verdad que se las llevo.*

ALCALDE   *¿ A vuestros hijos ? Hazéis*
> *muy bien, yo hiziera lo mesmo.* (53)

L'épisode se termine par des danses et des vivats en l'honneur de l'alcade au coeur pitoyable.

Dans *El maulero*, de Francisco Antonio de Monteser, les Gitans arrivent encore en chantant :

> *Gitanillo del alma,*
> *no te alborotes,*
> *que si no son galeras*
> *serán azotes.* (54)

La "copla" donne tout de suite le ton et un bref dialogue nous livre un aperçu des activités douteuses de ces personnages :

GITANO 1°   *Andrés, ¿ hiciste aquel hurto ?*

GITANO 2°   *Pues ¿ Tiénesme a mí por mandria ?*

GITANA   *¿ Como te salió el embuste*
            del platero ?

GITANO 1°   *Como plata.*
            ¿ Ajustaste el casamiento ?

GITANA   *Ya estoy echando las habas.*
            ¿ Se vende el hierro ?

GITANO 1°   *Muy poco,*
            porque hay muchos que le labran. (55)

Un peu plus loin, les Gitans revendiquent fièrement leurs méfaits :

---

(53) **Entremés del alcalde nuevo**, dans Floresta de entremeses y rasgos del ocio, Madrid, 1680, p. 45.

(54) Francisco Antonio de Monteser, El maulero, B.N.M., Manuscritos, 14.851 (21).
     - Cf. Felicidad Buendía, Antología del entremés, Madrid, Aguilar, 1965, p. 856.

(55) Ibid., p. 856, 857.

GRACIOSA   *Yo llego. ¿ Quién sois ?*

GITANOS   *Ladrones.*

GITANAS   *Y embusteras.*

GRACIOSO   *Cosa rara*
            ve aquí : sólo los Gitanos
            son los que al Mundo no engañan. (56)

Et, bien entendu, une fois de plus tout se termine par des danses :

GRACIOSA   *Gitanitos, bailad, bailad,*
            que es fiesta de los gitanos
            castañetas y saltar. (57)

          Mais l'"entremés" le plus intéressant est celui de Jerónimo de
Cáncer y Velasco intitulé *Los Gitanos*, qui figure parmi ses *Autos sacramen-*
tales publiés à Madrid en 1675. Le personnage nommé Heredia sert de guide
et nous fait visiter le quartier gitan de Madrid (58) :

HEREDIA   *¿ Vos no habéis averiguado*
            deste barrio los secretos
            de los gitanos ?

BLAS   *Yo no.*

HEREDIA   *Pues es el mejor festejo*
            de Madrid.

BLAS   *¿ Y de qué suerte ?*

HEREDIA   *¿ De qué suerte ? Estadme atento.*
            Aquí en esta plazuela
            en distintos aposentos
            viven todas las gitanas
            que hay en Madrid, y volviendo
            por esotra ⌐a⌐cera habitan
            labradoras, cuyo empleo
            son yerbas que al campo usurpan
            para pebetes caseros.
            Unas y otras se compiten
            en bailes, tonos diversos,
            con oposición tan grande,

---

(56) Ibid., p. 857, 858.

(57) Ibid., p. 858.

(58) Il s'agit probablement du quartier de "Las Maravillas" où, d'après
la Mojiganga de la tía y la sobrina, de Lanini, "sólo gitanos habitan". Cf.
Emilio Cotarelo y Mori, Colección de entremeses, Nueva B.A.E., t. XVII,
p. CCXCVIII.

> que cada instante sospecho
> que de gusto y regocijo
> pase el canto a ser lamento.
> Y no es esto lo mejor,
> sino ver cuántos sujetos
> a consultar las gitanas
> vienen, y a pedir remedios
> para diferentes casos,
> y se vuelven satisfechos. (59)

Presque aussitôt nous entendons une Gitane chanter au son du tambour de basque :

MICAELA   Gentilhombre te quiero,
> mi gitanillo quiérote,
> y tu llave en las casas
> con ejercicios
> guárdate, mi gitanillo. (60)

Peu après, nous voyons arriver un personnage déguisé en aveugle qui compose des "coplas" sur les Gitans condamnés à la potence et, un peu plus tard, nous assistons à une séance de conjuration :

MANUELA   ¿ Qué pretende?

MARÍA   Que me haga
> algún conjuro casero
> para que me guarde.

MANUELA   Vaya;
> déme, aunque no sea nuevo,
> algún oro.

MARÍA   Esta sortija.

MANUELA   Pues déme ahora su lienzo.
> Bien. ¿ Ve que en aquesta punta
> ato su anillo ?

MARÍA   Sí veo.

MANUELA   Pues guárdese usted tres días
> sin desatar, y al momento
> la meterá su galán
> en la leonera.

MARÍA   Eso quiero.

---

(59) Jerónimo de Cáncer y Velasco, Los Gitanos, dans Felicidad Buendía, op. cit., pp. 619-620.

(60) Ibid., p. 620.

MANUELA   *Pues verálo ejecutado.*

MARÍA   *¡ Quiera Dios !*

MANUELA   *¡ Guárdete el cielo !*
           ⌐Ap.⌐ Lleva una de azabache
           y yo la suya me llevo. (61)

     Deux autres personnages viennent demander d'étranges recettes
aux Gitanes. L'un voudrait être, le jour de la procession, un pénitent
porteur de croix plus convaincant que son rival, afin de mieux séduire sa
belle. L'autre souhaite ensorceler les commissaires et porter sur son dos
un géant le jour de la Fête-Dieu. Ici encore, des danses viennent clore
la visite.
     Dans une "mojiganga" de Calderón de la Barca, intitulée *La Muer-
te*, la charrette d'une compagnie de théâtre se renverse au moment où des
moissonneurs galiciens arrivent poursuivis par des Gitans. Les uns et les
autres sont paralysés par la terreur en apercevant le déguisement qui représente la Mort. Le charretier les rassure et tout le monde va se mettre
à chanter pour célébrer ce quiproquo :

GALLEGA   *Si es así, va una cantiña*
           de jitanos y galegos.
           ⌐Canta⌐¡ Ay por aquí, por aquí, galegos !
           ¡ Ay por aquí, por aquí, cantemos !
GALLEGO   *¡ Ay por aquí, por aquí, Duminga !*
           ¡ Ay por aquí, por aquí, Lurenzo !

JITANA   *Vaya pues de bulla,*
           pues que della es tiempo,
           que a las mojigangas
           no da ser lo serio.

TODOS   *¡ Ay por aquí ! etc.*
           ¡ Ay por aquí, por aquí, galegos !
           ¡ Ay por aquí, por aquí, acabemos !

    Acábase con instrumentos de mojiganga   (62)

     Dans la *Mojiganga del Doctor Alcalde* de Francisco Serrano, le
docteur a l'idée saugrenue d'utiliser les malades de l'hôpital pour les
réjouissances de la Fête-Dieu. Il sera secondé de façon très opportune
par une Gitane surnommée "la Garullera" :

       Gitana, que por su voz
       pudiera estar en galeras,

---

(61) Ibid., p. 626.

(62) Pedro Calderón de la Barca, La Muerte, dans Obras, B.A.E., t. XIV,
pp. 643-648.

qui se met à chanter,pour attirer de nouveaux malades , de curieuses onomatopées :

> *Cuchini, cuchicha, cuchichi,*
> *titirite, garrote, garroti,*
> *que titirite, cuchina, cuchini.* (63)

Et l'on ne tarde pas à assister à un duo burlesque qui réunit le docteur
et sa patiente :

> GITANA   *Yo saco mis sonajas*
> *deste bolsillo,*
> *porque a la mojiganga*
> *demos principio.*
> *Alcaldito y Doctor,*
> *litón, litoque, vitoque,*
> *dime qué tienes.*
>
> DOCTOR   *Que también para olgarme,*
> *litón, litoque, vitoque,*
> *traigo cascabeles..* (64)

La *Mojiganga de la manzana* de Manuel León Marchante présente des
danses de Galiciennes et Portugaises et de Gitanes :

> GITANA   *La buena ventura*
> *en la fiesta se halla,*
> *por ella venimos,*
> *dádnosla de gracia;*
> *y pues soys el sol*
> *que nació del Alva*
> *bien tenéis que dar,*
> *oy como mañana.*
>
> TODOS   *Ea,Geromilla, toca las sonajas,*
> *y con lindos lazos,*
> *se teja una dança.*
>
> GITANA   *Vaya Maldonado,*
> *vaya, vaya, vaya.*(65)

Dans une autre "mojiganga" sans titre précis représentée en 1685
en même temps que *El mágico prodigioso* de Calderón de la Barca, on pouvait

---

(63) Mojiganga del Doctor Alcalde, dans Vergel de entremeses y conceptos del
donayre con diferentes bayles, loas y mojigangas, Zaragoza, 1675, ed. de Jesús Cañedo Fernández, Madrid, 1970, Bibl. de Antiguos Libros Hispánicos, vol.
XXXI, p. 173.

(64) Ibid., p. 177.

(65) Mojiganga de la manzana, dans Floresta de entremeses y rasgos del ocio,
Madrid, 1691, pp. 67-68.

voir apparaître à la fois un Français, un nègre, une négresse, un démon,
un Gitan, une Gitane, une duègne, un Portugais et l'inévitable "gracioso".
Le couple gitan arrive sur scène en dansant, puis la Gitane dit la bonne
aventure avec le "ceceo" typique :

> GITANA   *Quien nos llamó con suz voces*
> *noz pagará de contado;*
> *dénoz usted la limozna,*
> *enséñeme aqueza mano,*
> *le diré la buena dicha.* (66)

.Comme ils ont quelques difficultés à se faire payer, les Gitans
partent en faisant main basse sur les vêtements de leur hôte, qu'ils désha-
billent proprement.

Enfin, la *Mojiganga de la Gitanada*, datée de 1672, met également
en scène des Galiciens, des Portugais, des nègres, des vieillards, une duègne, quatre Gitanes, quatre Gitans et un nombre indéterminé de musiciens.
Les différents groupes de danseurs se succèdent en chantant dans leur langue ou avec leur accent particulier et, lorsque vient le tour des Gitans,
l'auteur nous donne quelques indications scéniques intéressantes concernant
leurs danses :

> Saldrán los xitanos y xitanas con tablillas prevenidas
> y sus pañuelos y harán las mudanzas que mejor pares-
> can. Salen cantando todos :
>
> > A *la dina dana la dana dina*
> > *canten y bailen las xitanillas,*
>
> Mudanza
>
> *canten y bailen las xitanillas.* (67)

Après un rapide dialogue agrémenté du "ceceo" d'usage, les Gitans se remet-
tent à chanter et à danser :

> OTRA 3a   *Mostrar nuestro regocijo,*
> *bailando Mari Parrada.*
> *y tomando los pañuelos*
> *otra mudancita se haga*
> *de lo lindo y lo polido,*
> *por servir a esta ciudad.*
>
> Hacen otra mudanza con los pañuelos. Cantan todas :
> "A la dina, dana, la dana dina, etc."
>
> XITA. 1a   *Juan de Porras, vaya ahora,*
> *por estas hermosas damas,*
> *dar vueltas con las tablillas,*
> *porque noz hagamos raxas.*

---

(66) <u>Mojigangas manuscritas</u>, B.N., Manuscritos, 14.090, fol. 105.

(67) <u>Moxiganga de la xitanada</u>, <u>ibid.</u>, ff. 84-90.

Cantan todas

Hoi al hombre se lo dan,
carne y sangre, vino y pan.
Las xitanas y xitanos
zapatean con las manos
y sin que el compás se pierda,
con la derecha y la izquierda,
y al son de aquestas tablillas,
hemoz de hacer maravillas;
nuestra voluntad mostremos
en bailar quanto sabemos. (68)

Une Gitane va dire la bonne aventure à l'"illustre et noble" ville de Madrid et le spectacle va se terminer par une chacone avec accompagnement de castagnettes et par une joyeuse farandole :

Bailan la chacona con castañetas y pondrán las mudanzas que mejor parescan.

TODOS   *Vaya, vaya.*

XITANA 1a   *Vaya, vaya de chacona,*
              ésta sí que es la vida bona,
              ilustre, noble ciudad...   (69)

Nous terminerons cette revue du XVIIème siècle par l'un de ces "ballets" typiques du théâtre de l'époque, où la danse, à l'encontre des "mojigangas" que nous venons d'évoquer, tient fort peu de place. Il s'agit du *Baile de la Gitanilla* qui accompagnait la "comedia" d'Antonio de Zamora, *La Poncella de Orleans*. La Gitane arrive en chantant :

Sale cantando

Ay, engañozo Amor,
ay, traydor cupidillo,
que la buena ventura
no la tengo, y la digo. (70)

Elle va, en effet, dire toute une série de bonnes aventures, en commençant par l'alcade qui voulait l'arrêter, car il l'accuse d'avoir ensorcelé des jeunes gens, mais qui finit par succomber à son charme. L'alcade refuse de donner un réal pour faire "la croix", mais il consent à tendre sa main. Le passage est assez burlesque :

---

(68) Ibid., ff. 87-88.

(69) Ibid., fol. 89.

(70) La Gitanilla, baile, B.N., Manuscritos, 14.513[49]. Cf. Antonio de Zamora, Comedias nuevas..., Madrid, 1722, t. I, pp. 305-312.

GITANA   ¿ Ve, Alcalde, ezta raya grande,
            que paza del dedo chico
            por encima de otraz ?

ALCALDE   Sí.

GITANA   Pues le anuncia un tabardillo.

ALCALDE   ¡ Ira de Dios !

GITANA   ¡ Qué valiente
            ez con la ezpada de vidrio !

ALCALDE   Nadie lo echa en el candil.

GITANA   Uzté, zegún ezte avizo,
            ¿ cerró las yervaz pazadas ?

ALCALDE   Sí señor, yo, y mi pollino.

GITANA   Ezta endidura promete,
            zi ez que yo mal no adivino,
            que ha de hazer un gran viaje.

ALCALDE   El otro día fui a Pinto.

GITANA   Éze ya ha pasado. Ezcuche :
            ¿ ve ezte vizlumbre negrito,
            que ay aquí ?

ALCALDE   Sí.

GITANA   Pues ez...

ALCALDE   Roña.

GITANA   No ez zino un no prevenido
            azezinato de amor,
            en que haz de vivir cautivo
            de unoz ojoz negroz.

ALCALDE   Siempre
            fui inclinado a vino tinto. (71)

        Le rideau tombe quand même sur quelques figures de danse et des
chansons.

---

(71) <u>La Gitanilla</u>, <u>op. cit.</u> <u>Cf.</u> Antonio de Zamora, <u>op. cit.</u>, p. 309.

LES XVIIIème ET XIXème SIECLES

Au XVIIIème siècle, la vogue des "entremeses" n'est pas terminée puisque, parmi les manuscrits et les recueils de cette époque, nous trouvons plusieurs oeuvres de ce genre qui nous intéressent par leur thème.

Antonio de Zamora, que nous venons d'évoquer au sujet du *Baile de la Gitanilla* est l'auteur d'un intermède qui a pour seul titre *Entremés para la fiesta de "Todo lo vence el Amor"*. Publiée en 1722 dans le premier tome des "comedias", cette pièce a dû être écrite en 1709. En effet, elle est dédiée à la naissance du petit prince des Asturies, futur souverain éphémère sous le nom de Louis I. L'argument est précisément lié à la grâce qui est accordée aux détenus, soit à cette occasion, soit lorsque l'héritier du trône reçoit son titre princier, ce qui se produisit deux ans plus tard pour le jeune Louis.

L'alcade de Caramanchel de Abajo, flanqué de son greffier, vient libérer les prisonniers. Les Gitans, ravis de l'aubaine, proposent une petite fête :

> GITANA 1a   *Pues ay zonaxilla al canto,*
> *¿ quiere uzted que aya volteta ?*(72)

L'alcade jette son bâton et se met à danser avec une Gitane sous le regard scandalisé du greffier. Tout en dansant, la Gitane chante un couplet en l'honneur du petit prince :

> GITANA   /¯Canta ¯7 *Sin que al Príncipe mire*
> *mano ninguna,*
> *ya desde aora, le mando*
> *buena ventura:*
> *Morena y ruede y canela y zurra.*
> *Mire, y quál con el niño*
> *se ensancha Asturias.*
> GITANOS   *Morena, y ruede, etc.*   (73)

Brusquement, le greffier s'aperçoit que les Gitans lui ont volé sa bourse et veut les faire arrêter, mais l'alcade refuse de gâcher la fête pour si peu :

> ALCALDE   *¿ Qué es que se prenda ?*
> *Escriva de tres al quatro,*
> *nos ha nacido un Príncipe,*
> *¿ y quieres por quatro ochavos*
> *prender a nadie ?* (74)

---

(72) Antonio de Zamora, Entremés para la fiesta de"Todo lo vence el Amor", dans Comedias nuevas, con los mismos saynetes con que se executaron..., Madrid, 1722, pp. 21-30.

(73) Ibid., p. 24.

(74) Ibid., p. 25.

Les Gitans reprennent aussitôt leur "seguidilla" et tout se termine dans l'allégresse générale :

> Salen los ocho Gitanos en sus trages, con sonajas,
> y tamboriles.
>
> GITANA 3a   ⌐Canta ⌐Quando Luis a España nace.
>   nuestra fortuna mejora,
>   pues con él a sus contrarios
>   se dio un cabe golpe en bola.
>   A la andola, andola, andola
>   síguela, guapo, a la señora,
>   a la andola, andola, andola,
>   que de Nápoles vengo aora.
>
> Laço con todos los instrumentos.   (75)

El alcalde engitanado nous expose la tactique des Gitanes qui
arrivent dans un village : il faut d'abord obtenir une autorisation de
l'alcade pour pouvoir y séjourner, puis s'informer discrètement pour savoir où il y a de l'argent :

> PACORRA   Puez, hijaz, no gastar tiempo;
>   veamoz zi damoz maña
>   para zacar la lizencia,
>   y mantener nueztra razpa,
>   informándonoz también
>   de los ricoz que máz labran,
>   y zi el cura tiene polvo
>   le limpiaremoz la capa. (76)

Mais la Pacorra commence par dire la bonne aventure à un brave
Galicien et nous retrouvons ici une plaisanterie déjà connue sur la crasse
qui recouvre assez souvent les mains :

> PACORRA   De veraz hablo, querido,
>   puez conozco en ezta raya
>   que eztá juntico de eztotra.
>
> GALLEGO   Éssa es roña de la palma.
>
> PACORRA   No ez mala roña, querido;
>   antez de pocaz zemanaz
>   te haz de ver muy poderozo
>   por la muerte azelerada
>   de tu pariente el de Lugo... (77)

---

(75) Ibid., p. 30.

(76) El alcalde engitanado, entremés nuevo, dans Manuscritos varios, B.N.,
Manuscritos, 4.064, ff. 181-188.

(77) Ibid., fol. 182 r.

Devant l'étonnement du Galicien qui joue, selon la tradition, le rôle du sot, la Gitane s'exclame :

> *Panarra,*
> *¿ no zabez que laz egipziaz*
> *zabemoz cozaz muy raraz ?*

Puis elle s'attaque à l'alcade en essayant de le séduire par une série de louanges :

> *Ceñor, ceñor, eza cara*
> *ez de un bellízimo mozo,*
> *y no puede coza mala*
> *hazer jamáz, aunque quiera,*
> *porque ella mizma declara*
> *que nació de buenoz padrez*
> *quien tiene buenaz entrañaz.* (78)

Elle fait allusion, au passage, à son origine égyptienne :

> *Ceñor alcalde, yo vengo*
> *con la amiga Polinaria*
> *y compañía, a pedir*
> *la licencia acostumbrada*
> *para dar buelta al lugar;*
> *y aunque zemoz de la Mancha*
> *naturalez, en el Cayro*
> *tenemoz nueztra prozapia.*

Et devant la méfiance de l'alcade, sa compagne proteste de leur innocence avec une plaisanterie devenue célèbre grâce à Quevedo et au petit frère du "Buscón" :

> PACORRA   *Vamoz pazando la vida*
> *con lo que laz buenaz almaz*
> *noz ofrezen. por que hagamoz*
> *nueztra havilidad, y mañaz.*
>
> ALCALDE   *¿ Y se hurtan muchos borricos ?*
>
> POLINARIA   *¿ Quién tal dice ? Eza ez chanza,*
> *que nozotraz no robamoz*
> *máz que voluntadez.* (79)

L'alcade a droit à sa bonne aventure et enfin, soudainement conquis, il se met à danser le fandango avec l'une des Gitanes :

---

(78) <u>Ibid.</u>, fol. 184 v.

(79) <u>Ibid.</u>, ff. 184 v.-185 r.

Bailan un fandango. Canta y baila una frente a el
Alcalde, y a la mitad del cantar, echa a bailar éste
con ella, diciendo de quando en q^do: "Orrio, ea, andes-
té." (80)

Voilà donc un alcade transformé en danseur gitan. Celui du deuxième "entremés", intitulé *El alcalde verdulero, y chasco de las Gitanas*, va
se trouver, avec Gitans et Gitanes, en compagnie de tout un potager : don
Puerro, doña Judía, don Nabo, doña Berengena, don Tomate, doña Cebolla et
don Ajo. Quatre Gitanes et quatre Gitans arrivent en chantant, suivis de
leur comtesse, qui porte un chapeau blanc. Cependant, leurs propos, échan-
gés aux portes de Madrid, ne sont guère réjouissants :

> GITANA /¯Canta¯7 *Dicen es vida tuna*
> *la del Gitano;*
> *no está quien la discurre*
> *bien informado.*
> *Pues más trabaja*
> *en guardar su pellejo,*
> *que otros su capa.*
>
> CONDESA *Hijoz, ya que a Leganez*
> *hemoz llegado, zilencio;*
> *y pues que pacen los burroz,*
> *hagamoz alto, que quiero*
> *ze trate con gran cuidado,*
> *por amor de Dioz, el medio*
> *de entrar en Madrid, que anda*
> *el caldo todo revuelto*
> *zobre expeler vagamundoz;*
> *no zea el Diablo que demoz*
> *en la ene de la plaza*
> *el cozcorrón poztrimero.* (81)

La comtesse conseille ensuite à ses ouailles de se méfier des
galants de la Cour et leur propose d'aller faire un petit tour dans les
manufactures après la tombée de la nuit, lorsque tout le monde est endormi.
Ses ultimes recommandations, pour le cas où quelqu'un de sa troupe tombe-
rait entre les mains de la justice, empruntent au discours du vieux Gitan
de *La Gitanilla* de Cervantes sa plus fameuse plaisanterie :

> CONDESA   *En todo trato*
> *la ganancia ez el objeto:*
> *nunca en varaz de juzticia*
> *parezca verdad; primero*
> *mártir, que no confezor;*
> *caiga el que caiga, zilencio,*

---

(80) Ibid., fol. 186 r.

(81) Entremés nuevo : El alcalde verdulero, y chasco de las Gitanas, dans
Varios entremeses, B.N., Manuscritos, 15.279, ff. 120-131.

> *aguantar la pena, y no*
> *dezcubra a sus compañeroz.* (82)

Bien que les Gitans promettent à l'alcade une farce spectaculaire, le ton n'est pas, dans l'ensemble, très plaisant.

La musique du balai qui faisait les délices de la bande de Monipodio dans *Rinconete y Cortadillo* joue également un grand rôle dans l'"entremés" intitulé précisément *La escoba*. Un alcade en est encore la vedette. Il visite la prison et passe en revue les Gitans qui s'y trouvent :

> *Salen los Jitanos. El cielo guarde al Alcalde*
> *los años que yo deseo.*
>
> ALCALDE   *Pues moriréme al instante.*
>
> JITANOS   *¡ Jesus ! Pues, ¿quién dize aqueso ?*
> *¡ Qué deseamos que viva*
> *el Alcaldito remedio*
> *de aquestos probes Jitanos*
> *y su amparo.!*
>
> ALCALDE   *Quedo, quedo.* (83)

Suit un interrogatoire burlesque dans lequel on retrouve la générosité et l'ingénuité de l'*Alcalde nuevo* de 1680 :

> ALCALDE   *¿ Por qué estáis preso ?*
>
> 1ro JITANO   *Señor,*
> *porque le alivié del peso*
> *de unas quinientas patacas*
> *a un caminante y es cierto*
> *que así que las agarré*
> *fue aliviado y yo contento,*
> *porque me precio de muy*
> *caritativo.*
>
> ALCALDE   *Es muy bueno*
> *y es ésa gran caridad*
> *y a sido en verdad mal hecho*
> *que se os aga la ynjusticia*
> *de teneros aquí dentro*
> *sin dexar el q. aliviéis*
> *a otros pobres pasajeros*
> *libre y sin costas.*
>
> REXIDOR   *¡ Alcalde !*

---

(82) **Ibid.**, fol. 122 (c'est nous qui soulignons).

(83) **La escoba, entremés**, B.N., Manuscritos, 14.516[15].

ALCALDE   No ay alcalde. Yd vos diciendo.

2do JITANO   Yo, Sr., unos cabritos
               de su maxada...

REXIDOR   ⌐Ap._⌐ Me guelgo.

2do JITANO   Le quité.

ALCALDE   Por vida mía
               que hizisteis muy mal en eso,
               porque son mui correnciosos
               y os dañarían.

JITANO   ¡ Qué bueno
               que a estado el Alcalde ! Sepa
               que los adrezé que el mesmo
               Alcalde dellos podía
               comer sin vergüenza.

PRIMERA   Es cierto,
               porque yo maxé la especie
               con su ajito y su pimiento
               y después por fin de zena
               (a la salud de su Dueño
               que el cielo guarde mil años)
               por la falta de pandero
               tomé una escoba y bailamos
               a su son. (84)

Intrigué, l'alcade promet la liberté à tout le monde si on lui
montre cette nouveauté :

ALCALDE   No es necedad, rexidor,
               porque los sainetes vemos
               que de qualquier nobedad
               se haze uno, y éste por nuevo
               puede ser que agrade a todos:
               denle una escoba al momento.

JITANA   Y pues el Alcalde toca
               la vigüela y es tan diestro
               en estos juguetes, toque
               y acompañe.

ALCALDE   Soi contento.
               ¿ Qué se a de tocar ?

PRIMERA   Fandango,

---

(84) Ibid.

> *el canario y el guineo*
> *las folías y ...*

ALCALDE   *Tened,*
> *que en las folías me pierdo...*

La fête se termine sur ce refrain repris en choeur par tout le monde :

> *Pues va de bailes y festexo:*
> *estropaxos y platos*
> *varreños y ollas*
> *todos son parenticos*
> *de doña Escoba.*

On aura pu remarquer que, si le thème reste tout à fait classique, il ne s'agit plus des mêmes danses qu'à l'époque précédente (85) et que le mot "sainete" est venu remplacer le mot "entremés" dans le texte de la pièce. En fait, à partir de Ramón de la Cruz on ne parlera plus que de "sainetes". Deux de ces petites comédies bouffones dues à la plume de cet auteur mettent en scène des Gitans.

Dans *Los ladrones robados*, tout le monde a l'accent madrilène à part le Gitan qui conserve son "ceceo" caractéristique :

GITANO   *La paz del zeñor zea aquí,*
> *zeñores y caballeroz.* (86)

Ce Gitan s'associe avec deux "majos" pour faire un mauvais coup. Il s'agit de dévaliser un aubergiste au moyen d'un astucieux stratagème que les trois compères vont mettre au point. Les choses se gâtent au moment de partager le butin et une issue sanglante est à craindre. Cependant tout va s'arranger pour tout le monde y compris pour la victime, et la pièce s'achève sur une chansonnette ou "tonadilla".

La saynète intitulée *Las Gitanillas* a pour théâtre, de nouveau, une auberge. Les propriétaires se plaignent de ne pas faire d'affaires et s'apprêtent à fermer lorsque paraît une troupe de Gitans qui s'installe avec beaucoup d'arrogance et de sans gêne. Celui qui semble être le chef commence par s'en prendre au patron :

> *¡ La puerta debe estar franca !*
> *Dé gracias a Dios que vengo*
> *de buen humor, que si no...*
> *más vale que lo dejemos.*
> *¿ Quién es el patrón ?* (87)

---

(85) Le fandango, en particulier, n'est pas mentionné avant 1705, d'après Corominas.

(86) Ramón de la Cruz, Los ladrones robados, dans Sainetes, t. I, Nueva B.A.E., vol. XXIII, pp. 380-383.

(87) Las Gitanillas. Ibid., t. II, Nueva B.A.E., vol. XXVI, pp. 99-105.

Puis il organise promptement les réjouissances :

> *Presto*
> *avánce se la alacena;*
> *pasad dos el gallinero*
> *a cuchillo; y otros dos*
> *a pelar y encender fuego;*
> *y mientras tanto vosotros,*
> *porque traigo con el tiempo*
> *tristes las memorias y algo*
> *afligido el pensamiento,*
> *bailad unas seguidillas*
> *gitanas con taconeo,*
> *o cantadme algún corrido.*

Sale Chinica con una guitarra.   (88)

Mais bientôt arrivent l'alcade et l'alguazil. Ce dernier se met à interroger Gitans et Gitanes ce qui donne lieu à des dialogues burlesques. L'un des Gitans prétend être avocat, car il a eu des procès dans tous les tribunaux d'Espagne et s'en est toujours sorti à son avantage. Un autre se dit maître de psalterion et se vante d'avoir des ongles doués d'une agilité toute spéciale. Un troisième est à la fois tailleur, marchand de vêtements, tisserand et passementier, avec également une grande dextérité dans les doigts. Un autre est herboriste. Il recherche, en particulier, "la flor del berro" et d'autres plantes avec lesquelles il confectionne, la nuit de la Saint Jean, une infusion destinée aux jeunes Gitanes. C'est grâce à cela qu'elles peuvent dire la bonne aventure avec tant de clairvoyance. L'une des Gitanes fait un commentaire ironique sur son teint basané :

> *Pero, ¿ qué tenemos ?,*
> *si como nadie se tizna*
> *por tratarnos ni por vernos,*
> *nos llaman las negras de*
> *los ojos del universo.*   (89)

Pendant ce temps-là, une de ses compagnes subtilise adroitement les montres des représentants de la justice. Mais voici qu'un courrier arrive avec une commission rogatoire des villes voisines, réclamant l'arrestation d'une troupe de Gitans qui a commis mille méfaits dans la région.
La-dessus, les Gitanes se mettent à chanter :

> *Prisiones y muertes*
> *suspenda tu ceño,*
> *y afable perdone,*
> *pues yo te lo ruego,*
>
> Coro de las Gitanas

---

(88) **Ibid.**, p. 101 a.

(89) **Ibid.**, p. 103 b.

> *y las gitanillas*
> *con mil seguidillas,*
> *músicas y versos,*
> *le harán una fiesta*
> *de "así me lo quiero".* (90)

L'alcade accepte de les laisser partir à condition qu'ils chantent une chanson et quittent le village sans tarder.

Une censure datée du 25 avril 1770 propose à l'auteur quelques modifications qui visent à donner à sa pièce plus de vraisemblance :

> *Para que este sainete se represente al público*
> *y se logre la perfección que se apetece, se volverá*
> *al autor, por quien, en lugar de la altanería con que*
> *supone entran hablando los gitanos en el mesón, lo que*
> *es contra su costumbre, use de las frases de los gita-*
> *nos que llaman jerga, y la encontrará al fin del diccio-*
> *nario de Oudin. En lugar de los versos que se dicen por*
> *el propio, que llega al fin del sainete, para que se les*
> *prenda, porque han hecho muchos robos en la comarca, se*
> *dirá : "Porque un jumento han hurtado en la comarca".*
> Delgado. (91)

Consulter un dictionnaire, ou du moins faire référence à l'argot de l'époque en vertu d'une confusion bien enracinée, c'est ce qu'avait fait Torres Villarroel pour écrire son *Sainete de los Gitanos* édité en 1752. Ses quatre Gitans et ses quatre Gitanes arrivent en dansant et en chantant ce refrain bucolique :

> *Ya que del vederre y trena*
> *nos chivamos y escurrimos,*
> *y la iglesia nos defiende*
> *del tropel de los castigos,*
> *chiclanas, majos, tomemos*
> *tierra del Papa, y abrigo*
> *en aquesta portería*
> *del Seráfico Francisco.* (92)

Disons tout de suite que les mots "bederre" (bourreau), "trena" (prison), "chivarse" (escaparse); ainsi que plus loin "clisos" (yeux) (93), tous empruntés à l'argot des XVIIème et XVIIIème siècles, et "me maro", qui vient peut-être du tsigane "merav" (en caló, "merar" = mourir), ne rendent

---

(90) Ibid., p. 104 b.

(91) Ibid., p. 105 a.

(92) Diego de Torres Villarroel, Sainete de los Gitanos, dans Sainetes, Madrid, Taurus, 1969, pp. 95-105.

(93) Seuls "bederre" (bourreau) et "treno" (prisonnier) figurent chez Oudin. En ce qui concerne "clisos", Corominas qui cite comme premier document El delincuente español de Salillas, paru en 1896, retarde ici de plus d'un siècle!

pas les préciosités de style de l'auteur,plus vraisemblables dans la bouche de ces Gitans qui sortent à peine de prison et qui vont aller le soir
même animer une soirée chez de riches admirateurs.

Dans une autre saynète de l'époque, *La Chápira*, écrite à Cadix en
1777, on trouvera,parmi une quantité d'invraisemblances, une histoire de
bourse volée et, une fois de plus, un alcade un peu fou qui tombe amoureux
d'une Gitane, nommée la Chápira (94).

Dans *Las Gitanas desterradas*, on voit le médecin, le barbier et
le pharmacien du village protester contre l'expulsion des Gitans que l'alcade a fait effectuer et qu'il commence à regretter :

MÉDICO   *Os pareze bien, Alcalde,*
del gusto habernos privado
de ver vailar, y cantar
con el donaire y el garbo
con qᵉ. lo hazen comúnmente
las jitanas y jitanos.

ALCALDE   *Es cierto, qᵉ. ya me pesa.*

BOTICARIO   *Sois inconsiderado;*
¿ qué haría el lugar (decid)
a no ser por los jitanos ?
¿ Ellos no entran en las Danzas ?,
¿ no cantan por essos barrios ?,
¿ no adivinan varias cosas ?,
¿ no nos cuidan el ganado ?

ALCALDE   *Es cierto,*
y de ello me a pesado.

BOTICARIO   *Mirad Alcalde, yo sé*
qᵉ. este lugar sin jitanos
pierde al año mucha gente.

ALCALDE   *Multiplican qᵉ. es un pasmo.* (95)

L'alcade fait savoir aux Gitans qu'il les autorise à revenir au
village et ceux-ci, bien entendu, arrivent en chantant et en dansant :

Cantan lo que quieran, y salen vejete, jitanos y jitanas, bailan, y cantan, y tocan las castañuelas.

JITᴬᴼ. 1ro *Puesto qᵉ. ya el alcalde*
noz ha indultado
bailemoz zeguidillaz
por zelebrarlo.

---

(94) La Chápira, 2a parte de los Gitanos, B.N., Manuscritos, 14.526.

(95) Las Gitanas desterradas, sainete en verso, B.N., Manuscritos, 14.530[18].

> Ea, muchachoz,
> zuenen laz caztañuelaz
> con ⌐b⌐⌐rio y garbo.

1ra   Alcalde, zea enorabuena
               qᵉ. con zalud oz hallamoz.

1ro   Un abrazo venga, Alcalde.

2da   Alcalde, venga essa mano.

2do   Antez a mí.

Suit un dialogue bouffon entre les Gitans et l'alcade. Ce dernier leur demande où ils ont été et ce qu'ils ont appris de nouveau et ils lui font part de leurs dernières créations :

1ra   Hemoz hecho tonadillaz,
               juguetez muchoz, y varioz,
               ariaz, minuéz, contradanzas,
               conciertos, y recitadoz.

C'est en tout cas par une "tonadilla" que la pièce se termine.

Le décor de *La Gitanilla honrada* représente une forêt. On y aperçoit une cabane et, dans le fond, une grotte. Au lever du rideau, les Gitans sont sur la scène occupés à diverses activités :

> Estarán algunas de las Damas, y varios hombres todos
> de jitanos, ocupados en dibersos oficios como hacer
> soguilla, limar yerro, y ellas vailando quatro y tocan-
> do el pandero otras.   (96)

Une "seguidilla" ne tarde pas à se faire entendre :

> Por más, cruel fortuna,
> qᵉ. nos persigas,
> quanto más travajos
> más alegría.
> Ande la rueda,
> y ya qᵉ. no comamos
> tengamos fiesta.

Ce couplet donne la tonalité et l'on ne peut pas dire que les dialogues qui suivent respirent la joie de vivre :

GUERRA   ¿ Qué he de bailar
               si de miseria me caygo ?

ASNAR   Por mi vida, qᵉ. a mí ya
               el comer se me ha olvidado.

---

(96) <u>La Gitanilla honrada</u>, sainete en verso, B.N., Manuscritos, 14.530[17].

SANTOS   A mí no, p^r. q^e. la gana
                spr^e. me lo está acordando.

RUBIO   ¿ Qué faremos, cuitadicas
                de nosotras ?

BORDA   Acostarnos
                a dormir p^a. no ver
                la ora en q^e. nos muramos.

Un peu plus loin une Gitane se plaint amèrement du manque de générosité des madrilènes :

     Esto es Castiya, ¿ y aqueyo
     q^e. vimoz el mez pazao
     es Madril ? ¡ Brabo Pirú !
     El más pobre Gaditano,
     le da de limozna un duro
     a una Gitana con garvo
     y fantassía, pero estoz
     uñas almionados
     dan p^r. fuerza y mala cara
     una pieza de dos quartos
     q^e. vale más de zaliva
     q^e. una gasta en suplicallo.

Le ton, de plus en plus désabusé, va encore plus loin que dans *El alcalde verdulero*, car les Gitans sont, ici, au bord du repentir :

     N^{tra}. pernicioza raza
     está p^r. todos los cabos
     del mundo ya aborrecida,
     n^{tro}. zalamero trato
     conocido, y las astucias
     más sutiles dan en vago,
     q^e. del escarmiento nace
     el juicio tarde o temprano
     y no está la astucia donde
     resisten los desengaños.

Cependant, les hommes de la bande reviennent chargés de ballots. Ils ont dévalisé des comédiens et l'un d'entre eux se déguise en ours. Un boulanger arrive alors sur le lieu du campement et une Gitane lui dit la bonne aventure :

     No temáis, dad/ m /e las manos
     esta raya decir quiere
     q^e. volveréis a casaros
     con una Gitana.

Le boulanger voudrait acheter l'ours. On marchande et, au milieu des chansons, l'homme devient peu à peu victime des sortilèges gitans :

     Durante la copla sig^{te}. se embola, le quitan el tale-

go, relox, volsillo, caja v/aci/a y Chinita solo lleva,
dejando la cadena en la mano, y atada a un vanco q^e.
abrá detrás.

Mais ce n'était qu'une farce imaginée pour obliger le boulanger
à épouser la Gitane. Finalement on lui rend son argent et les Gitans promettent de devenir honnêtes.

Le "sainete nuevo" intitulé *Los Gitanos tragedistas* et daté de
1779 est plutôt un "ballet" qu'une saynète. Le décor nous montre la place
d'un village; on y voit une grille qui représente la prison et derrière
laquelle se trouvent quelques Gitans en piteux état. D'un côté se trouve
la porte de la mairie et de l'autre la taverne. Tandis que, sur la place,
deux Gitanes conversent avec les Gitans, à travers la grille. Ceux-ci chantent une triste complainte :

> CORO   *¡ Qué desdicha es la muerte*
> *de los pobretes Gitanos.*
> *o bien estar en la Cárzel,*
> *o con zozobra en el campo!*
> *¡ Ay desgracia !, ¡ ay desgracia !,*
> *¿ quando has de ser propicia*
> *a la gente honrrada?* (97)

Au début du XVIIIème siècle, on peut encore assister à quelques
"mojigangas". Nous retiendrons, pour notre part, la *Mojiganga de las sacas
para la fiesta del Corpus*, imprimée en 1708, dans laquelle un muletier
transporte, dans des sacs, les masques et déguisements, qui représentent
des matassins, des Gitans, des nègres, des duègnes, etc., et qui serviront
pour la Fête-Dieu. Les Gitans, qui portent un foulard sur la tête, dansent
la chacone (98).

Cependant, à la "mojiganga" va succéder bientôt la "tonadilla",
sorte d'intermède accompagné de musique. Dans une "tonadilla" de 1776,
intitulée *La hermosa Gitanilla en el Coliseo*, mise en musique par Castel,
une Gitane vient chanter seule sur scène :

> Sale la Gitanilla chuscamente bestida a lo gitano
> con una sonagitas en la mano mui encintadas.

> COPLA 1ra   *Yo señores soi Gitana,*
> *como lo publica el trage,*
> *que salgo a este Coliseo*
> *hacer mis havilidades.*
> *Digo la buenaventura*
> *he estudiado muchas artes,*
> *y a lo que es echicerías*
> *no encontrado quien me gane .*

Toca las sonajas al compas de la musica.

(97) Sainete nuevo, los Gitanos tragedistas, B.N., Manuscritos, 14.498[41].

(98) Emilio Cotarelo y Mori, Colección de entremeses, loas, bailes, jácaras
y mojigangas..., Nueva B.A.E., vol. XVII, p. CCCIV b.

> *Vaya, cenorez*
> *denme por Dioz*
> *una limozna*
> *de compación.*
> *Yo me contento*
> *en la ocasión*
> *que cada uno*
> *me dé un doblón.*
> *Vaya ceñorez,*
> *denme por Dioz.* (99)

Elle est ensuite accompagnée par un choeur de nègres qui chantent à leur manière :

> *Achia, achia, achie,*
> *que todo el neglo*
> *vailan lo cumbé.*
> *La, la, la, lu, lu, lu, le, le, le, etc.*

Puis par des maures qui font de même :

> *Zala, zala,*
> *zala, zale,*
> *zala, zala,*
> *zala, mele :*
> *viva majoma,*
> *y viva el Rey,*
> *zala, zala, etc.*

Et tout cela se termine par des "seguidillas".

La *Tonadilla a dúo de los Gitanos* met en scène une Gitane amoureuse dont le fiancé est en prison. Mais les voici bientôt réunis pour chanter et danser des "seguidillas" (?) :

> LOS DOS   *Tengan piedad, S^{res}.,*
> *de aquestos pobrezi,*
> *pobrezitos jitanos.*
> *Vamos, chica, bailando un poquito,*
> *y nos divertiremos otro ratito.*
>
> JITANA   *Sí, Colasito, vamos bailando:*
> *chámame, dueño mío,*
> *chámame, dueño amado,*
> *aora sí que ba bueno;*
> *   ele ala;*
> *aora sí que ba guapo.*
>
> LOS DOS   *Perdonadles las faltas*
> *a estos jitanos,*

---

(99) <u>La hermosa Gitanilla en el Coliseo</u>, tonadilla a solo, B.N., Manuscritos, 14.063[19].

>   *perdonadles las faltas*
>   *a estos jitanos.*   (100)

Enfin, dans une autre "tonadilla" datée de 1778 et intitulée
La Gitanilla afortunada, ou encore *La Andaluza afortunada de soltera y de
casada,* on pouvait entendre la chanson suivante :

>   ¡ *Ay Granadí, granadita chusquita,*
>   *ay madrecí, madrecita adorada,*
>   *ay queridí, queridí, queridita !*
>   *Andalucía de toda mi alma,*
>   ¡ *qué compraícos* !,
>   ¡ *qué rechuzcaras* !,
>   ¡ *y qué Gitanas* !
>   ¡ *Ay Granadí, etc.* (101)

Le "baile" , *La Gitanilla* est une sorte de petit intermède chanté.
Les personnages sont trois femmes, un poète, un tricheur, un docteur et,
bien entendu, la Gitane qui va leur dire la bonne aventure :

>   Sale la Gitana cantando.

> GITANA   *Gitanilla soy, que vengo*
>   *rovando las voluntades,*
>   *, a cantarle la buenaventura,*
>   *a quien acertare.*
>   ....
>   *Vengan hermosas,*
>   *lleguen galanes,*
>   *y verán cómo a raya les traigo*
>   *entre muchas mentiras, algunas verdades.* (102)

Les bonnes aventures consisteront, en fait, en une brève satire
des différents personnages qui correspondent, pour la plupart, à des types
classiques.
        Après tous ces divertissements scéniques, les thèmes gitans vont
inspirer une oeuvre de dimensions plus importantes, un drame bouffon intitulé *Los Gitanos en la feria,* imprimé à Madrid en 1790; mais malheureusement,
c'est en Italie que la pièce a été écrite. Editée en version bilingue, elle
était destinée à être représentée au théâtre de "Los caños del peral", par
la compagnie italienne de Panati, avec une musique de Paisiello. Signalons
quand même que nous rencontrons dans cette pièce un certain nombre de thèmes courants : la forge, la bonne aventure, la farce du trésor caché, trouvé grâce à des paroles mystérieuses, et, aussi, l'enfant perdue par ses

---

(100) Tonadilla a dúo de los Gitanos, B.N., Manuscritos, 14.500[13].

(101) La Andaluza afortunada de soltera y de casada, tonadilla, B.N., Manuscritos, 14.063[81].

(102) La Gitanilla, baile, B.N., Manuscritos, 14.513[48].

nobles parents et finalement retrouvée, comme dans *La Gitanilla* de Cervantes (103).

Au début du XIXème siècle, après la série des alcades ensorcelés
par les Gitans dans la période qui précède, c'est au tour d'un Biscaïen
de subir le même sort dans la saynète intitulée *El vizcaíno engitanado*,
datée de 1812 (104).

Dans une autre saynète publiée à Valence en 1816, *El Gitano Ca-*
nuto Mojarra, o el día de toros en Sevilla, on trouvera, dans la bouche
de Canuto, qui joue le rôle du bouffon, quelques mots de "caló" :

> *¿ Conmigo chanzas ?*
> *¡ Vaya ! Si he traído el churí,*
> *le abro como una granada.* (105)

Un opéra comique espagnol en deux actes de José Sanz Pérez, intitulé *El tío Caniyitas o el mundo nuevo de Cádiz* est représenté pour la première fois sur la scène du théâtre San Fernando, à Séville, en novembre
1849. La pièce n'offre guère plus d'intérêt que la précédente; nous en retiendrons simplement la silhouette d'une Gitane qui danse le "vito" tandis
que le choeur chante :

> CORO   *Con el vito, vito, vito,*
>   *con el vito, vito, va.*
>   . . . .
>   *Ea, no muela usté a mi nina,*
>   *que la va a jasé yorá;*
>   *salero, salero,*
>   *y toma ya, ya;*
>   *mate usté al torito,*
>   *valiente estocá.* (106)

Une deuxième oeuvre du même auteur *El parto de los montes*, sou-
titrée *Capricho trágico gitanesco, en un prólogo y un acto, original y en*
verso, fait un usage abondant de l'andalou et du "caló" :

> *¡ Premita un divé del sielo*
> *que te coman los chusqueles !*
>
> *Ea, nájate, ejambrío.*
> . . . .

(103) Los Gitanos en la feria, Madrid, 1790, B.N., T. 24.545.

(104) El vizcaíno engitanado, sainete, B.N., Manuscritos, 14.520[24].

(105) Saynete nuevo intitulado El Gitano Canuto Mojarra, o el día de toros
en Sevilla, Valencia, José Ferrer de Orga, 1816, p. 10.
        - churí = couteau (c'est nous qui soulignons).

(106) José Sanz Pérez, El tío Caniyitas o el mundo nuevo de Cádiz, 2a ed.,
Madrid, 1864, p. 15.

¡ Ay, mare, hasta los pinreles
se me han engaravitao !
¿ Se enterasté, so marvao ? (107)

On y trouve des personnages aux noms pittoresques : "Asaura, Go-
londrino, Jocico, Cara de Caballo, Pepa Chorizo, Teresa la Moñua, Penco",
des allusions à leurs ancêtres célèbres qui occupèrent un poste élevé en
mourant sur la potence, un scandale provoqué par un mot mal compris, une
bagarre générale et, bien sûr, des chansons :

Mañanita, mañanita,
mañanita de primavera,
mañana de luz y flores,
¿ onde esta er so de mi tierra ?
Voces doy al viento:
ay gitaniyo, ónde tas metío
que nunca te veo.

Dans le courant du XIXème siècle, les Gitans envahissent aussi
la "zarzuela". Ils apparaissent dans deux oeuvres de Francisco Sánchez del
Arco : ¡¡ Es la chachi !! et La sal de Jesús, publiées toutes les deux en
1847 (108). Deux autres "zarzuelas" de l'époque portent le même titre : La
Gitanilla. La première a été acceptée par la censure le 24 juillet 1861.
Son héroïne est une Gitane qui épouse un chevalier et qui prend tristement
congé de ses compagnes, dans un final de séguedilles :

Suena de mis hermanas
el panderete,
y a recojer mi llanto
sus ecos vienen.
¡ Ay, mis amigas,
ya no irá con vosotras
la Gitanilla ! (109)

La seconde est due à Miguel Echegaray et sa musique est de Ruperto
Chapí. Ici, la petite Gitane est acrobate dans un cirque. Elle chante beaucoup, bien sûr, et dit la bonne aventure :

Esta raya dice
que amas a una hermosa
con ojos azules,

---

(107) Id., El parto de los montes, dans Museo dramático ilustrado..., Barcelona, 1863.
        - divé = Dieu; chusqueles = chiens; nájate = va-t-en; pinreles =
pieds (c'est nous qui soulignons).

(108) Francisco Sánchez del Arco, ¡¡ Es la chachi !!, zarzuela andaluza, 2a
ed., Cádiz, 1847.
        - La sal de Jesús, Cádiz, 1847.

(109) La Gitanilla, zarzuela original en un acto y en verso, B.N., Manuscritos, 14.237⁶.

> *con cara de rosa;*
> *por ti ha despreciado*
> *muchos señoritos,*
> *y a ti solo miran*
> *sus ojos bonitos.* (110)

Quant au choeur, il chante une "copla" populaire dont on retrouvera une variante dans la *Nana de Sevilla*, harmonisée par Lorca :

> *Esta niña bonita*
> *no tiene madre,*
> *la parió una gitana,*
> *la echó a la calle.*

Les Gitans vont également fournir des thèmes au théâtre romantique. Dans *El trovador* d'Antonio García Gutiérrez, sous-titré *Drama caballeresco en cinco jornadas en prosa y verso* et mondialement connu, grâce à la musique de Verdi, les Gitans jouent un rôle fatal : envoûtement, sorcellerie, enfant volé, quiproquos tragiques et vengeance atroce; tout le répertoire est en place (111).

La meilleure oeuvre dramatique du duc de Rivas, *Don Álvaro o la fuerza del sino*, également mise en musique par Verdi, compte parmi ses personnages une petite Gitane nommée Preciosilla. Elle y joue un rôle nettement plus aimable que la Azucena de García Gutiérrez, se contentant de chanter délicieusement la "rondeña" et de dire la bonne aventure; ce qui lui permet de prévoir le destin tragique de sa noble clientèle (112).

Les Gitans avaient déserté la prose depuis l'époque où s'amorçait la décadence du roman picaresque, c'est-à-dire depuis environ un siècle. Ils y reviendront bientôt avec le courant "réaliste", le "naturalisme" et le "costumbrismo". En attendant, une Gitane un peu particulière hante un roman d'aventures "remanié" par Juan Primería et publié à Barcelone en 1831, *La Gitana rusa*, sous-titré *Episodio anecdótico de la última campaña entre Turcos y Rusos*. On finira par s'apercevoir que la Gitane est une espionne double qui profite des informations dont elle dispose pour dire la bonne aventure (113).

Dans ses *Escenas andaluzas*, Estébanez Calderón se souvient d'avoir vu des Gitans interpréter, lors des foires de certaines villes d'Andalousie, des danses aussi anciennes que la sarabande, dont ils étaient les derniers dépositaires (114).

---

(110) La Gitanilla, zarzuela cómica en un acto y tres cuadros, original y en verso de Miguel Echegaray, B.N., Manuscritos, 14.399[13].

(111) Antonio García Gutiérrez, El trovador, Zaragoza, 1839.

(112) Duque de Rivas, Don Álvaro o la fuerza del sino, dans Obras completas, t. II, B.A.E., vol. CI.

(113) La Gitana rusa, episodio anecdótico de la última campaña entre Turcos y Rusos, refundida por D. Juan Primería, dans Novelas varias, Barcelona, 1831, pp. 3-21.

(114) Serafín Estébanez Calderón, Escenas andaluzas, Col. Austral, 188, p. 110 (cf. infra, p. 164.).

Cecilia Bölh de Faber, plus connue sous le nom de Fernán Caballero, nous raconte parmi ses "chascarrillos" une bonne histoire, bien "typique", qui met en relief, bien sûr, une certaine propension à ne pas respecter le bien d'autrui :

> *Se estaba confesando un Gitano y dijo al confe-*
> *sor :*
> *- Padre, me confieso porque he robado una soga.*
> *- ¡Válgame Dios ! ¡ Y que no podáis resistir a esta ten-*
> *tación, que es pecado mortal ! ¡Y gracias que no fue*
> *cosa mayor !*
> *- Es que detrás se vino la jáquima.*
> *- ¿Ésa más ?*
> *- Y detrás la albarda.*
> *- ¿La albarda también ?*
> *- Y debajo se vino la mula.*
> *- ¡Ésa es más negra ! —exclamó el confesor.*
> *- No, señor —respondió el gitano—; más negra era la*
> *otra que se vino detrás de la primera.* (115)

Comme pour se racheter, Cecilia Böhl de Faber nous a légué une
bonne aventure "a lo divino" dans laquelle une Gitane prédit les douleurs
de la Vierge et les souffrances du Christ :

> *Una Gitana se acerca*
> *al pie de la Virgen pura,*
> *hincó la rodilla en tierra*
> *y le dijo la ventura :*
> Las cosas que sé,
> ¡ oh mi dulce amor !,
> las llevo clavadas
> en mi corazón... (116)

Dans son *Nazarín*, Pérez Galdós nous dépeint à la manière "réaliste", un campement de Gitans :

> *Lo primero que nos echamos a la cara, al penetrar*
> *en el patio, fue una ruidosa patulea de gitanos, que allí*
> *tenían aquel día su alojamiento, ellos espatarrados compo-*
> *niendo albardas, ellas despulgándose y aliñándose las*
> *greñas, los churumbeles medio desnudos, de negros ojos*
> *y rizosos cabellos, jugando con vidrios y cascotes. Vol-*
> *viéronse hacia nosotros las expresivas caras de barro*
> *cocido, y oímos el lenguaje dengoso y las ofertas de*
> *echarnos la buenaventura. Dos burros y un gitano viejo*
> *con patillas, semejantes al pelo sedoso y apelmazado de*
> *aquellos pacientes animales, completaban el cuadro, en*

---

(115) Fernán Caballero, Obras completas, B.A.E , vol. CXL, pp. 117-118.

(116) Id., Cantos, coplas y trobos : la predicción de la Gitana, pp. 186-
187.

el cual no faltaban ruido y músicas para caracterizar-
lo mejor, los canticios de una gitana, y los tijereta-
zos del viejo pelando el anca de un pollino. (117)

Tandis qu'avec Tomás Rodríguez Rubí, la peinture de moeurs fait
revenir sur les planches l'argot gitano-andalou, dit "caló" :

Tío Crepúscula, esa prenda
está rescatá por mangue...

Sonando el que lleva en la faja.

Y mangue trigo habiyela;
con que si osté...(118)

Auteur d'un roman "costumbrista" intitulé *La Gitana*, publié en
1892, Salvador Rueda va réintroduire les Gitans dans la poésie, comme nous
le verrons plus loin. En attendant, il consacre un certain nombre de pages
à la description de fêtes et danses gitanes. Si Bécquer se contentait d'é-
voquer sommairement les Gitans marchands de beignets ou interprètes de "cante jondo" dans le passage de ses *Páginas desconocidas* consacrées à la "Feria" de Séville, Rueda nous conte par le menu, dans *El patio andaluz*, une
fête orgiaque célébrée dans une forge gitane, à grand renfort de vin, de
séguedilles et de "zapateados" :

Cuando sólo quedó la tabla cubierta por vasos y
botellas, Camilo dio un repentino salto sobre la mesa,
y comenzó a bailar un zapateado gitanesco, que acto con-
tinuo viose acompañado por un coro de risas y voces
estentóreas, como si toda una legión de gitanos muertos
saliera del infierno en medio de una alegría satánica
para saludar a los compañeros de por acá. (119)

De même, dans *Granada y Sevilla*, il s'attarde sensuellement et
non sans préciosités, sur les mouvements d'une Gitane de Grenade qui danse
la "zambra", avec autant de succès que Preciosa interprétait séguedilles et
"romances" :

Ya dobla y arquea sobre su cabeza el serpentino
brazo que encierra su cara en delicado marco de nácares
y bronce; ya lo desdobla y llévalo en columna salomóni-
ca por el aire, apoyando en la cintura la mano pecadora;
ya saca el apretado busto, y lo muestra, y pone de re-
lieve las veladas ánforas, como conos de cálices divinos;
ya se tuerce de un lado y va en artística postura como

---

(117) Benito Pérez Galdós, Nazarín, Madrid, 1895, pp. 9-10.

(118) Tomás Rodríguez Rubí, La feria de Mairena, Madrid, 1843, p. 22.

(119) Salvador Rueda, Cuadro bohemio dans El patio andaluz, Madrid, 1886,
et dans Los Costumbristas españoles, t. II, Madrid, Aguilar, 1951, pp.836-838.

gallo que arrastra las plumas por el suelo; ya hace pa-
rada de pronto como desafiando los aires, y levanta y
coloca en posición de diosa la cabeza donde tiembla un
remecido clavel color de llamas; ya para, ya gira, ya
torna, ya une los párpados y los abre con tal ausencia
de las pupilas, mostrando la ceguera sublime de los
dioses; una vez se aleja, otra se aproxima, otra da ex-
citadoras vueltas en un punto, y todo es arrastrado por
la misteriosa cadencia de su cuerpo, que con su ondular
desata en profusión de palabras a los labios, encadena
y llévase consigo los ojos, junta las manos en apasio-
nada salva de aplausos, y derrama el delirio por la fies-
ta, donde, como las lanzas en combate, vibran y se re-
vuelven las interjecciones. (120)

Mais c'est avec Benito Mas y Prat, dans un ouvrage intitulé *La*
tierra de María Santísima. Colección de cuadros andaluces, publié à Barcelone en 1891, que le "costumbrismo" se manifeste sous ses aspects les plus
divers, qu'il s'agisse du portrait moral de la Gitane, de la description
pittoresque des Gitans du Sacromonte, des traditionnelles scènes de foire
animées par les maquignons gitans, de la bonne histoire gitane ou des "coplas" en "caló" du genre :

Len que sonsibela
pañi ó seblandiñi sosterela.

(Cuando el río suena
agua o piedra lleva). (121)

Puisque nous sommes sur le terrain du folklore, signalons que
dans une "miscelánea folk-lórica", publiée à Barcelone en 1887, deux auteurs,
Almirall et Maspons y Labrós, évoquent les "danses de Gitanes" de la région
du Vallés. Le premier fait une critique de la danse de "Mollet"("ball de
las Gitanas")qu'il considère comme peu virile et décadente et le second
décrit une danse populaire avec des diables, des vieillards et des mariés.
Bien que la musique et les costumes se rattachent, dans l'ensemble, à la
tradition populaire de la région, Maspons y Labrós penche pour une origine gitane :

D.J.M., autor d'una obra publicada en eixa ciutat
en la imprenta de Bergnes, l'any 1832, ab lo títol de
"Historia de los Gitanos", al descriure també las cos-
tums dels meteixos, parla de llurs balls, dels grupos
ó combinacions que hi forman, de cóm se reuneixen en
cercle, de cóm se separan y s'tornan á barrejar y de
las figuras que hi fan, al igual que hem vist també s'fa
en lo ball de Gitanas.

---

(120) Id., Zambra de Gitanos   dans Granada y Sevilla (bajorrelieve), Madrid,
1890.

   - Voir Costumbristas espanoles, op. cit., pp. 839-841.

(121) Benito Mas y Prat, La tierra de María Santísima. Colección de cuadros
andaluces, Barcelona, Orbis, s.d. /1891_/, p.22,pp.321-323,469-477,p.472,477,
etc.

> Ademés *los flochs, cintas y colors, los llassos y
> mocadors tal com hem vist que s'usan pers dit ball, lo
> burro ó ruch de Caldas de Montbuy, los cavalls de la
> Ametlla y Sr. Celoni, lo "Vell" ab son bastó ó mangala,
> las Collas anant d'un poble al altre, y lo conjunt de
> las meteixas ab llurs "Vells" y "Nuvis", jovens y noyas,
> los "Diablots", las "Vestidoras" y acompanyament, com
> formant una sola família ó tribu, no donan cap lloch
> á dubte de que es una costúm ó festa importada per los
> gitanos.* (122)

Quittes à sortir un instant de la littérature espagnole pour y
revenir aussitôt, il ne nous est pas possible de tourner la page sur le
XIXème siècle sans dire un mot de la découverte des Gitans espagnols par
les voyageurs étrangers. Qui ne se souvient des Gitanes de Prosper Mérimée,
de Théophile Gautier, d'Alexandre Dumas et d'Adolphe Desbarrolles ? (123)
Mais, puisque nous parlions à l'instant du "caló", il faut signaler ici
l'oeuvre de cet étrange "agent biblique" anglais, nommé George Borrow, qui
rencontre pour la première fois des Gitans à Badajoz en 1836 et va publier,
à Londres, dès 1837, son *Criscote e majaro Lucae*, l'évangile selon saint
Luc en "caló" et, quatre ans plus tard, un livre qui va faire date : *The Zincali, or an Account of the Gypsies of Spain.* Outre des descriptions pittoresques de ses amis Gitans d'Estrémadure ou d'Andalousie, il nous y lèguera
une analyse des lois promulguées en Espagne, depuis les Rois Catholiques
et, surtout, en appendice, le premier vocabulaire "caló" (124).
      Il serait faux de prétendre que Borrow a fait découvrir aux Espa-
gnols les Gitans de leur pays; aussi bien, le second livre où il aborde le
sujet, *The Bible in Spain*, ne sera traduit et publié à Madrid qu'en 1921 et
pour *The Zincali*, il faudra attendre 1932. En outre, dès 1802, l'abbé don
Lorenzo Hervás y Panduro, qui a lu le livre de Grellmann (125), affirme
que la langue des Gitans est hindoustanique, dans le sixième chapitre du
tome III de son *Catálogo de las lenguas*, intitulé *Nación cíngana o gitana :
su origen y lengua* (126); et en 1832, quatre ans avant le premier voyage
de notre colporteur de bibles, on publiait à Madrid et à Barcelone, sous les
initiales J.M., une *Historia de los Gitanos*. Il est vrai que ce dernier ouvrage est très en retrait sur le précédent, puisque l'auteur affirme que
les Gitans descendent des "maures fugitifs" et qu'il est parfaitement vain
de chercher à connaître leur véritable langue :

---

(122) **Fr.** Maspons y Labrós, <u>Ball de Gitanas en lo Vallés</u>, dans <u>Miscelánea
folk-lórica</u>, Barcelona, 1887, p. 75.

(123) <u>Cf</u> Bernard Leblon, <u>Les Gitans dans la péninsule ibérique, II</u>, dans
<u>Etudes Tsiganes</u>, n° 3, oct. 1964, p. 25.

(124) George Borrow, <u>The Zincali, or an Account of the Gypsies of Spain.
With an original collection of their songs and poetry, and a copious dictionary of their language</u>, London, John Murray, 1841.

(125) H.M.G. Grellmann, <u>Historischer Versuch über die Zigeuner</u>, Dessau und
Leipzig, 1783.

(126) Lorenzo Hervás y Panduro, <u>Catálogo de las lenguas de las naciones co-
nocidas</u>, Madrid, 1800-1805, vol. III, cap. VI, pp. 299-324.

*Los Gitanos hablan el idioma de las provincias
en donde habitan : pero usan además entre ellos una
gerga particular, con respecto á la cual serían inúti-
les las indagaciones que se pretendieren hacer, en primer lugar por la reserva que se les nota sobre este punto, y en segundo lugar que, suponiendo aun bastante fran-
queza entre algunos de ellos, el conocimiento que su es-
trema ignorancia pudiese trasmitirnos carecería de ven-
tajosos resultados.* (127)

Ce qui est certain, c'est que la publication, à Londres, du premier ouvrage en langue anglaise entièrement consacré aux Gitans espagnols
reflète des préoccupations qui, sans être absolument nouvelles, prennent
un essor singulier dans toute l'Europe, dans le courant du XIXème siècle,
et vont constituer l'embryon de ce qu'on appelle déjà les "sciences humaines".

Ainsi, comme par hasard, dans les années qui suivent nous allons
assister à une véritable floraison de dictionnaires gitans dont la plupart
ne sont que des compilations des précédents. En 1844, Enrique Trujillo
publie à Madrid son *Vocabulario del dialecto gitano* (128); deux ans plus
tard, c'est le tour d'Augusto Jiménez avec un *Vocabulario del dialecto
jitano, con ... una relación esacta del carácter, procedencia, usos...
de esta jente*, publié pour la première fois à Séville en 1846, réédité à
Valence en 1847 et de nouveau à Séville en 1853; mais dès 1848 Ramón Campuzano avait publié à Madrid, un livre intitulé *Origen, usos y costumbres de
los Jitanos, y diccionario de su dialecto. Con las voces equivalentes del
castellano y sus definiciones*, et, en 1851, paraissait à Barcelone, sous les
initiales D.A. de C., un ouvrage qui portait un titre assez voisin : *Diccionario del dialecto Gitano. Origen y costumbres de los Gitanos. Contiene más
de 4.500 voces con su correspondencia castellana y sus definiciones*. En
1867, à Madrid, Francisco de Sales Mayo publie, sous le pseudonyme de Francisco Quindalé (en "caló","quindalé" qui désigne le mois de mai, est l'é-
quivalent de "mayo"), un *Diccionario Gitano*, qui comprend une notice historique et un "épitomé" de grammaire gitane permettant de former des mots
dérivés. L'ouvrage est republié en 1869, sous le titre *Los Gitanos, su
historia, sus costumbres, su dialecto*, puis en 1870, avec un titre encore
plus élaboré : *El Gitanismo. Historia, costumbres, y dialecto de los Gitanos. Con un epítome de gramática gitana, primer estudio filológico publicado hasta el día, y un diccionario caló-castellano, que contiene además de
los significados, muchas frases ilustrativas de la acepción propia de las
palabras dudosas*. Enfin, dans son livre intitulé *El delincuente español*,
publié à Madrid en 1896, et dans une seconde version, plus complète, de
1898, Rafael Salillas étudie longuement la question de la présence des Gi-

---

(127) J.M., Historia de los Gitanos, con licencia, Barcelona, imp. de A.
Bergnes, 1832, p. 46.

(128) La même année, un certain"Cruzillo" publie un ouvrage qui porte le
même titre.Sachant que "trujul" signifie"croix"(cruz) en "caló", peut-on
estimer qu'il s'agit du même personnage ? Quel est son nom véritable ?

tans dans le roman picaresque, le problème de leurs origines et les rapports de leur langue avec l'argot des délinquants espagnols (129).

  Le courant qui vient de naître, et que, faute de mieux, nous ap-
pellerons "la afición", n'est pas près de s'éteindre. Il n'est pas à proprement parler "littéraire", mais des préoccupations de type scientifique,
historiques et linguistiques principalement, y voisinent avec un "costumbrismo" souvent anecdotique et parfois même avec de la "poésie". Mayo
nous signale que des moines de Séville et de Jérez écrivaient, depuis
longtemps déjà, des poèmes en "caló" (130). Il ne nous donne malheureusement pas d'autres précisions sur ces poésies restées peut-être inédites,
mais nous verrons que ces exemples seront abondamment suivis, dans la période qui va suivre. De plus, presque toute la littérature du XXème siècle
concernant les Gitans restera étroitement liée aux curiosités ethnographiques que nous venons de signaler.

  Mais avant d'en arriver là, nous voudrions nous arrêter un instant sur une étude plus thématique des oeuvres théâtrales dans lesquelles
apparaissent les Gitans, afin de proposer quelques éléments de conclusion
dans ce domaine. En effet, si, jusqu'à présent, c'est le théâtre qui
s'est taillé la part du lion, nous n'aurons plus guère l'occasion d'en reparler en abordant le XXème siècle.

LES THEMES GITANS AU THEÂTRE JUSQU'AU XXème SIECLE

  Avec ses deux pièces, la *Farça das Ciganas*, connue aussi sous le
titre de *Auto de las Gitanas*, et l'*Auto da festa*, Gil Vicente est l'initiateur du genre "gitan" au théâtre. Les personnages gitans de Vicente
s'expriment dans un espagnol très particulier, prononcé à la gitane, avec
plus ou moins de "ceceo", et émaillé de lusitanismes. Cela explique que la
Farça das Ciganas, où les Gitans sont seuls sur scène, ait été rangée parmi
les pièces castillanes de cet auteur portugais. Les deux oeuvres mentionnées contiennent déjà les traits essentiels du thème folklorique gitan,
qui connaîtra un si grand succès dans le théâtre espagnol du XVIème siècle
au XVIIIème : l'aumône et la bonne aventure, la danse ou le chant, la prononciation particulière que nous venons d'évoquer et, même, le maquignonnage, qui est l'un des thèmes de la *Farça*, et le vol, rapidement abordé
dans l'*Auto da festa*.

  L'apparition des thèmes gitans dans le théâtre espagnol des
XVIème et XVIIème siècles est lié à un certain nombre de facteurs qui permettent de mieux comprendre leur diffusion et leur succès :

  a) *La confusion entre Egyptiens et Gitans*, qui fait apparaître ces
derniers dans des pièces à caractère historique ou religieux.

  Dans *La corona derribada y vara de Moisés*, "comedia" de Lope de
Vega, dont l'argument est tiré de l'Histoire Sainte, les personnages dé-

---

(129) Rafael Salillas, El delincuente espanol ,   El lenguaje , Madrid,
1896.
   - El delincuente español. Hampa , Madrid, 1898.

(130) Francisco de Sales Mayo, El gitanismo. Historia, costumbres y dialecto de los Gitanos, Madrid, 1870, p. 47.

signés sous les noms de "un capitán gitano", "un Gitano", sont des Egyptiens sans aucun rapport avec nos Gitans. De même, dans *La Gitana melancólica*, de Gaspar de Aguilar, l'héroïne est appelée "Gitana" parce qu'elle est la fille de l'empereur romain Titus et d'une reine d'Egypte.

Dans *La vuelta de Egipto*, "auto" de Lope de Vega, on voit la Sainte Famille quitter la ville de Memphis, où elle s'était réfugiée, pour retourner en Galilée, et la confusion entre "Gitanos" et "Egipcios" est très nette : les deux termes sont employés concurremment et l'une des voisines de la Vierge lui dit la bonne aventure.

L'*Aucto de la huída de Egipto*, oeuvre anonyme du XVIème siècle, nous montre la Sainte Famille accueillie en Egypte par des "Gitanos" qui disent la bonne aventure et dansent pour l'Enfant Jésus.

C'est peut-être la même confusion qui explique la présence d'un Gitan et d'une Gitane, dans une autre pièce anonyme de la même époque, *El aucto del finamento de Jacob*.

Dans *La madre de la mejor*, "comedia" de Lope de Vega, les Gitans qui viennent danser et chanter pour célébrer la naissance de la Vierge font allusion à l'Egypte et à Memphis.

Une autre "comedia" de Lope, *El arenal de Sevilla*, fait également allusion à l'Egypte et une jeune femme déguisée en Gitane y déclare :

> *Que aunque traigo vestidos de Gitana,*
> *nací en Medina, y no ribera el Nilo.* (131)

Dans un "entremés" de Quiñones de Benavente, intitulé *La puente segoviana*, le personnage qui représente le Nil est déguisé en Gitan, ce qui donne lieu au dialogue suivant :

Sale Matos, de gitano

MATOS   *Yo soy el Nilo gitano.*

LUISA   *Y de familia tan grande*
               que sustenta siete bocas
               sin que le socorra nadie. (132)

Enfin, l'Egypte et les Gitans sont encore associés dans la pièce de Pérez de Montalbán, *La Gitana de Menfis*.

Puisque les Gitans sont assimilés, dès l'origine et en vertu d'une légende qu'ils ont contribué à répandre, aux Egyptiens, rien ne les empêche d'être mêlés à des événements historiques ou légendaires qui concernent non seulement l'Egypte ancienne, mais aussi l'Espagne médiévale, soit une époque très antérieure à l'arrivée effective des Gitans en Espagne. C'est, en particulier, le cas de la "comedia" de Lope de Vega intitulée *El primer rey de Castilla*.

---

(131) Lope de Vega, El arenal de Sevilla, B.A.E., vol. XLI, p. 535 b.

(132) Luis Quiñones de Benavente, Entremés cantado : La puente segoviana, dans Colección de entremeses, loas, bailes, jácaras y mojigangas desde fines del siglo XVI a mediados del XVII, Madrid, 1911, p. 533 b.

Il est vrai que Cervantes ne nous parle pas de l'origine des Gitans; mais rien, en tout cas, dans son oeuvre, ne laisse apparaître une confusion qui est constante chez Lope et bien d'autres contemporains.

b) Le caractère spectaculaire du costume et du folklore gitans.

Ces éléments scéniques étaient très appréciés dans les "autos", "entremeses", "comedias" et d'autres spectacles agrémentés de chants, de musique et de danse. C'est le cas des deux pièces de Gil Vicente, la Farça das Ciganas et l'Aucto da festa; de l'Auto de la huida de Egipto; de l'intermède de Cervantes, La elección de los alcaldes de Daganzo; des "comedias", El nacimiento de Cristo et La madre de la mejor de Lope de Vega.

Dans El arenal de Sevilla, de Lope, comme dans La Gitanilla de Madrid, d'Antonio de Solís, le costume gitan, utilisé comme déguisement, se révèle très riche de possibilités scéniques. C'est un moyen de se rendre méconnaissable ou de passer inaperçu et, en même temps, la source de multiples quiproquos. Rappelons que le théâtre et les romans de l'époque ont souvent recours aux déguisements : nobles en paysans, espagnols en arabes, femmes en hommes, etc. Comment ne pas rappeler ici, l'accoutrement de Ginés de Pasamonte, celui de Pedro de Urdemalas et, surtout, la rencontre, dans La Gitanilla, d'Andrés, travesti en Gitan et de Clemente, habillé en meunier?

Nous venons de voir que cette vogue du folklore gitan au théâtre prenait un essor tout particulier dans la deuxième moitié du XVIIème siècle et dans le courant du suivant avec une grande quantité d'"entremeses", "mojigangas", "bailes", "sainetes", "tonadillas", auxquels succèdent au XIXème quelques "zarzuelas" et "óperas", en attendant que des spectacles "flamencos" plus ou moins authentiques viennent prendre la relève au XXème siècle.

c) Une façon de parler caractéristique : le "ceceo".

Cette prononciation particulière du castillan, considérée comme propre aux Gitans, est utilisée comme élément pittoresque et comique, sur le même plan que les divers accents étrangers ou régionaux qui divertissent les spectateurs des XVIème et XVIIème siècles : portugais, "sayagués" ou "montañés", "morisco", "negro", etc. Ces prononciations ont un tel succès qu'on les retrouve même dans la poésie, soit qu'il s'agisse de bonnes aventures, soit qu'on ait affaire, comme chez Góngora, à des poèmes dédiés au Saint Sacrement ou à la Nativité.

On trouve des exemples de "ceceo" chez Gil Vicente, Lope de Rueda, Timoneda, Negueruela, dans les "autos" anonymes du XVIème siècle, chez Cervantes, Solís, etc.

Notons que Lope de Vega, qui a employé, dans son théâtre tant d'accents et de parlers typiques de paysans ou d'étrangers, se contente de faire allusion au "ceceo" dans le dialogue et les indications scéniques de El arenal de Sevilla sans jamais donner d'exemples écrits de cette prononciation. Ceci indique, comme nous aurons l'occasion de le rappeler plus loin, que la façon de parler des Gitans était si familière que sa notation phonétique devenait tout à fait superflue.

Au XVIIIème siècle, Torres Villarroel fait parler ses Gitans en langage de "germanía" suivant le conseil d'un censeur contemporain, car on continue à penser que l'argot de l'époque et la langue gitane sont une seule et même chose.

Vers 1816, le "caló" fait enfin son apparition dans la bouche des Gitans au théâtre, vingt ans avant sa découverte par Borrow et le dé-

but de la mode des dictionnaires. Le "ceceo", auquel viennent s'ajouter
d'autres particularités de la prononciation andalouse,ne disparaîtra pas
pour autant. Il reste le signe de reconnaissance du Gitan qui parle espagnol et continuera à jouer ce rôle dans la prose du XXème siècle.

        d) *L'utilisation théâtrale de la bonne aventure.*
        Les prédictions, souvent plaisantes et fantaisistes,des Gitanes
offrent des ressources variées au théâtre. Chez Gil Vicente, elles constituent pratiquement tout l'argument de la *Farça das Ciganas*. Dans ce
divertissement de Cour, les Gitanes s'adressent directement au public,
qui participe ainsi au spectacle, et des allusions précises à la vie
privée de certaines dames présentes, contenues dans un chapelet d'une
dizaine de bonnes aventures devaient permettre aux initiés d'identifier
les destinataires. C'est le même procédé qui est employé dans l'*Auto da
Festa*, du même auteur, où les Gitanes s'adressent au maître de maison et
à ses invités.
        Avec Timoneda et Lope de Rueda, la bonne aventure est intégrée
à l'action. Dans la *Comedia Eufemia*, en particulier, la Gitane joue un
rôle important en avertissant l'héroïne des dangers que court son frère.
        Chez Lope de Vega, les bonnes aventures permettent de fournir,
sous forme de divination, un résumé des événements à venir; ainsi, dans
La vuelta de Egipto, l'"Egyptienne" prédit la vie du Christ, comme dans
l'"auto"anonyme de *La huida de Egipto*. Dans *El tirano castigado*, la Gitane, qui s'appelle "Buenaventura", annonce la naissance de Jésus et dans
El primer rey de Castilla, c'est l'histoire de l'Espagne jusqu'à la con-
quête de l'Amérique que la Gitane va résumer à la reine doña Sancha.
        Ainsi les Gitanes, grâce à leurs bonnes aventures, peuvent jouer
le rôle de récitantes, messagères ou confidentes. Dans *El arenal de Sevilla*, Lucinda, déguisée en Gitane, met à profit sa connaissance des
personnages et des problèmes qui les agitent pour faire des prédictions
qui remplissent de stupeur ses victimes.
        D'autres bonnes aventures sont simplement burlesques ou comiques
comme celle de *La farsa llamada Ardamisa* de Negueruela, ou celle de l'"auto" anonyme, *El finamento de Jacob*.
        A la fin du XVIIème siècle et au début du XVIIIème, la bonne
aventure reste franchement burlesque, comme dans le *Baile de la Gitanilla*
qui accompagnait *La Poncella de Orleans* de Zamora et dans *El alcalde engitanado*. Dans la saynète intitulée *La Gitanilla honrada*, les Gitans l'utilisent à des fins particulières, tandis qu'elle devient un procédé satirique dans un autre "baile", *La Gitanilla* (133), et que dans *Don Álvaro o
la fuerza del sino* du duc de Rivas, elle sert à préparer le climat tragique de l'oeuvre.

        e) *Le thème de l'enfant volé par une Gitane.*
        Ce thème est ébauché dans la *Medora* de Lope de Rueda et Cervantes
le développe à la fois dans *Pedro de Urdemalas* et dans *La Gitanilla*. Les
retrouvailles finales de l'enfant volé et de ses vrais parents offrent un
dénouement en coup de théâtre, emprunté à la littérature médiévale et très

_____

(133) Cf. **supra**, p. **43**.

apprécié par les contemporains de Cervantes et par le public des siècles
suivants comme le prouve le nombre d'imitations et d'adaptations théâtrales de la nouvelle de Cervantes que nous avons citées plus haut. On pourrait mentionner également de nombreuses oeuvres, échelonnées du XVIIème
au XIXème siècle, qui, sans imiter directement *La Gitanilla,*exploitent
le thème de l'enfant volé. C'est le cas de deux pièces de Molière, *L'Etour-
di* et *Les fourberies de Scapin;* de *L'innocente Egyptienne,* de Jean-Pierre
Camus; de *L'histoire du baron de Mérargues et de la belle Egyptienne,* de
Vanel; d'une pièce de Cuvelier, *C'est le diable ou la Bohémienne;* de *La
petite Bohémienne* de Louis-Charles Caigniez; de *La Bohémienne ou l'Amérique en 1775,* d'Eugène Scribe; et encore de *Notre-Dame de Paris* de Victor
Hugo (134). Rappelons, enfin, qu'en ce qui concerne l'Espagne, la substitution d'enfants par une Gitane est encore le ressort principal du drame
le plus célèbre de García Gutiérrez *El trovador,* qui deviendra *Le trouvè-
re* de Verdi.

LE XXeme SIECLE

Nous ne prétendons pas avoir établi, dans les pages qui précèdent,
une liste exhaustive des oeuvres,littéraires ou non, concernant les Gitans
et publiées dans cette longue période qui va du XVème siècle à la fin du
XIXème. Il serait encore plus vain de vouloir le faire pour le XXème siècle où, grâce aux progrès de l'édition, les ouvrages dans lesquels les
Gitans apparaissent, de façon plus ou moins épisodique, n'ont cessé de se
multiplier. Nous nous limiterons ici à dessiner brièvement le dernier
stade de l'évolution dans les différents domaines que nous avons abordés
précédemment : le théâtre, le roman, la poésie, l'histoire et l'ethnogra-
phie.

Le courant que nous avons baptisé "la afición" et qui se caracté-
rise par des préoccupations historiques, linguistiques ou ethnographiques
connaît, au XXème siècle, un essor assez spectaculaire. En 1900, à Grenade, Tineo Rebolledo publie un dictionnaire de 9.000 mots sous un titre
"caló" : A *chipicalli*("la lengua gitana").Une réédition réalisée à Barcelone en 1909 s'intitulera : *Gitanos y Castellanos. Diccionario Gitano-
Español y Español-Gitano. Modelos de conjugación de verbos auxiliares y
regulares en caló. Cuentos Gitanos y Castellanos. Historia de los Gitanos
desde su origen hasta nuestros días.* Auparavant, en 1906, toujours à Barcelone, un *Diccionario de argot español ó lenguaje jergal gitano, delincuente,profesional y popular* dû à Luis Besses a vu le jour. Quelques années plus tard, en 1915, c'est encore à Barcelone qu'un nommé Pabanó fait
éditer un ouvrage intitulé : *Historia y costumbres de los Gitanos; colección de cuentos viejos y nuevos, dichos y timos graciosos, maldiciones y
refranes netamente gitanos. Diccionario español-gitano-germanesco; dialecto de los Gitanos.* Ensuite, il faudra attendre 1943 pour voir paraître
le dernier dictionnaire gitan intitulé : *Apuntes del dialecto "caló" o
gitano puro.*

Dans *Gitanos de Granada* de Cándido G. Ortiz de Villajos, qui paraît à Grenade en 1949, il est question d'histoire et de littérature, mais

---

(134) F. de Vaux de Foletier, <u>Mille ans d'histoire des Tsiganes</u>, Paris,
1970, pp. 66-67.

aussi de peinture et de musique. Quant à José Carlos de Luna, auteur de
El Cristo de los Gitanos, publié en 1932, et de deux ouvrages sur le flamenco : *Cante grande y cante chico* et *El flamenco y los flamencos*, il
fait éditer, à Madrid, en 1951, un livre assez insolite intitulé *Gitanos
de la Bética*. Dans une démonstration où l'histoire et la fantaisie sont
mêlées de façon assez surréaliste, l'auteur s'efforce de démontrer que les
Gitans andalous n'ont rien à voir avec les autres Tsiganes européens. Puis
il nous brosse un portrait physique et moral de *ses* Gitans, il évoque
leur costume, leurs rivalités ancestrales, leurs noms et surnoms, leur
habitat, leurs métiers favoris, leur langue et leur musique. L'ouvrage,
abondamment illustré, fourmille d'anecdotes "costumbristas" et de "coplas"
en "caló".

Quelques années plus tard, en 1955, paraît à Barcelone, *Los Gitanos, el flamenco y los flamencos* de Rafael Lafuente. Après avoir raconté
ses pérégrinations et ses amours, au sein d'une famille gitane, Lafuente
parle du flamenco, du "caló", et élabore, pour finir, une curieuse hypothèse historique pour démontrer que les Gitans sont originaires d'Egypte
et non de l'Inde.

L'histoire des Gitans vue par Domingo Manfredi Cano, dont l'ouvrage *Los Gitanos* est publié à Madrid en 1957, s'appuie déjà sur des don-
nées beaucoup plus sérieuses. Parallèlement, entre 1948 et 1962, Carlos
Clavería publie plusieurs articles sur le "caló", et les Gitans sont abordés d'une façon de plus en plus scientifique à partir de cette époque.

Parmi les ouvrages d'intérêts divers parus depuis une vingtaine
d'années il faut citer *Los Gitanos* de Fermín Castillo (1958); *Granada y
sus Gitanos* de Juan Sánchez Ocaña (1963); *También los Gitanos* de José
Antonio Ferrer Benimeli (1965); *Lo Gitano, una cultura folk desconocida*
de Francesc Botey (1970), et *Nosotros los Gitanos* écrit par un authentique Gitan, Juan de Dios Ramírez Heredia (1971). Les derniers titres indiquent un déplacement important de l'histoire et du folklore vers la sociologie. Nous nous éloignons de plus en plus, semble-t-il, de la littérature. Cependant, un livre relativement récent, rédigé en catalan, *Els Gitanos* de Joan Guillamet (1970), mêle aimablement préoccupations sociales
et anecdotes pittoresques dans une série de vignettes qui laissent penser
que le "costumbrismo" n'est pas tout à fait mort (135).

Puisque nous renouons ici avec les courants littéraires, signalons que, dans la prose du début du siècle, les Gitans font de nombreuses
apparitions. Dans *La bodega*, publiée en 1905, Blasco Ibáñez nous les montre en train de travailler la terre et de s'interpeller en "caló" : "¡Cha,
currela, que sinela er jambo !" (¡Oye, trabaja, que mira el amo !).(135 bis).

---

(135) Nous avons vu, depuis, apparaître de très sérieuses enquêtes socio-
logiques comme : <u>Vecinos Gitanos</u> de Teresa San Román, Madrid, 1976; <u>Los
Gitanos en la sociedad española</u>, Actes d'un colloque organisé par Caritas,
à Madrid, en novembre 1980 et publiés dans le n° 41 de sa revue <u>Documenta-
ción social</u>, Madrid, oct.-déc. 1980; <u>Los Gitanos en Murcia, hoy, 1980</u>,
travail collectif réalisé sous la direction de Jesús María Vázquez, directeur de la Section de Sociologie de l'Université de Murcie et publié par
la même Université en 1981.

(135 bis) V. Blasco Ibanez, <u>La Bodega</u> dans <u>Obras Completas</u>, t. I, Madrid,
Aquilar, 1967, p. 1266 b.

Juan Valera introduit dans ses *Cuentos y chascarrillos*, parmi
d'autres bonnes histoires gitanes et andalouses, une anecdote qu'il a
empruntée à Benito Mas y Prat, à moins que l'un et l'autre ne l'aient
puisée à la même source :

> *Había en la feria de Mairena un cobertizo for-
> mado con esteras viejas de esparto; la puerta tapa-
> da con no muy limpia cortina, y sobre la puerta un
> rótulo que decía con letras muy gordas :*
>
> LA KARABA
>
> *se ve por cuatro cuartos*
>
> *Atraídos por la curiosidad, y pensando que
> iban a ver un animal rarísimo, traído del centro de
> África o de regiones o climas más remotos, hombres,
> mujeres y niños acudían a la tienda, pagaban la entra-
> da a un gitano y entraban a ver la karaba.
> - ¿ Qué diantre de karaba es ésta ? — dijo enojado un
> campesino —Ésta es una mula muy estropeada y muy vie-
> ja.
> - Pues por eso es la karaba, —dijo el gitano— por-
> que araba y ya no ara. (136)*

Eugenio Muñoz, dit "Noel", est à la fois fasciné et irrité par
les Gitans. Il aime leur révolte et déteste leur "flamenquismo". Toujours
à contre-courant, il trouve les Gitanes belles, mais n'apprécie pas leur
étrange regard :

> *En el quicio de las puertas canturrean las Gi-
> tanas. Nada más bello que las caras de estas mujeres
> a no ser sus ojos. (137)*

Leur bonne aventure figure parmi ces coutumes populaires andalouses ou gitanes qu'il réprouve avec une passion toujours ambiguë dans
ses *Escenas y andanzas de la campaña antiflamenca:*

> *Por dar unos céntimos a un angelote que lleva
> en brazos una gitana, dejo que "me eche" la buenaven-
> tura. En los estudios del gitanismo, que están por
> hacer, la buenaventura debe ocupar sendos capítulos.*

---

(136) Juan Valera y Alcalá Galiano, Cuentos y chascarrillos, dans Obras
completas, t. IV, s.l., 1908.
    - Cuentos y chascarrillos andaluces, tomados de la boca del vul-
go. Coleccionados y precedidos de una introducción erudita y algo filosófica por Fulano, Zutano, Mengano y Perengano, 2a ed., Madrid, Fé, 1898.
/ "El Gitano teólogo", pp. 45-46; "El Gitano moribundo", pp. 216-219 /.
    - Cf. Benito Mas y Prat, La tierra de María Santísima. Colección
de cuadros andaluces, Barcelona, Orbis, s.d. /1891 /, p. 477.

(137) Eugenio Noel, Escenas y andanzas de la campaña antiflamenca, Valencia, s.d., p. 169.

> *Parece ser que una "lipendi", más rubia que "er" sol,*
> *está que no "pué" con su penita desde que me vio. Me*
> *han de suceder dos cosas negras y una roja. He de an-*
> *dar con "mizterio" y no salir de noche porque malos*
> *"quereres" me han de dar un disgusto... La quiromancia*
> *gitana es infantil, grotesca y muy salada. Si no fue-*
> *ra por la sal que derraman sobre ella ya se habría des-*
> *compuesto.* (138)

Dans un article publié dans la revue *España*, en 1915, intitulé
Nuestro Gitano et sous-titré *Sol y sal*, Noel brosse un portrait moral
du Gitan, le plus intéressant, selon lui, des trois phénomènes espagnols,
les deux autres étant le torero —le plus nocif— et le politicien —le
plus imbécile—. Sa démonstration est émaillée d'anecdotes et de bonnes
histoires, telle celle du Gitan moribond surpris de voir un rectangle
de carton blanc attaché au pied de son lit d'hôpital :

> *- ¡ Qué poca consideración tien en esta zanta casa a*
> *los moribundos que ze van a morí ... !*
> *La hermana de la Caridad, extrañada, le pregun-*
> *to qué quería decir, y él añadió, expirante :*
> *- Entavía no ze ha acabao de morí uno, y ya le ponen*
> *uztedes el alquila.* (139)

Et dans le passage qui suit, consacré à la démolition de cette
"calamité nationale" appelée "flamenco", Noel nous décrit avec sa verve
furibonde une danse gitane qui pourrait servir de pendant grotesque à la
prolixe "zambra" de Rueda que nous citions plus haut :

> *No refleja un cuadro futurista tantas variacio-*
> *nes, espirales, haces de líneas y panoramas desdobla-*
> *dos boca arriba y panza abajo. Gira sobre un pie como*
> *una perinola, se marca formas embelesadoras, bulle, ta-*
> *cones que se las pela, las manos en las caderas y la*
> *cabeza moviéndose a modo de los polichinelas; brinca,*
> *salta, se pone a cuatro pies, adopta bruscas situacio-*
> *nes serias, en las que sólo agita los músculos de la*
> *tripa y lleva el compás con los hombros.* (140)

A la différence de Rueda, Juan Ramón Jiménez reste poète lorsqu'il écrit en prose et, lorsqu'il décrit le campement gitan sur le bord
de la route —il s'agit ici de ces Tsiganes venus d'Europe centrale qu'en
Espagne on appelle "Hongrois"—, la crasse et la misère en sont presque
transcendés par la grâce et par l'humour :

---

(138) Ibid., p. 171.

(139) Id., Nuestro Gitano, dans Revista España, Madrid, 1915.
- Costumbristas españoles, t. II, Madrid, Aguilar, 1951, pp.
1109-1113.

(140) Ibid., pp. 1115-1116.

> Míralos, Platero, tirados en todo su largor,
> como tienden los perros cansados el mismo rabo, en el
> sol de la acera.
> La muchacha, estatua de fango, derramada su abun-
> dante desnudez de cobre entre el desorden de sus andra-
> jos de lanas granas y verdes, arranca la hierbaza seca
> a que sus manos, negras como el fondo de un puchero,
> alcanzan. La chiquilla, pelos toda, pinta en la pared,
> con cisco, alegorías obscenas. El chiquillo se orina
> en su barriga como una fuente en su taza, llorando por
> gusto. El hombre y el mono se rascan, aquél la greña,
> murmurando, y éste las costillas, como si tocase una
> guitarra. (149)

De même, la silhouette de la Gitane qui descend la rue principale
de Moguer, croquée sur le vif par la plume alerte du poète andalou, nous
éloigne du "costumbrismo" prosaïque :

> Mírala, Platero. Ahí viene, calle abajo, en el
> sol de cobre, derecha, enhiesta, a cuerpo, sin mirar a
> nadie... ¡ Qué bien lleva su pasada belleza, gallarda
> todavía, como en roble, el pañuelo amarillo de talle,
> en invierno, y la falda azul de volantes, lunareada de
> blanco ! Va al Cabildo, a pedir permiso para acampar,
> como siempre, tras el cementerio. Ya recuerdas los ten-
> duchos astrosos de los gitanos, con sus hogueras, sus
> mujeres vistosas y sus burros moribundos, mordisquean-
> do la muerte, en derredor. (150)

Avec Pérez de Ayala, au contraire, nous revenons à la tradition
et la Gitane apparaît fugacement pour dire la bonne aventure, avec le
"ceceo" de rigueur :

> Era Micaela niña, apenas mujer; una gitana tras-
> humante le echó la buenaventura y dijo : "Ay, rozita
> de pitiminí; un zeñorito rumbozo te deszhojará; chilla-
> rás como una coneja; pero luego quedarás dezahogada y
> muy a gujto. (151)

Dans *Los cármenes de Granada*, Palacio Valdés nous ramène plus
concrètement à l'étude de moeurs. Il nous décrit les Gitans du Sacromonte,
leurs grottes, leur folklore et leurs métiers traditionnels, avec une grande profusion de détails et, dans le portrait physique et moral, une précision anthoropologique :

---

(141) Juan Ramón Jiménez,"Los Húngaros" dans Platero y yo, Madrid, 1914.Et
dans l'édition de Madrid, Aguilar, 1957, pp. 93-94.

(142) Id., "Los Gitanos", op. cit. , pp. 271-273.

(143) Ramón Pérez de Ayala, Los trabajos de Urbano y Simona, Madrid, 1923.Et
dans l'édition de Madrid, Alianza Editorial, 1969, p. 202.

*Su tipo físico es indostánico, pues del Indostán
proceden, según la opinión más aceptada, el rostro ateza-
do, los ojos y los cabellos negrísimos, la nariz correc-
ta, la boca pequeña, los dientes blancos. El espiritual
semeja, exagerándolo mucho, al de los andaluces, entre
los cuales viven desde hace siglos, verbosos, fantásti-
cos, melosos y coléricos. Sus ojos melancólicos, miste-
riosos, llenos de pasión concentrada, son orientales,
pero la lengua es de pura raza andaluza. ¡ Cuándo hablan
aquellos benditos gitanos ! La venta de un jaco en las
ferias, hecha por un gitano, es cosa tan graciosa y pi-
cante, que ha sido descrita más de una vez por los escri-
tores españoles. Estos gitanos del Albaicín y Sacro Mon-
te, escépticos, supersticiosos, falaces, pero al mismo
tiempo de un gran sentido práctico y utilitario, como
todos los de su raza, han sabido adaptarse perfectamente
al medio en que viven. Granada es una ciudad visitada
y admirada por los extranjeros, pues a sacar "parnés" a
los "gabardés" (franceses) y a los "enlubanós" (ingle-
ses).* (144)

Valle Inclán nous décrit avec une grande sobriété dans *Viva mi
dueño*, le classique campement gitan :

*Entre olivos, a la vera del camino, acampaba un
familión de gitanos. Las mujeres se peinaban las greñas.
Críos desnudos, perros rabones, amatados jamelgos, as-
nos meditabundos, metían en ruedo de polvo al carrico-
che pintado de azul con toldete de remiendos.* (145)

Un peu plus loin, le "caló" fait une entrée en force et certains
dialogues seraient incompréhensibles sans les dictionnaires qui sont deve-
nus monnaie courante depuis Borrow :

*- Ostelinda, deja el rebridaque, que el planoró se trae
su bulipen.* (146)

Nous terminerons ce survol de la prose castillane du XXème siècle
par un article de Pío Baroja tiré de la *Vitrina pintoresca*, éditée en 1935.
Ici, la prose est la plus prosaïque possible et nous renouons brusquement
avec ce que nous appelions tout à l'heure, non sans exagération peut-être,
le courant ethnographique. Baroja cite Martín del Río, Grellmann et Borrow;
il parle des Gitans dans la littérature en évoquant la Preciosa de Cervantes,

---

(144) Armando Palacio Valdés, Los cármenes de Granada, Madrid, 1927.
     - Et   dans Obras completas, Madrid, Aguilar, 1952, pp. 641-643.

(145) Ramón del Valle Inclán, Viva mi dueño, dans Ópera Omnia, XXII, Madrid,
1928, Ruedo Ibérico, 1a serie, vol. II, p. 130.

(146) "María, deja la lisonja, que el hermano se trae su embuste", ibid.,
p. 214.

l'Esmeralda de Hugo et la Carmen de Mérimée. Par ailleurs, il répond à sa
manière aux questions que tout le monde se pose sur l'origine et les moyens
d'existence des Gitans, à l'aide d'un proverbe "caló", d'affirmations con-
vaincues et de formules percutantes :

> Se puede asegurar que los gitanos no vienen de
> ninguna parte, porque están yendo y viniendo constante-
> mente. Así, ellos nunca han sabido de dónde proceden y
> siempre están en movimiento, porque, como dice uno de
> sus refranes :
> Tamború sos ne piraba cocal ne chupardela.
> (Perro que no anda, no tropieza con hueso.)
> ¿ De qué viven ? Deben de vivir principalmente del ro-
> bo y de la mendicidad; del robo en pequeño. Si hubie-
> ran ejercido el robo en grande, la raza gitana sería
> una raza noble. Pordiosear es vil; robar, no. (147)

Avant de passer à un autre genre de littérature, il nous faut dire
quelques mots de la prose catalane consacrée aux Gitans. Pere Salom est
l'auteur de plusieurs articles les concernant, publiés dans la revue *Futurisme* en 1908 et 1909 (148), et d'un ouvrage intitulé *Gitanos : llibre
d'amor i de pietat*, paru à Barcelone en 1911. Il s'agit d'une série de récits très courts sur des coutumes gitanes et des persécutions subies par
la race "callí". Certains épisodes sont empruntés à Grellmann, décidément
très lu en Espagne, tandis qu'une description de noce nous ramène —d'assez
loin, il est vrai— à Cervantes :

> El xef començá am les solemnials paraules de Sant
> Mateu, dites en son llenguatge : "Mangue ardiñelaré y
> chalaré al batusc y penaré, etc., extenent-se desprès
> en consideracions bastant llargues, esparramant originals
> filosofíes sobre tal matrimoni :
> -"Sigues tota pel "rom", que aixís aniràs perpetuant la
> raça, i dissortada si mai entreguessis al "busnó" ton
> "brijili", perqué'ls mateixos que avui te festejen els
> veuríes que s'abalancen a tu, àvits de sang. No cal es-
> perar que faltis, car sempre has sigut fidel a la tribu".
> En quant al marit, va dirli :
> -"Procura servar l'esposa que t'entreguem i sigues tot
> per ella. Cap més dona serà per tu, i si pretenguessis
> enllotar els lliris no encar desclosos de les gitanetes,
> nostres braços forçuts faran justicia". (149)

---

(147) Pío Baroja, Los Gitanos dans Vitrina pintoresca, Madrid, 1935.
       - Costumbristas españoles, t. II, Madrid, Aguilar, 1951, pp.946-950.

(148) Pere Salom, Festa major i ball de Gitanes, dans Revista Futurisme,
n° 26, Tarrasa, 1908.
       - L'isidre nonell i les Gitanes, ibid., n° 27, 1908.
       - Commemoració, ibid., n° 36, 1908.
       - La ecspulsió d'una caravana, ibid., n° 55, 1909.
       - El robo en els Gitanos, ibid., n° 59, 1909.

(149) Id., Gitanos : llibre d'amor i de pietat, Barcelona, La Neotipia, 1911,

Una"copla" érotique est chantée un peu plus loin en termes si libres qu'elle aurait fait rougir Preciosa malgré le masque du "caló" :

> *Si me diñelas tu minche,*
> *yo te daré mis quilós;*
> *haremos una contrata*
> *para pirabar los dos.* (150)

Juli Vallmitjana Colominas écrit, dans les deux premières décennies de ce siècle, des romans, des conférences et des essais sur des thèmes gitans. Les romans, tels *La xava* (151), et *Sota Montjuïc* (152) sont larmoyants et "misérabilistes" en diable. Leurs personnages sont des souteneurs, des prostituées et, bien entendu, des Gitans. Les rixes sont fréquentes et le sang coule à flots. Le "caló" est assez largement utilisé et des "coplas" gitanes émaillent le texte :

> *De la mutzi d'un aranuí*
> *van nyisquerbá un dicaló;*
> *un busnó en diquelava*
> *panant : -¡Quin sambambanó !*
>
> *(De la pell d'un gat*
> *ne varen treure un mocador.*
> *un home s'ho mirava,*
> *dient : - ¡Que es bonic !)* (153)

Bien que les dialogues et les "coplas", telle celle que nous venons de citer —et qui fait allusion, de façon un peu scabreuse, à une coutume du mariage gitan—, soient généralement traduits, l'auteur a cru bon d'ajouter en appendice un vocabulaire catalan-gitan et un certain nombre de phrases typiques.

Dans *Criminalitat típica local*, Vallmitjana fait part de sa rencontre avec une jeune prostituée de vingt ans, qui mourra bientôt de tuberculose et qui lui a inspiré son roman intitulé *La xava* (154); et dans *De la raça que's perd*, l'auteur nous rapporte une quantité de coutumes et de superstitions gitanes et nous décrit en détail la cérémonie des noces (155).

Mais Vallmitjana a écrit également plusieurs brefs tableaux de

---

(p. 10, (<u>rom</u> = marit /cat./; <u>busno</u> = estranger /cat./; <u>brijili</u> = cor /cat./).

(150) <u>Ibid.</u>, p. 11 :
  Si me das tu sexo,
  yo te daré el mío;
  haremos una contrata
  para copularnos los dos.

(151) Juli Vallmitjana, <u>La xava</u>, Barcelona, L'Avenç, 1910.

(152) <u>Id.</u>, <u>Sota Montjuic</u>, Barcelona, L'Avenç, 1908.

(153) <u>Ibid.</u>, p. 183.

(154) <u>Id.</u>, <u>Criminalitat típica local</u>, Barcelona, L'Avenç, 1910.

(155) <u>Id.</u>, <u>De la raça que's perd</u>, Barcelona, s.d.

moeurs destinés au théâtre. En 1911, il s'agit de *Els zin-calós*, *Els jam-bus, dialeg* et *Entre Gitanos, escenes cómiques* . La première oeuvre est une comédie en un acte, représentée au"Teatre Principal"de Barcelone en janvier 1911. Elle met en scène des Gitans du faubourg d'Hostafranchs et le "caló" y est de rigueur. L'argument tourne autour d'un mariage qui va provoquer disputes, bagarres, malédictions et envoûtement. Mais, Dieu merci ! tout se terminera fort bien (156). L'action de *Els jambus* se dé-roule également dans les quartiers populaires de Barcelone. Ici, il s'agit plutôt de marginaux que de Gitans à proprement parler,mais le"caló" ou l'argot populaire qui en dérive est toujours présent. On y voit un jeune voyou devenir honnête par amour (157). La pièce sera transposée dans une ambiance madrilène et adaptée en castillan sous le titre de *Los churdeles*. Elle sera représentée sur la scène du"Teatro Nuevo"de Barcelone, à la même époque (158). *Entre Gitanos* nous présente une dispute de Gitans qui se terminera au bistrot (159). Le décor de *La Gitana verge*, autre comédie en un acte publiée l'année suivante,représente encore une cour d'Hostal-franchs. On y voit un puits, une carriole et plusieurs baraques. Il s'agit, une fois de plus, d'une histoire de mariage gitan et tout le "suspense" repose sur la traditionnelle épreuve du mouchoir (160). *Ruji* (*Rosa*),repré-senté par la compagnie d'Enric Borrás, au"théâtre Novetats"en septembre 1917, est une deuxième version de *La Gitana verge* (161).

       Gitanesca, d'Emili Vilanova, est un court récit en prose qui re-late une dispute entre deux Gitans (162) et *Colometa la Gitana o el regrés dels confinats* est une saynète "costumbrista" du même auteur, où nous re-trouvons les thèmes habituels : le mariage gitan —ici interrompu par l'ar-rivée inopinée d'un prétendant qui revient du bagne—, et l'inévitable bagarre (163).

       Puisque, grâce aux "costumbristas" catalans,nous sommes revenus sur les planches,restons-y pour observer ce qui s'y passe, au XXème siècle, dans le domaine castillan. Disons tout de suite que nous n'y trouvons pas grand-chose. La mode "gitanesque" s'y épuise et les oeuvres écrites pour le théâtre vont bientôt céder la place, dans ce domaine, aux spectacles folkloriques et aux tournées "flamencas", dont les plus célèbres seront celles de Vicente Escudero, Pilar López et Antonio et Rosario qui font d'ailleurs suite, dans un genre sensiblement différent, à Pastora Imperio, à Antonia Mercé et à la Argentinita. De plus en plus, ce sont les Gitans

---

(156) Id., <u>Els zin-calós (Els Gitanos</u>), Barcelona, L'Avenç, 1911.

(157) Id., <u>Els jambus, dialeg</u>, Barcelona, L'Avenç, 1911.

(158) Id., <u>Los churdeles (Els jambus)</u>, /‾Barcelona, s.d._/

(159) Id., <u>Entre Gitanos, escenes cómiques</u>, Barcelona,Salvador Bonavía,1911.

(160) Id., <u>La Gitana verge, quadro de costums gitanes</u>, Barcelona,Artis,1912.

(161) Id., <u>Ruji (Rosa), quadro de costums gitanes</u>, Barcelona,Lib. Espanyola, 1917.

(162) Emili Vilanova, <u>Quadros populars : Gitanesca</u>, dans <u>Obres completes</u>, Barcelona, Ed. Selecta, 1949, pp. 148-154.

(163) Id., <u>Colometa la Gitana o el regrés dels confinats, sainete</u>, <u>ibid</u>., pp. 1169-1192.

eux-mêmes qui chercheront à s'exprimer et rien n'est plus significatif à
cet égard que le titre "caló" d'un spectacle récent : *Camelamos naquerar*
(Nous voulons parler). En ce qui conerne le théâtre proprement dit, les
Gitans ont pratiquement disparu de la scène. Au début du siècle, dans une
"zarzuela" de Carlos Arniches et Enrique García Álvarez, *Alma de Dios*,
on entend soudain résonner une "pandereta". Cependant, ce n'est plus une
"gitanilla" andalouse qui en joue mais de romantiques Tsiganes "hongrois",
qui accompagnent ainsi le chant nostalgique de l'errance :

> *Hungría de mis amores, patria querida,*
> *llenando de luz tus canciones mi triste vida,*
> *vida de inquieto y eterno andar,*
> *que alegro solo con mi cantar.*
> *Canta vagabundo tus miserias por el mundo,*
> *que tu canción quizá el viento llevará*
> *hasta la aldea donde tu amor está.*
> *Canta vagabundo...* (164)

La saynète de moeurs gitano-andalouse fait encore une tentative
avortée avec *Gitanería* de Gonzalvo, qui reste à l'état d'ébauche (165).
Deux pièces plus récentes écrites à l'intention des collèges de jeunes
filles ne dépassent guère le niveau habituel des oeuvres de ce style. La
première, *La Gitana catequista*, écrite par Miguel Benítez de Castro, obtient
pourtant le premier prix au concours du Théâtre des Artistes, à Barcelone
en 1951. Excepté une soeur de la Charité, tous les personnages sont des
jeunes Gitanes sévillanes et l'on peut y entendre une "copla" bien typique :

> *Gitaniya canastera*
> *que te vas por la ribera*
> *del río Guadalquiví*
> *¡ tipi, tipi, tipi, ti !*   Taconeo.
> *Salerosa criatura,*
> *dime la güenaventura,*
> *pa sabé mi porvení,*
> *¡ tipi, tipi, tipi, ti! Ti !*   Taconeo.   (166)

Dans *La Gitana Azucena*, éditée à Madrid en 1961, Azucena est la
domestique d'une jeune fille de bonne famille, mal nommée Angélica. Celle-
ci veut faire chasser l'infortunée Azucena, car elle la croit Gitane et
elle utilise, pour y parvenir, le procédé de la Carducha de Cervantes :
elle cache parmi les affaires de la jeune bonne un bijou qui appartient
à sa mère. On apprendra, grâce à un coup de théâtre, qu'en réalité c'est
Azucena qui est l'enfant de la famille et qu'Angélica est la fille d'une

---

(164) Carlos Arniches et Enrique García Álvarez, Alma de Dios, zarzuela en
un acto, Barcelona, s.d.

(165) C.E. Gonzalvo, Gitanería, boceto de sainete de costumbres andaluzas
en un acto y en prosa original, Madrid, 1909.

(166) Miguel Benítez de Castro, La Gitana catequista. Obra cómica en un
acto, para ser representada por niñas y jovencitas, original y en prosa,
Madrid, 1958.

Gitane. Généreuse et magnanime, Azucena intercèdera pour que celle qui la
tyrannisait reste à la maison (167).

En résumé, au XXème siècle, la prose consacrée aux Gitans devient
de plus en plus scientifique ou prétendue telle, sauf lorsqu'elle est signée Juan Ramón Jiménez et devient poésie. Le théâtre sombre assez tristement dans la saynète pour patronages. Il ne reste plus qu'une voie vraiment
littéraire, assez inexploitée dans ce domaine depuis Góngora, et c'est encore la poésie.

Le premier poète à se manifester est Salvador Rueda, à cheval
sur deux siècles et sur plusieurs genres. Les Tsiganes apparaissent plusieurs fois dans son oeuvre poétique, au rythme lent des caravanes; ainsi
dans *Los Gitanos* :

> *¿ Habéis visto en nuestras calles*
> *a los errantes böhemios*
> *con el oso que se agita*
> *al son del ronco pandero ?* (168)

Suit un portrait inspiré dont Lorca retiendra peut-être quelque
chose : les "empavonados bucles" qui brillent entre les yeux d'Antoñito
el Camborio :

> *El pelo salvaje y bronco,*
> *ásperos bucles tendiendo*
> *sobre el cuero empavonado*
> *de sus negruzcos pescuezos;*
> *los grandes ojos perdidos*
> *en horizontes inmensos,*
> *impasibles como el bloque*
> *de una esfinge del desierto.* (169)

Et voici le thème de l'errance, où la mélancolie d'*Alma de Dios*
fait place à l'exotisme et à l'ivresse de la liberté :

> *... con la fiera y la sonaja,*
> *vagando van los böhemios*
> *llevados, sin plan ni guía,*
> *del lado que sopla el viento.*
> *Antiguos como la tierra,*
> *han rodado por su suelo*
> *y su adüar han clavado*
> *para dar sombra a sus cuerpos,*
> *bajo los pinos del Norte,*
> *bajo los bíblicos cedros,*
> *bajo las palmas egipcias,*

---

(167) La Gitana Azucena, comedia en un acto y en prosa, dans Teatro moral,
Colección de obras escénicas propias para colegios, centros y sociedades
recreativas, n° 15, Madrid, Edit. Bruno del Amo, 1961.

(168) Salvador Rueda, Los Gitanos, dans Poesías completas, Barcelona, Maucci,
1911, p. 166.

(169) Ibid.

bajo los árboles pérsicos. (170)

Dans *La Pandereta*, le poète croise encore les éternelles caravanes qui traversent —comme il se doit !— le désert égyptien :

Pasando de unas manos en otras manos,
yo he cruzado el Egipto regio y grandioso,
rodando en los tropeles de los gitanos,
bajo el sol del desierto caliginoso. (171)

Mais c'est dans *Trenos gitanos* qu'apparaissent enfin les Gitans d'Espagne :

Dice á la guitarra
su pena el gitano,
canta soleares como las saetas
del Miércoles Santo. (172)

Une note prévient le lecteur que toutes les "coplas" incluses dans cette poésie sont dues à la plume de l'auteur; ce qui n'empêche certaines d'entre elles de manifester une indéniable inspiration "flamenca" :

Antes que agonice,
taparme la cara :
si me ve la muerte, temo que no quiera
llevarse mi alma. (173)

Entre Salvador Rueda et Federico García Lorca, il faudrait situer Juan Ramón Jiménez si sa poésie consacrée aux Gitans n'était pas rédigée en prose et c'est là, en tout cas, que nous placerons Rafael Alberti, un peu à cause de la chronologie, puisque *El alba del alhelí* est publiée deux ans avant le *Romancero gitano*, mais surtout en raison de l'inspiration. En effet, la Gitane d'Alberti est encore une "hongroise" et le thème de l'errance est toujours présent, à côté de celui de l'amour :

Quisiera vivir, morir,
por las veredítas siempre.
- ¡ Déjame morir, vivir,
deja que mi sueño ruede
contigo, al sol, a la luna,
dentro de tu carro verde !

Yo, por el campo, a las eras,
pensando en tu vida errante
por todas las carreteras.

Tú, en la ventana del carro,

---

(170) Ibid., p. 167.

(171) Id., La Pandereta, ibid., p. 105.

(172) Id., Trenos gitanos, ibid., p. 418.

(173) Ibid., p. 420.

> *mirándote a un espejito*
> *y con un peine en la mano.* (174)

En même temps, l'errance romantique remonte vers des sources
plus traditionnelles et redevient vagabondage lorsqu'elle se marie avec
le maquignonnage :

> *¡ Por toda España, contigo !*
>
> *¡ Por las ferias de ganado,*
> *por las plazas de los pueblos,*
> *vendiendo caballos malos,*
> *vida, por caballos buenos !*
>
> *¡ Por todo el mundo contigo !*

D'autre part, l'évocation du costume et du mode de vie de la
Gitane a quelque chose d'intime qui nous éloigne du simple "costumbrismo" :

> *- Vas vestida de percal...*
>
> *- Sí, pero en las grandes fiestas*
>   *visto una falda de raso,*
>   *y unos zapatos de seda.*
>
> *- Vas sucia, vas despeinada...*
>
> *- Sí, pero en las grandes fiestas*
>   *me lava el agua del río,*
>   *y el aire puro me peina.*

Quelque chose de nouveau surgit, qui ressemble à de la tendresse,
une tendresse chaude et naïve comme celle qui habite si souvent le "cante
jondo" :

> *Y yo, mi niña, teniendo*
> *abrigo contra el relente,*
> *mientras va el sueño viniendo.*
> *Y tú, mi niña, durmiendo*
> *en los ojitos del puente,*
> *mientras va el agua corriendo.*

En tout cas, ici, l'errance n'a plus pour théâtre des contrées
exotiques, mais bien l'Andalousie des Gitans, l'Andalousie d'Alberti et
de Lorca :

> *¿ Por qué vereda se fue ?*
> *¡ Ay aire, que no lo sé ¡*
>
> *¿ Por la de Benamejí ?*
> *¿ Por la de Lucena o Priego ?*

---

(174) Rafael Alberti, El alba del alhelí :"La Húngara", dans Poesías completas, Buenos Aires, Losada, 1961, pp. 138-141.

¿ Por la de Loja se fue ?
¡ Ay aire, que no lo sé !

Ahora recuerdo : me dijo
que caminaba a Sevilla.
¿ A Sevilla ? ¡ No lo sé !

¿ Por qué vereda se fue ?
¡ Ay aire, que no lo sé ! (175)

Ce faux air de refrain populaire nous amène tout naturellement vers García Lorca. Le Gitan de la "Escena del Teniente Coronel de la Guardia Civil" arrive, comme dans les saynètes d'antan, en chantant :

Luna, luna, luna, luna,
del tiempo de la aceituna.
Cazorla enseña su torre
y Benamejí la oculta.

Luna, luna, luna, luna.
Un gallo canta en la luna.
Señor alcalde, sus niñas
están mirando a la luna. (176)

Suit un dialogue très rapide où l'antagonisme devenu légendaire entre Gitans et Gardes civils, et qui a fourni de surprenants effets de contraste dans le *Romancero*, éclate à chaque mot en brève floraison d'étincelles :

TENIENTE CORONEL	¿ Tú quién eres ?
GITANO	Un gitano.
TENIENTE CORONEL	Y ¿ qué es un gitano ?
GITANO	Cualquier cosa.
TENIENTE CORONEL	¿ Cómo te llamas ?
GITANO	Eso.
TENIENTE CORONEL	¿ Qué dices ?
GITANO	Gitano.
SARGENTO	Me lo encontré y lo he traído.
TENIENTE CORONEL	¿ Dónde estabas ?
GITANO	En el puente de los ríos.
TENIENTE CORONEL	Pero ¿ de qué ríos ?
GITANO	De todos los ríos.

(175) Ibid.

(176) Federico García Lorca, Poema del Cante Jondo : "Escena del Teniente Coronel de la Guardia Civil", dans Obras completas, Madrid, Aguilar, 1957. p. 257.

TENIENTE CORONEL	Y ¿ qué hacías allí ?
GITANO	Una torre de canela. (177)

Mais, chez Lorca, chanson populaire et scène traditionnelle d'"entremés" sont transformées par un magistral coup de baguette magique. Toute la mythologie lorquienne, qui a fait exploser tant de fleurs étranges tout au long du *Romancero gitano* publié trois ans plus tôt, se retrouve ici : l'envoûtement lunaire, l'olive et le chant du coq, le Gitan mystérieusement occupé à bâtir une "tour de cannelle", tandis que, prise de panique, l'âme prosaïque "de tabac et de café au lait" du lieutenant-colonel s'enfuit par la fenêtre.

On pourrait s'amuser à recenser dans le *Romancero* une quantité d'éléments gitans traditionnels : la forge et les chevaux, le tambour de basque de Preciosa —plus littéraire que folklorique—, la rixe gitane, l'évocation d'une vie aventureuse et pleine de dangers, les longues chevauchées, les amours près de la rivière, les fêtes et processions, l'aspect physique et la couleur de la peau :

> *Un bello niño de junco,*
> *anchos hombros, fino talle,*
> *piel de nocturna manzana,*
> *boca triste y ojos grandes...* (178)

> *Moreno de verde luna*
> *anda despacio y garboso.*
> *Sus empavonados bucles*
> *le brillan entre los ojos.* (179)

Mais la poésie de Lorca est comme un paysage du Nouveau Monde : on croit reconnaître là-bas un arbre, ici une fleur; on s'approche et tout devient étrange, tandis que le rêve achève d'estomper le visage rassurant du réel. Il est presque inutile de rappeler ici avec quelle énergie le poète s'est défendu contre la mauvaise réputation et l'étiquette douteuse du "gitanisme" que trop de ses critiques voulaient absolument coller sur son oeuvre. Un simple coup d'oeil sur le pire "costumbrismo", le mauvais folklore et le faux "flamenquismo" qui sévissent encore dans la période qui englobe le *Romancero* suffit à justifier ses craintes et son indignation. Notons, par ailleurs, que Lorca prend soin de distinguer ses Gitans des "Hongrois" à la mode :

> *Lo llamo gitano ⌐el* Romancero ⌐ *no porque sea gitano de verdad, sino porque canto a Andalucía, y el gitano es en ella la cosa más pura y auténtica. Los gitanos no son aquellas gentes que van por los pueblos, harapientos y sucios; ésos son húngaros. Los verdaderos gitanos son gentes que nunca han robado nada y que no*

---

(177) <u>Ibid.</u>, pp; 258-259.

(178) <u>Id.</u>, <u>Romancero gitano</u> : "San Gabriel", <u>ibid.</u>, p. 370.

(179) <u>Ibid.</u>, p. 373.

> *se visten de harapos. En mi libro, por tanto, no hay*
> *panderetas ni americanas que llegan hasta la cintura,*
> *ni nada por el estilo, como se puede suponer equívoca-*
> *damente.* (180)

S'il y a dans le *Romancero* une quelconque influence gitane, ce n'est pas dans un pseudo-gitanisme inventé par les "payos" qu'il y a lieu de la chercher. Pas d'accroche-coeurs ni de robes à volants, pas même un mot de "caló", pas d'exotisme touristique... Mais comment les Gitans seraient-ils exotiques pour un andalou de Grenade ami d'un Sánchez Mejías ? Pour lui le Gitan, il vient de le dire, c'est la quintessence de l'Andalousie. Son inspiration fait appel, parfois —et de façon combien subtile !—, à ce que la poésie populaire andalouse a de plus surréaliste : la "copla" gitane :

> *Con cuatro clavos de plata*
> *clavé el aire de tu calle,*
> *pa que se esté quietesito*
> *cuando entras, cuando sales.*

Lorca lui-même harmonise et rend célèbre le "zorongo" :

> *La luna es un pozo chico,*
> *las flores no valen nada,*
> *lo que valen son tus brazos*
> *cuando de noche me abrazan.* (181)

Ses Gitans sont un thème littéraire, comme il s'est évertué à le répéter, mais pas comme ses prédécesseurs l'entendaient, pas comme élément décoratif, ni comme image pittoresque, même vue avec sympathie; pour la première fois, ils sont abordés de l'intérieur, dans ce qu'ils ont de plus profond et de plus secret : une mentalité primitive d'où surgissent des mythes. Ce qu'Asturias tentera plus tard avec ces indiens mayas, parmi lesquels il est devenu homme, traduire leur pensée animiste en métaphores verbales, Lorca l'avait fait entre 1924 et 1927 avec les Gitans andalous. Si Góngora lui avait donné le goût de la métaphore, les Gitans lui en ont fourni la matière. La métaphore a pour vertu de transformer le monde sensible comme Antoñito, avec des citrons, change en or l'eau du ruisseau. L'univers apparaît soudain comme vu par d'autres yeux, mais les Gitans s'y reconnaîtraient peut-être. Ne se sont-ils pas mis à chanter sur rythme de "bulerías" :

> *Por el olivar venían,*
> *bronce y sueño, los gitanos.* (182)

---

(180) Antonina Rodrigo, García Lorca en Cataluña, Barcelona, 1975, p. 348.

(181) Federico García Lorca, Cantares populares, dans Obras completas, op. cit., p. 574.

(182) Id., Romancero gitano : "Preciosa y el aire", ibid., p. 354.

Ce qui est certain,c'est qu'avec la magie des mots Federico
García Lorca a élaboré, grâce aux Gitans, une mythologie qui leur ressemble,et qu'il sera bien difficile d'aller plus loin dans ce domaine.

DEUXIÈME PARTIE

Autour des Gitans de Cervantes

PREMİER CHAPİTRE

Etude des thèmes gitans dans la littérature espagnole du Siècle d'Or

Les Gitans sont souvent présents dans l'oeuvre de Cervantes : on sait qu'ils jouent un rôle de premier plan dans une nouvelle : *La Gitanilla* et dans une comédie : *Pedro de Urdemalas*; ils constituent l'un des thèmes satiriques du *Coloquio de los perros*; ils font irruption, avec leur musique et leurs danses, dans un intermède : *La elección de los alcaldes de Daganzo*; ils se font représenter dans *Don Quijote* par un truand "agitanado", Ginés de Pasamonte; l'un d'entre eux essaye vainement de vendre un âne à l'un des héros de *La ilustre fregona*; enfin, on trouve une allusion rapide à une coutume gitane dans une autre nouvelle : *El licenciado vidriera* et dans le *Quijote*.

La date de composition des différentes oeuvres de Cervantes étant généralement hypothétique, il est difficile d'établir une chronologie précise de l'évolution du thème gitan chez cet auteur; cependant, il est fort possible que leur première apparition soit celle de l'intermède et qu'ils arrivent en chantant et en dansant, tout comme Preciosa lorsqu'elle fait son entrée à Madrid. En tout cas, une chose est certaine : c'est vers 1610-1611 que le thème prend toute son extension et qu'il s'achève en apothéose avec *Pedro de Urdemalas* et surtout avec *La Gitanilla*.

On connait le goût de Cervantes pour la reprise de certains sujets sous des angles divers : ainsi le thème obsédant de la jalousie, qui s'irise de teintes toujours nouvelles, dans *El viejo celoso*, *El celoso extremeño*, *La casa de los celos*, et tant d'autres oeuvres; le thème des bergers, qui va de la satire du *Coloquio* jusqu'à la pastorale *Galatea*, en passant par le faux réalisme du *Don Quijote*; le soldat, qui n'est pas épargné par le *Coloquio*, tantôt héroïque, comme dans *El gallardo español*, tantôt burlesque, comme dans l'intermède de *La guarda cuidadosa*. On pourrait multiplier les exemples, mais ce qui nous intéresse ici, c'est de classer le thème gitan, d'après l'extension et la variété du registre utilisé, quelque part entre les Morisques et les "pícaros".

On s'aperçoit tout de suite que "pícaros" et Gitans font l'objet d'un développement parallèle et complet : satirisés dans le *Coloquio*, ils apparaissent à tour de rôle dans un intermède : *El rufian viudo* /*La elección de los alcaldes*, dans une "comedia" : *El rufián dichoso* /*Pedro de Urdemalas*, et dans une nouvelle : *Rinconete y Cortadillo* /*La Gitanilla*. Nous pouvons donc nous attendre, suivant le genre adopté, à une grande diversité de ton.

D'ores et déjà, ces quelques comparaisons nous ont fait prendre conscience de l'importance du thème gitan dans l'oeuvre de Cervantes. Comment peut-on l'expliquer ? Pourquoi cet intérêt ? D'autres, avant nous, s'étaient étonnés de la vision, si souvent négative, que l'auteur de *La Gitanilla* nous a laissée des pauvres nomades. Pourquoi cette hargne ?

> *¿ Qué les habrán hecho los Gitanos a Miguel de Cervantes para zaherirlos tan despiadadamente ?; ¿ por ventura le jugaron alguna mala pasada durante sus años de comisiones en Andalucía, cuando hubo de tratar con tantos arrieros, molineros, bizcocheros y toda clase de gente de baja estofa ?* (1)

D'après Luis Astrana Marín, auteur de ces lignes, seule une grave offense personnelle peut justifier la violence des attaques de Cervantes contre les malheureuses tribus gitanes. Cette offense serait celle que fit, à la famille de l'écrivain, don Martín de Mendoza, archidiacre de Guadalajara et de Talavera, fils naturel de don Diego Hurtado de Mendoza et d'une gitane appelée María Cabrera (2). Don Martín, dit "le Gitan", rencontra à Guadalajara, María de Cervantes —tante de Miguel—, qui résidait dans cette ville entre 1527 et 1531, avec son père Juan de Cervantes, magistrat, alors au service de don Diego de Mendoza, dans les fonctions d'auditeur. L'archiprêtre gitan déshonora la jeune fille, qui était mineure, et, de ces amours illicites, naquit doña Martina, cousine germaine de l'auteur de *La Gitanilla* (3).

---

(1) Luis Astrana Marín, Estudio crítico, dans Don Quijote, Ed. IV Centenario, Madrid, 1947.

(2)   - Madrid, Real Academia de la Historia, colección Salazar, C.II, manuscrito; Archivo Histórico Nacional, Osuna, 1761, 5. (Documents cités par Amada López de Meneses, dans Un arcediano gitano : don Martín de Mendoza, 1481-1555, Pomezia, año III, sept.-oct. 1968, n° 35-36, pp. 273-274).
- El nobiliario del cardenal Mendoza, Madrid, B.N., Sec. de manuscritos, signatura II, 5,7. (Document cité par Walter Starkie, dans Cervantes and the Gypsies, Journal of the Gypsy Lore Society, juil.-oct. 1960, vol. XXIX, n° 3-4, pp. 146-151. Traduction espagnole dans Anales cervantinos, 1954, vol. 4, pp. 138-186).

(3)   - Archivo de la Cancillería de Valladolid, Fenecidos, envoltorio 22.
- Narciso Alonso Cortés, Casos cervantinos que tocan a Valladolid, Madrid, 1916, pp. 24-25.
- Francisco Layna Serrano, Historia de Guadalajara y sus Mendozas en los siglos XV y XVI, Madrid, 1942, t. II, pp. 152-153.
- Amada López de Meneses, Una Gitana, prima de Miguel de Cervantes: Martina de Cervantes, Pomezia, año III, nov. 1968, n° 37, pp. 303-304.

Est-ce pour venger l'honneur de la famille que Cervantes a jeté l'anathème sur les Gitans ? Ce n'est pas certain . Bien des contemporains, qui n'avaient sans doute pas les mêmes raisons de haïr les Gitans,se sont montrés beaucoup plus impitoyables contre ceux-ci. Cette parenté a pu, tout au moins, éveiller l'intérêt de l'écrivain pour la race errante. Mais Cervantes, qui nous a laissé tant de témoignages sur les classes maudites et la pègre de son temps, avait sans doute bien d'autres mobiles pour se pencher sur le cas des Gitans.

Dans cette étude, nous nous proposons, avant tout, de replacer les textes que cet auteur a consacrés aux Gitans dans leur contexte litté-raire et historique. Nous venons de voir l'évolution du thème gitan dans la littérature, avant et après Cervantes. Nous allons tenter d'étudier, à présent, en quoi consiste l'originalité de ce dernier et comment il in-fluence ses successeurs. Les Gitans de Cervantes sont-ils conformes à la réalité ? Les a-t-il observés directement et quelle image nous en donne-t-il ? Sont-ils mieux traités que les autres parias de l'époque : Morisques et "pícaros", et en quoi le thème gitan se différencie-t-il des autres thè-mes picaresques ? D'où vient l'ambiguïté des Gitans de Cervantes,et leur étrange dichotomie est-elle caractéristique de la création littéraire de l'auteur ? La vision des Gitans que nous propose Cervantes nous aide-t-elle a mieux comprendre sa vision du monde ?

Voilà, en résumé, quelques questions qui nous paraissent essen-tielles et auxquelles nous aimerions pouvoir répondre dans les pages qui suivent.

Certains critiques ont affirmé que Cervantes connaissait mal les Gitans. Ainsi, Rodríguez Marín déclare dans une note de son édition du *Coloquio de los perros* :

> *Cervantes no conoció bien las costumbres de los Gitanos, porque nunca convivió con ellos; así, lo que aquí relata es más obra de lo oído que de lo presenciado.* (4)

Rafael Salillas, pour sa part, nous offre un jugement beaucoup plus nuancé :

> *Cuanto dice Cervantes, que es tanto y algo más de lo que dijeron sus predecesores, se acomoda al concepto común de la reputación gitana que se ha tenido y se tiene en el país y no constituye ni una intimidad psicológica ni sociológica; pero es lo mejor observado que puede ofrecerse entre nuestros investigadores en este asunto.* (5)

D'autres, avec Walter Starkie, prétendent que Cervantes, soit à cause de la présence de sang gitan dans sa famille, soit grâce à des contacts personnels, en Andalousie, lors de ses tournées de commissaire aux vivres, connaissait parfaitement les moeurs des Gitans et qu'il avait pénétré les secrets de leur psychologie :

> *I have always considered that Salillas was not justified in maintaining that Cervantes was ignorant of Gypsy psychology, for a number of passages in the latter's works refute such a hypothesis.* (6)

Faut-il faire de Cervantes un tsiganologue avant la lettre ? Doit-on penser que son attitude ambiguë vis-à-vis des Gitans lui a été dictée par la prudence d'usage vis-à-vis de la censure ou, plus simplement, par le souci de ne pas heurter trop violemment les convictions de ses contemporains ? Avant de tenter de répondre à ces questions, nous allons passer en revue, point par point, tous les sujets d'observation que les Gitans pouvaient fournir à Cervantes, afin d'établir un bilan aussi précis que possible.

PORTRAIT DES GITANS

a) *Le costume*
Cervantes, qui nous a laissé des descriptions, parfois si détail-

---

(4) Note 3 de la page 113 de son édition des **Novelas ejemplares**, t. II, **Clas. Cast.**, n° 36.

(5) Rafael Salillas, **El delincuente espanol. Hampa**, Madrid, 1898, 2da. parte : "Los Gitanos en la novela picaresca", p. 162.

(6) Walter Starkie, **op. cit.**, p. 131 **sq**.

lées, du costume de ses personnages, ne donne aucune précision au sujet
de celui que portaient les Gitans. Tout ce que nous savons de Preciosa et
de ses compagnes c'est qu'elles étaient :

> *limpias y bien aderezadas.*(7)

    Pourtant, Gitans et Gitanes portaient des vêtements très parti-
culiers. Cervantes ne l'ignorait pas et il en parle dans *La Gitanilla*,
dans *Don Quijote*, chaque fois qu'il est question du déguisement de Ginés
de Pasamonte, dans les indications scéniques de l'intermède de *La elección
de los alcaldes de Daganzo* et dans celles de *Pedro de Urdemalas*.

> Salen los músicos, vestidos a lo gitano; Inés, Belica
> y otros dos muchachos, de gitanos, y en vestir a todas,
> principalmente a Belica, se ha de echar el resto.   (8)

    Lorsqu'il s'agit de théâtre, l'expression désigne, probablement,
un costume conventionnel qui peut n'avoir conservé de la réalité que quelques traits caractéristiques. Il en va de même pour toutes les indications
scéniques de ce genre : "de labradores", "de maragatos", etc. Ailleurs, il
semblait superflu de décrire un accoutrement que tout le monde connaissait.
    C'est dans des termes aussi vagues que, de 1560 à 1783, six rap-
ports des Cortès et une dizaine de lois péninsulaires s'acharnent contre
le costume gitan pour l'interdire (9).
    Mais quel était donc ce fameux costume ? On s'est longtemps per-
du en conjectures à ce sujet. Tous les observateurs ont remarqué que les
vêtements que portent les Gitans au XIXème siècle sont, à peu de choses
près, ceux des Andalous de l'époque :

> *El traje en rigor es el mismo que gasta el pueblo
> bajo en Andalucía, más o menos rico, de pana o tercio-
> pelo, de paño o algodón; chaqueta o zamarra bordada, con
> alamares o botonadura de plata; chaleco y faja de seda;
> pantalón ancho por abajo; alpargatas o zapatos, botines
> o borceguíes, todo de colores chillones, celeste o encar-
> nado; sombrero calañés, ancho en general, o gorro encar-
> nado en la costa de Cataluña.
> De las mujeres puede decirse otro tanto. Su traje
> es el que las andaluzas han llevado hasta hace pocos
> años, y que las gitanas no han cambiado. Así se las ve
> con su saya corta y de poco vuelo, adornada de randas de
> volantes, su mantón más o menos grande sobre los hombros,
> su pañuelo de puntas a la cabeza, hecho un nudo a la gar-
> ganta, echado sobre la frente o caído sobre la nuca a vo-
> luntad, flores y cintas por adornos, colores también chi-*

---

(7) Cervantes, La Gitanilla, Clás. Cast., p. 6.

(8) Id., Pedro de Urdemalas, dans Obras completas, Madrid, Aguilar, p. 640.

(9) Bernard Leblon, Les Gitans dans la Péninsule ibérique. II, Moeurs et
coutumes des Gitans, dans Etudes Tsiganes, n° 3, oct. 1964, p. 5.

llones en todas sus prendas. (10)

L'auteur de cette minutieuse description, Francisco de Sales Mayo, pense que le costume authentique, celui du XVIIème, a fini par disparaître, vaincu par les lois. Pour Manfredi Cano, l'habillement décrit ci-dessus résulte de la fusion d'éléments gitans et andalous (11). L'illustre commentateur de Cervantes, Clemencín, suppose pour sa part, que le costume d'origine ne devait pas être radicalement différent de celui du XIXème siècle :

> *Lo ajustado y ligero del vestido, cierta profusión de botoncillos, alamares y filigrana, algunos parches de distinto color sobrepuestos con aseo y con pretensiones de gala, la faja encarnada, la patilla larga, tales parecen haber sido desde antiguo las circunstancias de su traje y adorno, y todavía se conservan rasgos de ello.* (12)

Sans l'insistance des lois, on aurait fini par douter de l'existence d'un costume gitan particulier au XVIIème siècle (13). Pour résoudre ce problème il faut, croyons-nous, tenir compte d'un certain nombre de faits. D'abord, la législation du XVIIIème siècle a influencé de façon décisive les habitudes des Gitans. Ensuite, avec ou sans législation, la mode est une chose, qui, par définition, évolue. Contraints à s'habiller comme tout le monde, sous peine de six ans de galères (huit ans entre 1692 et 1695), les Gitans finiront par renoncer à leur originalité vestimentaire, surtout lorsque l'administration des Bourbons rendra ces mesures effectives. Ils adopteront alors le costume de la région où ils se trouvent, la "barretina" en Catalogne, le "calañés" en Andalousie, comme aujourd'hui le large "cordobés". Il est certain qu'en Andalousie Gitans et Andalous s'influenceront réciproquement et que les Gitans adapteront toujours à leur goût le vêtement d'emprunt; par exemple, en accentuant le côté baroque, ornemental, le clinquant.

Mais le costume d'autrefois, quel était-il ? Pour l'Espagne, nous n'avons guère de descriptions plus précises que celle de Vicente Espinel :

> *Iban unos gitanillos desnudos, otros con un coleto acuchillado o con un sayo roto sobre la carne, otro*

---

(10) Francisco de Sales Mayo, El gitanismo. Historia, costumbres y dialecto de los Gitanos, Madrid, 1870, p. 41.
   Pour la description du costume gitan du XIXème siècle, voir également: Serafín Estébanez Calderón, Escenas andaluzas, Madrid, 1877, p. 248.
   - George H. Borrow, The Zincali, London, 1841. Traduction de don Manuel Azaña, Madrid, 1932.
   - José Carlos de Luna, Gitanos de la Bética, Madrid, 1951, pp. 66-71.

(11) Domingo Manfredi Cano, Los Gitanos, Madrid, 1957, p. 13.

(12) Diego Clemencín, Comentarios al "Quijote", Ed. IV Centenario, Madrid, 1947, p. 1289.

(13) J.C. de Luna, op. cit., pp. 67-68.

II - "Cingara orientale, o vero donna errante". Gravure extraite du livre de Cesare Vecellio : *Degli habiti antichi e moderni di diverse
parti del mondo...*, Venetia, 1540.

ensayándose en el juego de la corregüela. Las gitanas,
una muy bien vestida con muchas patenas y ajorcas de
plata, y las otras medio vestidas y desnudas, y corta-
das las faldas por vergonzoso lugar. (14)

On voit, d'après ce passage, que les Gitanes pouvaient être soit
élégantes et bien habillées, soit en haillons. Les Gitanes de Cervantes,
tant dans *La Gitanilla* que dans *Pedro de Urdemalas*, ainsi que les Gitanes
de Lope de Vega, sont à ranger dans la première catégorie. Par contre, Gitans et Gitanes de Jerónimo de Alcalá et Gonzalo de Céspedes appartiennent
à la seconde.

Le dernier détail de la description de Vicente Espinel évoque une
marque d'infamie qu'on imposait aux femmes de mauvaise vie et l'on se souvient, à ce sujet, de la plainte de doña Lambra, dans les "romances" des
Infants de Lara (15).

Les indications scéniques des "entremeses", "mojigangas" ou "bailes" ne nous en apprennent guère plus. Les comédiens   sont habillés en
"Gitans" et en "Gitanes". A la fin du XVIIème siècle, ils portent souvent
des foulards dont ils se servent pour danser. Un seul texte, le "baile" de
la Gitanilla,nous livre un détail particulier du costume de l'héroïne :

Sale con toca, y un lazo pagizo en el pecho. (16)

Pedro Salazar de Mendoza qui fait allusion, dans son *Memorial de*
el hecho de los Gitanos, à deux catégories de Gitans, les "Grecs" et les
"Egyptiens", signale que les femmes de ces derniers portent des "rodelas"
et des "mantones" (17). L'interprétation du premier terme, qui désigne
habituellement un bouclier rond, pose un petit problème. Fait-il allusion
à un "rodete", c'est-à-dire à un chignon ou plutôt à une couronne de tissu
attachée dans les cheveux comme on peut en voir sur certaines gravures de
Callot ? On peut penser aussi au turban attaché sous le menton par un foulard comme sur les tapisseries de Tournai ou sur une gravure du Maître du
Cabinet d'Amsterdam, datée de la fin du XVème siècle et qui représente une
famille bohémienne. Il s'agit, en tout cas, d'une coiffure ronde et il pourrait être question ici de ce curieux bouclier de tissu que nous montrent
les gravures de François Desprez et de Vecellio et dont nous allons parler
plus bas.

Pour plus de précisions sur l'ensemble du costume,il faut se re-
porter aux récits des témoins de l'arrivée des Tsiganes, au XVème siècle,
dans diverses régions d'Europe. Les registres de l'échevinage d'Arras, en
1421, les registres des Consaux de la ville de Tournai et la chronique de
Bologne, en 1422, le *Journal d'un Bourgeois de Paris*, en 1427, nous ont
laissé des descriptions détaillées de ceux qu'on appelait alors les Egyptiens (18).

---

(14) Vicente Espinel, Relaciones de la vida del Escudero Marcos de Obregón,
B.A.E., XVIII, p. 417.

(15) Ramón Menéndez Pidal, Flor nueva de romances viejos, Madrid, 1955,p.106.

(16) La Gitanilla, baile, B.N., manuscritos, 14.513[49].

(17) Pedro Salazar de Mendoza, Memorial de el hecho de los Gitanos / Toledo,
1618/

(18) François de Vaux de Foletier, Les Tsiganes dans l'ancienne France, Pa-

Les témoins sont frappés par la noirceur, la barbe, et les longs cheveux des hommes; mais c'est surtout l'accoutrement des femmes qui attire l'attention : elles portent une chemise grossière largement décolletée et, par dessus, une sorte de couverture qui traîne presque par terre, passée sous un bras et nouée sur l'épaule opposée. Sur la tête elles ont une coiffure étrange, faite d'une armature d'osier, en forme de cerceau, recouverte de bandes de tissu. Cela ressemble à un turban très large et aplati. Sous le chapeau, les longs cheveux noirs flottent sur les épaules. Les oreilles sont percées et portent un ou deux anneaux chacune (19). C'est le même genre de costume que portent les Gitanes de la Péninsule ibérique puisque, dans un document portugais relatif à la découverte de la Floride par Hernando de Soto, une comparaison fait allusion à la couverture qui sert de manteau aux Tsiganes :

> ... cobrẽ-se as índias com estas mãtas, põe hũa ao de rredor d'si da cinta pera baixo : e outra por cima do ombro cõ ho braço dereito fora a maneira e uso de ciganos. (20)

Une gravure de la fin du XVème siècle, du Maître du Cabinet d'Amsterdam, représente une famille bohémienne avec son accoutrement caractéristique. Au XVIème siècle, les Tsiganes font leur apparition dans les peintures ou les gravures de Jérôme Bosch, de Lucas de Leyde, de Giorgione, du Garofalo, Bordone, Jacques Grimmer, Caravage. On les voit également dans les recueils de gravures de costumes de tous les pays, comme ceux de François Desprez, Boissard, Cesare Vecellio et dans les illustrations de la *Cosmographie universelle* de Münster (21).

En ce qui concerne l'Espagne, la gravure qui sert de frontispice à l'édition princeps de la *Comedia Aurelia*, de Timoneda, et qui porte la date de 1564, représente, parmi les divers personnages de la pièce, un Gitan et une Gitane. Le costume de la Gitane est bien celui qui a été abondamment décrit et reproduit dans le reste de l'Europe. Elle porte un enfant dans la couverture, attachée sur l'épaule gauche, qui lui sert de manteau. Sa coiffure est en forme de boule, comme sur la gravure du Maître

---

ris, 1961, pp. 19-24.

    - Mille ans d'histoire des Tsiganes, Paris, 1970, pp. 177-178.

(19) Archives d'Arras, B.B. 6, fol. 54 v.

    - Ludovico Muratori, Rerum italicarum scriptores storici, t. XVIII, part. I, corpus chronicorum Bononiensium, vol. III, Bologna, 1922-1939, p. 570.

    - Journal d'un Bourgeois de Paris, dans Estienne Pasquier, Les recherches de la France, Paris, 1565, p. 360.

(20) Relaçam verdadeira dos trabalhos que ho governador don Fernando de Souto e certos fidalgos portugueses passarom no descobrimento da provincia da Frolida..., dans Colleção de opusculos reimpressos relativos a historia das navegações, Lisboa, 1844, t. I, pp. 36-37.

(21) F. de Vaux de Foletier, Mille ans..., op. cit., p. 178.

    - Les Tsiganes dans..., op. cit., cf. illustrations : pp. 25-28, p. 61, 64, pp. 97-100, p. 134, 135, 169, etc.

Y dos gi-
tanos.

Vna gi-
tana.

III – Détail du frontispice de la *Comedia Aurelia* de Juan de Timoneda, Valencia, 1564.

IV - Georges de La Tour : "La diseuse de bonne aventure" (détail).

V - Le Caravage : "La diseuse de bonne aventure".

du Cabinet d'Amsterdam et certaines tapisseries de Tournai, et non pas
en forme de galette, comme chez Münster, Desprez ou Vecellio. L'homme
porte un petit chapeau rond comme celui qu'arborent encore certains Tsiganes de Roumanie. Il est vêtu d'un pourpoint serré à la taille par une
ceinture, qui laisse voir un haut-de-chausses noué aux genoux. Il a un sac
attaché sur le dos et s'exerce au jeu de la courroie (*correhuela*) évoqué
par Vicente Espinel dans sa description (22).
          A l'époque qui nous intéresse plus particulièrement ici, au
XVIIème siècle, les gravures de Jacques Callot nous fournissent une extraordinaire documentation sur le costume et la vie des Tsiganes. Il nous
les montre en marche, avec charrettes et chevaux, au campement, dans les
activités de la vie de tous les jours. Rares sont les femmes qui portent
encore la curieuse coiffure du XVème siècle. La plupart d'entre elles ont
une simple coiffe, un foulard noué derrière la tête, ou vont tête nue.
Par contre, elles ont toujours leur longue couverture rayée passée sous le
bras droit et sur l'épaule gauche. Elles s'en servent, comme les Indiennes
de leur "rebozo", pour porter leur bébé. Elles ont parfois des bijoux,
mais toutes vont pieds nus. Quant aux hommes, ils arborent une tenue très
martiale, larges chapeaux empanachés et bottes à entonnoir. Ils ont souvent de fières moustaches et sont armés jusqu'aux dents. Sur un dessin représentant le "Ballet du château de Bicêtre", dansé à Paris, en 1630, les
danseuses portent un costume stylisé assez voisin de celui du XVème siècle,
tandis que les hommes ont une tenue fantaisiste. En 1680, une gravure de
Nicolas Bonnart nous montre une Bohémienne avec un turban et des atours
classiques, mais luxueux, en train de danser en jouant du tambour de basque (23).
          Au début du XVIIIème siècle, certains procès nous fournissent des
témoignages sur un costume alors en voie de disparition. Les Gitans portent
des casaques de peau ou de toile, largement échancrées et, par dessus, des
capes rejetées sur une épaule, comme en bandoulière. Ils affectionnent les
ornements voyants : galons et boutons d'argent, et arborent, passé dans leur
ceinture, le bâton de maquignon, insigne et instrument de la profession.
Les femmes ont de larges mantes, encore nouées sur une épaule, comme lors
de leur arrivée en Europe occidentale. On peut observer que cet accoutrement
conserve certaines caractéristiques d'origine, mais qu'il a tendance à
s'adapter aux usages locaux et que l'habillement masculin est moins conser-
vateur que celui des Gitanes. On nous dit, par ailleurs, qu'à la même époque, les gens du peuple ont tendance à imiter la tenue des Gitans et que
ces interférences rendent l'identification de plus en plus difficile. Enfin,
lors des recensements de la fin du XVIIIème siècle, les Gitans ont généralement obéi à la loi et adopté le costume en usage dans la région où ils
se sont fixés, c'est-à-dire, pour la majorité d'entre eux, celui que portent
les Andalous. Rien ne subsiste plus, désormais, de la tradition, si ce n'est
une façon particulière d'adapter au goût gitan des vêtements par ailleurs
communs à l'ensemble de la population locale.

---

(22) <u>Cf</u>. gravure III.

(23) Turban et couverture attachée sur l'épaule se retrouvent chez les
diseuses de bonne aventure de Caravage et de La Tour. <u>Cf</u>. gravures IV
et V.

b) *L'aspect physique*

Muet en ce qui concerne le costume des Gitans, Cervantes ne se préoccupe pas davantage de nous en laisser un portrait physique.

Preciosa, la "Gitanilla", est blonde aux yeux verts, suivant le goût de l'auteur et une mode de l'époque :

> - ¡ *Éste sí que se puede decir cabello de oro ! ¡ Éstos sí que son ojos de esmeraldas !* (24)

Mais Preciosa, enfant volée, n'est pas Gitane. Pourtant, alors que les Gitanes du XVème siècle n'inspiraient que la répulsion, on trouve chez Cervantes et ses contemporains des allusions à la beauté des Gitanes; ainsi, dans *Pedro de Urdemalas* :

> *Pues suelen ser*
> *muchas de buen parecer*
> *y de su traje galanas.* (25)

Dans un"romance"de 1603, Góngora explique pourquoi il est dangereux de regarder danser une belle Gitane (26) et, dans *El arenal de Sevilla*, Lope de Vega dit également :

> *Hay de aquéstas*
> *algunas limpias y hermosas.* (27)

Evoquant le teint basané des Gitans, Juan de Piña affirme qu'ils le cultivent soigneusement :

> ... *diziéndoles que los negros procuravan ser blancos, y ellos de blancos negros, y el más tostado y denegrido del sol era el más Bustamãte.* (28)

On a longtemps cru, en effet, que ce teint était artificiel, dû au soleil; ainsi Francisco de Córdova :

> ... *colore subnigro : maxima enim matribus est "fuscandi cura coloris" infantulis soli expositis.* (29)

Quiñones,qui partage ce point de vue, cite, en outre, une opinion selon laquelle les Gitans se teindraient le visage, tous les mois, avec le jus de certaines plantes (30).

---

(24) Cervantes, La Gitanilla, Clás. Cast., I, p. 25.

(25) Id., Pedro de Urdemalas, ed.cit., p. 640.

(26) Góngora, Obras completas, Madrid, Aguilar, 1956, p. 151.

(27) Lope de Vega, El arenal de Sevilla, B.A.E., XLI, p. 536 a.

(28) Juan de Piña, Casos prodigiosos y cueva encantada,Madrid, 1628,t.I,p.5.

(29) Francisco Fernández de Córdova,Didascalia multiplex,Lyon,1615,p.405.

(30) Juan de Quiñones,Discurso contra los Gitanos,Madrid,1631,fol.6 v.

Les Gitans de Jerónimo de Alcalá ne sont guère flattés :

> *Hallême asido de dos hombres no tan hermosos como flamencos o ingleses, sino amulatados, mal vestidos y malos rostros.* (31)

Au contraire, ceux qui accueillent Andrés au campement, dans *La Gitanilla,* sont :

> *todos mozos y todos gallardos y bien hechos.* (32)

Mais plus encore que la beauté des femmes ou l'allure des hommes, ce qui attire l'attention de Cervantes et de ses contemporains ce sont certaines qualités physiques des Gitans et, en premier lieu, l'agilité et la souplesse. Un rapport des Cortès, de 1610, déclare notamment :

> *Son gente tan astuta y montaraz, que jamás se puede dar con ellos, y cuando se da, se resisten y han hecho muchas muertes, y luego dejan las mujeres y ellos huyen, porque son tan sueltos que no puede nadie seguirlos.* (33)

Cervantes évoque cette agilité dans le *Coloquio* et dans *Pedro de Urdemalas* (34), mais c'est surtout dans *La Gitanilla* que le thème est développé :

> *A nuestra ligereza no la impiden grillos, ni la detienen barrancos, ni la contrastan paredes.* (35)

A plusieurs reprises, les Gitans de la nouvelle se livrent à des exercices d'adresse et de souplesse et la pratique de certains sports pouvait constituer pour eux une source de revenus, comme on aura l'occasion de le voir plus loin.

En ce qui concerne les contemporains, à part le rapport des Cortès mentionné ci-dessus, on trouve une allusion rapide à l'agilité des Gitans chez Góngora, Jerónimo de Alcalá (36), et Vicente Espinel qui évoque :

---

(31) Jerónimo de Alcalá Yañez y Rivera, El donado hablador Alonso, mozo de muchos amos, B.A.E., XVIII, p. 545.

(32) Cervantes, La Gitanilla, ed. cit., p. 64.

(33) Cortes de Madrid de 1607 a 1611, t. XXVI, pp. 163-165.

(34) Cervantes, El coloquio..., ed. cit., p. 314.
        - Pedro de Urdemalas, ed. cit., p. 619.

(35) Id., La Gitanilla, ed. cit., p. 68.

(36) Góngora, op. cit., p. 347.
        - J. de Alcalá, op. cit., p. 551.

> _Los bellacones de los Gitanos á pié sueltos como_
> _un viento._ (37)

Dans _La vida y hechos de Estebanillo González_, l'auteur souligne
également la promptitude avec laquelle les Gitans peuvent détaler lorsque
la justice est à leurs trousses :

> _Y a la voz de decir :¡ "Favor al Rey !", como_
> _si fuera nombrar el nombre de Jesús entre legiones de_
> _demonios , se desapareció toda esta cuadrilla de Sata-_
> _nás, con tanta velocidad, que imaginé que había sido_
> _por arte diabólica._ (38)

Par ailleurs, les Espagnols du Siècle d'Or sont remplis d'admiration pour la vigueur et l'endurance des Gitans. Cervantes disait déjà dans
le _Coloquio_ :

> _Desde que nacen hasta que mueren se curten y mues-_
> _tran a sufrir las inclemencias y rigores del cielo._(39)

Il développera cette idée dans _Pedro de Urdemalas_ (40) et surtout
dans _La Gitanilla_ :

> _Para nosotros las inclemencias del cielo son oreos,_
> _refrigerio las nieves, baños la lluvia, música los true-_
> _nos y hachas los relámpagos; para nosotros son los duros_
> _terrenos colchones de blandas plumas; el cuero curtido_
> _de nuestros cuerpos nos sirve de arnés impenetrable que_
> _nos defiende._ (41)

Jerónimo de Alcalá insiste, de son côté, sur la robustesse des
Gitans :

> _Así los viejos como las mujeres y niños estaban_
> _fuertes con unas colores de rostro y vigor._ (42)

Et il ajoute plus loin :

> _Miraba entre ellos unos mozos robustos de una_
> _fuerza y ligereza increíble._ (43)

---

(37) Vicente Espinel, op. cit., p. 417.

(38) La vida y hechos de Estebanillo González, dans La novela picaresca española, Madrid, Aguilar, 1866, p. 1754 a.

(39) Cervantes, El coloquio..., ed. cit., p. 314.

(40) Id., Pedro de Urdemalas, ed. cit., p. 619.

(41) Id., La Gitanilla, ed. cit., p. 68.

(42) J. de Alcalá, op. cit., p. 547.

(43) Ibid., p. 551.

c) *Portrait moral*

Si certaines qualités physiques des Gitans pouvaient séduire les contemporains de Cervantes, on devine que leur portrait moral, vu par les mêmes contemporains, est moins positif. Voleurs, menteurs, rusés et paresseux, voilà, en résumé, ce portrait. On le trouvera, condensé, dans le *Coloquio*, dans les termes : "malicias, embaimientos, embustes, hurtos, ociosidad".

Nous aurons l'occasion de développer plus loin le thème du vol parmi les métiers gitans. Celui du mensonge est traité par Solís sur le mode ironique :

> PRECIOSA   *Que aunque los Gitanos tengan*
> *opinión de mentirosos,*
> *no hay gente más verdadera;*
> *porque, demás de que a todos,*
> *cuando niños, nos enseñan*
> *a decir verdad, y entonces*
> *nos lo ponen en conciencia,*
> *el mentir entre nosotros*
> *es mucho mayor afrenta*
> *que cuatrocientos azotes*
> *y diez años de galeras.*

Une certaine ambiguïté du personnage de Cervantes se retrouve ici. Mais Julio n'est pas dupe et il s'écrie :

> JULIO   *Bueno es esto, ¡ vive Dios !,*
> *cuando miente a rienda suelta.* (44)

Preciosa elle-même dira plus loin à propos des bonnes aventures :

> *Porque en fin ha de ser muy elocuente*
> *quien hiciere creer a un pobre oyente*
> *dos mil mentiras, y supiere urdillas*
> *de suerte que las crea a pie juntillas;*
> *que, según lo que en mí y en otras veo,*
> *no es para bobos el mentir arreo :*
> *yo en esto soy la menos elocuente,*
> *pero miento, don Juan, medianamente.* (45)

L'astuce des Gitans est presque toujours prise en mauvaise part, bien entendu; ainsi, dans *Vida y hechos de Estebanillo González* :

> *Hallé, debajo de la clemencia de un desollado al-*
> *cornoque (que demás de servir de pabellón de verano,*
> *servía de resguardo y chimenea el invierno), una cuadri-*
> *lla de Gitanos más astuta en entradas y salidas que la*
> *de Pedro Carbonero.* (46)

---

(44) Antonio de Solís, op. cit., p. 67 a.

(45) Ibid., p. 71 c.

(46) Vida y hechos..., ed. cit., p. 1753 b.

L'histoire de l'âne vendu deux fois, que Berganza raconte dans le *Coloquio*, est un exemple bien choisi des ruses gitanes, également stigmatisées dans *Pedro de Urdemalas* :

> *Y esta gente infructuosa,*
> *siempre atenta a mil malicias,*
> *doblada, astuta y mañosa,*
> *ni a la Iglesia da primicias*
> *ni al Rey no le sube en cosa.* (47)

Pourtant, dans *La Gitanilla*, Cervantes, par la bouche de Preciosa, essaye de dignifier l'astuce et la vivacité d'esprit des Gitans :

> *Los ingenios de las Gitanas van por otro norte*
> *que los de las demás gentes : siempre se adelantan a*
> *sus años; no hay Gitano necio, ni Gitana lerda; que co-*
> *mo el sustentar su vida consiste en ser agudos, astutos*
> *y embusteros, despabilan el ingenio a cada paso, y no*
> *dejan que críe moho en ninguna manera. ¿Veen estas mu-*
> *chachas mis compañeras, que están callando y parecen bo-*
> *bas ? Pues éntrenles el dedo en la boca y tiéntenlas los*
> *cordales, y verán lo que verán. No hay muchacha de doce*
> *que no sepa lo que de veinte y cinco, porque tienen por*
> *maestros y preceptores al diablo y al uso, que les ense-*
> *ña en una hora lo que habían de aprender en un año.* (48)

Cet éloge doit pourtant être nuancé. Il est inspiré par la nécessité de justifier, avec quelque humour, un personnage dont Cervantes lui-même remarque l'invraisemblance. La vivacité d'esprit qui lui tient lieu d'expérience c'est son côté gitan, et Cervantes fournit, en même temps, une explication à cette astuce des Gitans : c'est leur gagne-pain, et leurs professeurs sont le diable et l'usage. C'est toute une pédagogie de la motivation et de pratique qu'on voit surgir ici.

Le thème de la paresse est traité, par l'écuyer, dans *Pedro de Urdemalas* :

> *Es vagabunda esta era,*
> *no hay moza que servir quiera,*
> *ni mozo que por su yerro*
> *no se ande a la flor del berro,*
> *él sandío y ella altanera.* (49)

Il est repris, sur un mode plus plaisant, par la Preciosa de Solís :

> *Una vida tan quieta componemos,*

---

(47) Cervantes, <u>Pedro de Urdemalas</u>, ed. cit., p. 627.

(48) <u>Id.</u>, <u>La Gitanilla</u>, ed. cit., p. 24.

(49) <u>Id.</u>, <u>Pedro de Urdemalas</u>, ed. cit., p. 627.

> *tan deleitosa, tan desenfadada,*
> *y sobre todo tan acomodada,*
> *que, según la opinión que más la abona,*
> *de esa vida desciende la chacona,*
> *la flor del berro se crió en su playa,*
> *y por ella cortaron la gandaya.* (50)

Dans sa *Gitanilla* , Cervantes s'en prend aussi à la cupidité des Gitanes. Preciosa, bien sûr, fait exception, mais la vieille Gitane revendique, avec cet humour cervantin qui désarme la critique et cette confusion des valeurs propre au monde picaresque :

> *No quiero yo que por mí pierdan las gitanas el*
> *nombre que por luengos siglos tienen adquerido de codi-*
> *ciosas y aprovechadas.* (51)

Un peu plus tard, le vieux Gitan dira dans son discours :

> *No hay águila, ni ninguna otra ave de rapiña,*
> *que más presto se abalance a la presa que se le ofrece,*
> *que nosotros nos abalanzamos a las ocasiones que algún*
> *interés nos señalen.* (52)

Cependant, cet exposé semble constituer un éloge des Gitans qui savent faire preuve de sagesse et se contenter de ce qu'ils ont. Il est aussi question de courage et de loyauté; mais ces propos sont à double sens et nous en ferons, plus loin, l'analyse.

L'ambiguïté n'est d'ailleurs pas que dans la tirade du vieux Gitan. Dans la scène où les Gitanes sont introduites chez don Juan, une des personnes présentes attaque violemment les Gitanes :

> *- Pero desdichada de aquella que en vuestras len-*
> *guas deposita su secreto y en vuestra ayuda pone su*
> *honra.*

La réponse de Preciosa, bien que vive, est très nuancée car elle ne défend guère qu'elle-même :

> *No todas somos malas —respondió Preciosa—; qui-*
> *zá hay alguna entre nosotras que se precia de secreta y*
> *de verdadera tanto cuanto el hombre más estirado que hay*
> *en esta sala.* (53)

Cependant, Cervantes montre qu'on peut faire confiance aux Gitanes puisque Cristina et ses compagnes évitent, par discrétion, de montrer qu'el-

---

(50) Antonio de Solís, op. cit., p. 71 b.

(51) Cervantes, La Gitanilla, ed. cit.,p. 44.

(52) Ibid., p. 69.

(53) Ibid., pp. 57-58.

les ont reconnu don Juan (54). Plus tard, lorsque don Juan arrive au campement, l'auteur déclare :

> *Luego acudieron a verle diez o doce Gitanos, todos*
> *mozos y todos gallardos y bien hechos, a quien ya la*
> *vieja había dado cuenta del nuevo compañero que les ha-*
> *bía de venir, sin tener necesidad de encomendarles el*
> *secreto; que, como ya se ha dicho, ellos le guardan con*
> *sagacidad y puntualidad nunca vista.* (55)

Et plus loin Andrés dira au page-poète :

> *Hay... entre nosotros los Gitanos, el mayor secre-*
> *to del mundo.* (56)

Si l'ambiguïté est plutôt favorable aux Gitans en ce qui concerne
la discrétion, elle leur est nettement défavorable pour ce qui est de la
charité. Lorsque Andrés dédommage les victimes de ses compagnons, ceux-
ci se désolent :

> *Diciéndole que era contravenir a sus estatutos*
> *y ordenanzas, que prohibían la entrada a la caridad en*
> *sus pechos, la cual en teniéndola, habían de dejar de*
> *ser ladrones,cosa que no les estaba bien en ninguna ma-*
> *nera.* (57)

Un peu plus loin, lorsque Andrés accueille le page-poète il lui
dit :

> *Veníos con nosotros, que, aunque somos Gitanos,*
> *no lo parecemos en la caridad.*

Et Cervantes ajoute :

> *Llegóse a él Andrés y otro Gitano caritativo (que*
> *aun entre los demonios hay unos peores que otros, y en-*
> *tre muchos malos hombres suele haber alguno bueno).*(58)

Ceci n'est guère flatteur, mais a au moins le mérite d'être moins
sec que la conclusion du *Coloquio* :

> *Finalmente, ella es mala gente.* (59)

---

(54) <u>Ibid.</u>, p. 53.

(55) <u>Ibid.</u>, p. 64.

(56) <u>Ibid.</u>, p. 90.

(57) <u>Ibid.</u>, p. 78.

(58) <u>Ibid.</u>, p. 82.

(59) <u>Id.</u>, <u>El coloquio...</u>, ed. cit., p. 316.

Au bout du compte ils treuuent pour defunt
Quils sont uenus d'Aegipte a ce festin.

Callot fec

VI - Gravure de Jacques Callot :
   "Au bout du comte, ils treuuent pour destin
   qu'ils sont uenus d'Aegipte a ce festin".

Nous aurons l'occasion d'en reparler.

MODE DE VIE ET ORGANISATION SOCIALE

a) L'habitat

Pour Cervantes, comme pour Jerónimo de Alcalá, l'extraordinaire santé et la vigueur des Gitans sont liées à leur mode de vie spartiate, on l'a vu. Les Gitans vivent dans la nature et, par tous les temps, ils peuvent dormir à la belle étoile, à même le sol :

> Danoz el herbozo zuelo
> lechoz; círvenoz el cielo
> de pabellón dondequiera. (60)

Cette idée, poétisée par Cervantes dans *Pedro de Urdemalas* et dans *La Gitanilla*, on la retrouve, traitée de façon beaucoup plus réaliste, chez Jerónimo de Alcalá, qui nous fait assister au coucher des Gitans :

> Era ya más de media noche cuando los compañeros se comenzaron a recoger; dellos unos arrimados a unos pinos, y otros sobre un poquillo de hato que allí tenían.

Puis à leur lever :

> Ya rayaba el sol los montes más humildes cuando aquellos bárbaros fueron despertando, porque, del modo que si durmieran entre algodón y cubiertos con finísimas mantas, no les pudiera durar más el sueño : providencia divina, que con no dejar poco o mucho de llover más de once horas, y estar todos sin cosa que pudiese darles algún amparo y defensa contra la inclemencia del frío, como si estuvieran en camas de campo, así estuvieron con tanta quietud y sosiego; verdad es que la costumbre en ellos ha hecho naturaleza, y sacarlos de semejante trato de vivir era quitarles la vida. (61)

En ce qui concerne le logement, Cervantes parle de "cuevas" (62), mais surtout de "barracas" (63), "chozas" (64), "barraca o toldo" (65) et "ranchos" (66). Ce dernier terme est employé tantôt dans son sens de "hutte, cabane", tantôt dans le sens de " campement", concurremment avec

---

(60) Id., Pedro de Urdemalas, ed. cit., p. 619.

(61) J. de Alcalá, op. cit., p. 547.

(62) Cervantes, La Gitanilla, ed. cit., p. 68.

(63) Ibid., p. 64.

(64) Ibid., p. 84.

(65) Ibid., p. 82.

(66) Ibid., p. 66.

"aduar" (67). Cette terminologie peu précise peut faire allusion à des
cabanes de branchages ou, plutôt, à des tentes rudimentaires faites de
toiles tendues sur des bâtons.
        Les documents historiques ou iconographiques que nous possédons
montrent que les Gitans étaient peu exigeants en matière de logement.
Ceux qu'on observe près de Mâcon, en août 1419, et près d'Arras, en octobre 1421, dorment dans les prés (68). On voit des tentes semblables à celles de l'armée sur des tapisseries de Tournai, et une "Halte de Bohémiens"
de Sébastien Bourdon nous montre une tente de fortune (69).
        D'après le *Discurso contra los gitanos*, rédigé par don Juan de
Quiñones, en 1630, les Gitans campent où bon leur semble :

> *Su habitación es en las cuevas, casas derribadas,
> o pajares, y siempre buscan lugares pequeños entre mon-
> tes y sierras, y muchas veces se alojan en despobla-
> dos.* (70)

        Lorsque les Gitans de *La Gitanilla* descendent dans une auberge
près de Murcie (71), on peut penser que c'est uniquement pour répondre à
une nécessité de l'intrigue; cependant, de nombreux exemples de logement
à l'auberge sont attestés notamment en France, au XVIIème siècle (72).
        Il y avait sans doute déjà quelques Gitans sédentaires dans cer-
taines grandes villes d'Andalousie puisque, dans *El arenal de Sevilla*,
Lope nous parle de Gitans qui vivent dans la cour intérieure("corral")
d'une maison particulière, où ils sont établis comme forgerons et que, en
dépit des expulsions répétées pratiquées dans la capitale, dans la deuxième moitié du XVIIème siècle, un "entremés" de Cáncer nous fait visiter le
quartier gitan de Madrid (73).

        b) *La nourriture*
        Cervantes ne nous donne pas de détails au sujet de la nourriture.
Il se contente de nous dire qu'après la cérémonie d'intronisation d'Andrés,
les Gitans font un festin :

> *Hecho esto, comieron lautamente.* (74)

        Mais il s'agit d'un repas de fête. Pour sa part, Alonso, le héros
de Jerónimo de Alcalá est rebuté par la nourriture grossière des Gitans :

---

(67) Ibid., p. 64.

(68) .F. de Vaux de Foletier, Mille ans..., op. cit., p. 190.

(69) Id., Les Tsiganes dans..., op. cit., pp. 170-171.

(70) Juan de Quiñones, Discurso contra los gitanos, Madrid, 1631, fol. 12 v.

(71) Cervantes, La Gitanilla, ed. cit., p. 105.

(72) F. de Vaux de Foletier, Mille ans..., op. cit., p. 191.

(73) Cf. supra, pp. 22-24.

(74) Cervantes, La Gitanilla, ed. cit., p. 76.

de la chèvre rôtie et du pain, le tout arrosé d'eau saumâtre. Alcalá
ajoute que les Gitans ne s'inquiètent pas de savoir si la bête est morte
de maladie ou si la viande est avariée (75). Ceci a été souvent observé (76).

      c) *Le voyage*
      La troupe en marche n'est pas décrite dans les oeuvres de Cer-
vantes, comme c'est le cas chez Vicente Espinel (77). Cependant,dans *La
Gitanilla*, les Gitans voyagent beaucoup et Cervantes nous indique qu'ils
ont des chiens et qu'ils transportent leurs bagages dans des sacs, sur
des ânes (78). On les voit d'abord camper, près de Madrid, dans les champs
de Santa Bárbara, mais, aussitôt après l'arrivée d'Andrés, ils lèvent le
camp et vont s'installer dans un village près de Tolède. Ils séjournent
un peu plus d'un mois dans cette région, puis pénètrent en Estrémadure.
C'est là, à peu de distance de la frontière entre les deux provinces,
que se place l'arrivée du page-poète.
      D'après les indications qu'Andrés donne à celui-ci au sujet de
la Peña de Francia, on peut situer assez précisément le campement des Gitans près de Navalmoral de la Mata. De là, la troupe va repartir vers
l'Est, pour se rendre à Murcie, en traversant La Manche. Au cours de ce
voyage, on voit les Gitans, lors de leur arrivée dans un village, déposer
chez l'alcade quelques objets d'argent, en garantie, certifiant ainsi
qu'ils ne voleront pas dans un rayon de 4 ou 5 lieues (25 km environ)(79).
Ceci se pratiquait également en France (80) et en Navarre (81). Souvent
l'inverse se produisait aussi : les municipalités donnaient une certaine
somme d'argent aux Gitans pour qu'ils passent leur chemin, car on crai-
gnait des désordres dans l'agglomération et des dégâts dans les jardins.
De nombreux documents attestent cette pratique dite "droit de passade",
spécialement en France, au XVIIème siècle (82), ainsi qu'en Espagne, au
XVIème, dans la région de Castellón (83).
      Les Gitans de Cervantes sont généralement bien reçus dans les
villages. Ils voyagent en toute tranquillité, à tel point que le page-
poète, recherché pour homicide à la suite d'un duel, s'adjoint à la troupe
pour circuler avec plus de sécurité. Un rapport des Cortès de 1610 confir-
me cette impunité des compagnies gitanes.
      Il faut remarquer, à ce sujet, que les Gitans de Cervantes sont
en perpétuelle infraction. En 1610, ils sont toujours assujettis à la prag-

---

(75) J. de Alcalá, op. cit., pp. 546-547.

(76) Jules Bloch, Les Tsiganes, Paris, P.U.F., Que sais-je ?,n°580, 3ème
ed., 1969, pp. 56-57.

(77) Vicente Espinel, op. cit., pp. 416-417.

(78) Cervantes, La Gitanilla, ed. cit., p. 108.

(79) Ibid., p. 78, 105.

(80) F. de Vaux de Foletier, Mille ans..., op. cit., p. 192.

(81) Florencio Idoate, Los Gitanos en Navarra, dans Príncipe de Viana,
n° XXXVII, Pamplona, 1949, pp. 433-447.

(82) F. de Vaux de Foletier, Les Tsiganes dans..., op. cit., pp. 67-69.

(83) J.M. Doñate Sebastiá, Gitanos en Villarreal,Villarreal,1970,pp.10-12.

matique des Rois Catholiques de 1499, renouvelée et modifiée à la demande des
Cortès,par Charles Quint, en 1525,   1528, 1534 et 1539, et par Philippe II
en 1560 et en 1586. Tous les Gitans sans domicile fixe et sans profession
sont passibles de 6 ans de galères et les femmes, Gitanes ou non, qui se
promèneraient en costume de Gitane sont condamnées à 100 coups de fouet·et
au bannissement (84).
        Cervantes nous montre que les Gitans, malgré leur perpétuelle
errance, gardent le contact entre eux. Dans *La Gitanilla*, au moment de
l'arrivée de Clemente, Andrés sait que sa troupe doit en rencontrer une
autre deux jours plus tard (85). Cette surprenante organisation était déjà mentionnée dans le *Coloquio* :

> ¿ Vees la multitud que hay dellos esparcida por
> España ? Pues todos se conocen y tienen noticia los
> unos de los otros, y trasiegan y trasponen los hurtos
> en aquéllos, y los de aquéllos en éstos. (86)

        Or, on sait depuis longtemps qu'afin de pouvoir se rejoindre,
les troupes tsiganes laissent sur leur passage des signes de piste complexes
élaborés avec des branches, de l'herbe ou d'autres objets. C'est ce qu'on
appelle le "patrán" (87).

        d) *L'hospitalité gitane; les Gitans d'adoption*
        On pourrait penser que l'hospitalité offerte par les Gitans,
d'abord à Andrés, puis au page-poète, est déterminée par l'intrigue. Cependant, de nombreux documents indiquent que les Gitans admettaient volontiers dans leurs compagnies des gens qui n'étaient pas de leur race. L'idée
est énoncée au début du XVIème siècle, par Albert Krantz :

> Recipiunt passim et viros et foeminas volentes in
> cunctis provinciis qui se illorum miscent contubernio.(88)

        Elle est reprise par Münster (89), cité à son tour par del Río, qui
ajoute une précision concernant l'Espagne :

> In turba multi recepti Hispani, etiam ex Graiales,
> Villabraxima et pagis nonnullis Castellae. (90)

---

(84) Novísima Recopilación, lib. XII, tit. XVI, leyes 1, 2 y 3, pp. 568-569.

(85) Cervantes, La Gitanilla, ed. cit., p. 95.

(86) Id., El coloquio..., ed. cit., pp. 312-313.

(87) Jules Bloch, op. cit., p. 54.
        - J.P. Clébert, Les Tsiganes, Paris, 1961, p. 254.
        - F. de Vaux de Foletier, Mille ans..., op. cit., p. 189.

(88) Albrecht Krantz, Saxonia, Cologne, 1520, p. 286.

(89) Sebastian Münster, Cosmographia Universalis, lib. VI, Bâle, 1552, p.
268.

(90) Martín del Río, Disquisitionum Magicarum libri sex, Mayence, 1606, p.
544.

Covarrubias, qui s'appuie sur del Río, déclare à son tour :

> *Bien que venidos por acá admiten otros bellacos*
> *que se les pegan.* (91)

La législation de la Péninsule tient compte de ce phénomène. Ainsi la loi de Charles Quint, de 1539, vise également tous les Gitans, vrais ou faux :

> *Los dichos Egipcianos y de Egipto y aun con ellos*
> *otros muchos y naturales de estos nuestros Reynos y de*
> *otras naciones que han tomado su lengua y hábito y mane-*
> *ra de vivir.* (92)

Les Cortès de 1603 adoptent une formule analogue et se proposent de démasquer les faux Gitans en aggravant les peines destinées aux vrais (93).
Il faut rattacher à tout ceci une croyance, fort répandue au XVIIème siècle, selon laquelle les Gitans sont des Espagnols déguisés qui ont adopté ce mode de vie. Dans son discours publié en 1619, Sancho de Moncada déclare qu'il ne s'agit que de vagabonds sans foi ni loi, qui ont fondé la secte du Gitanisme et dont les bandes sont grossies, chaque jour, par les oisifs et les parasites de l'Espagne toute entière (94).
En 1630, Juan de Quiñones reprend cette thèse en ajoutant que les soi-disant Gitans se noircissent artificiellement le visage pour paraître plus exotiques (95). Une telle croyance trouve des échos chez Feijoo, en 1728 (96), et elle inspire pratiquement toute la législation espagnole des XVIIème et XVIIIème siècles, jusqu'en 1783.
Pour revenir à la réalité, en France, de Vaux de Foletier cite des cas de vagabonds recueillis par les Tsiganes qui les nourrissent et les adoptent, ainsi que des aventuriers célèbres qui partagèrent la vie des tribus errantes aux XVIIème et XVIIIème siècles, comme Pêchon de Ruby, Charles Grossard et Louis Dominique Cartouche (97). Vers 1780, à Montélimar, un jeune homme de bonne famille se joint à une troupe tsigane, dans l'espoir d'aventures galantes avec de jeunes Bohémiennes, mais l'aventure s'arrêtera à Condrieu, où les parents réussiront à rattraper l'enfant prodigue (98).

---

(91) Sebastián de Covarrubias, Tesoro de la lengua castellana o española, 1611.

(92) Cortes de Leon y Castilla, t. V, pp. 870-874.

(93) Actas de las Cortes de Castilla, vol. XXI, p. 482.

(94) Sancho de Moncada, Restauración política de España, y Deseos Públicos..., Madrid, 1619.Cf. ed. de 1779, p. 204.

(95) J. de Quiñones, op. cit., fol. 6 v.

(96) Benito G. Feijoo, Teatro crítico universal, Madrid, 1728, t. II, disc. III, p. 59.

(98) F. de Vaux de Foletier, Les Tsiganes dans ..., op. cit., p. 162.
     - Mille ans..., op. cit., pp. 72-75.

Voilà un émule malchanceux du héros de *La Gitanilla* ! Le modèle d'Andrés, Cervantes l'a probablement tiré de la réalité puisqu'il cite,
dans le *Coloquio*, le cas du page devenu chef d'une troupe errante pour
l'amour d'une belle Gitane (99). Dans *La Gitanilla*, en plus d'Andrés, Gitan par amour, il y a le cas de Clemente, un autre page, qui s'est réfu-
gié temporairement dans une troupe gitane, pour échapper à la justice.
Dans *Pedro de Urdemalas*, Pedro est un véritable aventurier qu'un Gitan
cherche à faire entrer dans sa troupe en lui promettant la main d'une
très jolie Gitane. Enfin, dans le *Quichotte*, Ginés de Pasamonte nous fournit un autre type d'aventurier, condamné deux fois aux galères et qui a
des affinités avec les Gitans, puisqu'il porte leur costume et parle leur
langue (100).

e) *Le comte Maldonado*

Lorsque, dans le *Coloquio*, Cervantes nous raconte l'histoire du
page devenu Gitan, il précise que c'est là l'origine du nom de "Maldonado",
qu'on donne aux comtes des Gitans :

> *Dan la obediencia, mejor que a su rey, a uno que*
> *llaman Conde, al cual, y a todos los que dél suceden,*
> *tienen el sobrenombre de Maldonado; y no porque vengan*
> *del apellido deste noble linaje, sino porque un paje*
> *de un caballero deste nombre se enamoró de una gitana,*
> *la cual no le quiso conceder su amor si no se hacía gi-*
> *tano y la tomaba por mujer.* (101)

Les Maldonado constituent l'une des familles les plus illustres et
les plus anciennes de la noblesse castillane. Deux Grands Maîtres de l'Ordre d'Alcántara ont porté ce nom prestigieux. On trouve également deux Maldonado à la tête des "Comuneros" au XVIème siècle. Il est probable que
l'histoire du page, telle que Cervantes nous la présente dans le *Coloquio*,
est authentique. En tout cas, le nom de Maldonado fera fortune dans le milieu gitan.

Dans une "letrilla", de 1609, dédiée à la fête du Saint Sacrement,
Góngora évoque :

> *Maldonado, Maldonado,*
> *el de la perzona zuelta.* (102)

Le comte gitan de *Pedro de Urdemalas* s'appelle Maldonado. De même,
dans le *Marcos de Obregón* de Vicente Espinel, un Gitan est désigné par ce
nom :

> *Mal se conoce lo que se ha criado, hermano Maldonado.* (103)

---

(99) Cervantes, El coloquio..., ed. cit., p. 313.

(100) Id., Don Quijote..., ed. cit., I, XXX, p. 1362.

(101) Id., El coloquio..., ed. cit., p. 313.

(102) Góngora, ed. cit., p. 347.

(103) Vicente Espinel, op. cit., p. 411 b.

On a l'impression que, peu à peu, Maldonado est devenu un nom commode pour désigner le Gitan. Ainsi, dans *El arenal de Sevilla* de Lope, Urbana appelle Lucinda, qui s'est déguisée en Gitane : Maldonada, et dans *El sainete de los Gitanos* de Torres Villarroel, l'une des Gitanes se nomme "La Maldonada" (104).

Chez Juan de Piña, c'est un autre nom de famille assez répandu, "Bustamante", qui est employé comme terme générique (105).

Dans *La Gitanilla*, un vieillard remet Preciosa entre les mains d'Andrés et présente à ce dernier les "lois" et "statuts" des Gitans. On observe, en effet, que le rôle du chef est souvent conféré au plus ancien du groupe. Cependant, ici, le vieux Gitan n'est pas nommé et le titre de comte ne lui est jamais appliqué. Très rapidement,c'est Andrés lui-même qui deviendra le véritable chef de la troupe et Cervantes indique plusieurs fois que tous les Gitans lui obéissent (106).

Le titre de comte est aussi ancien que l'apparition des Tsiganes en Europe occidentale. Les premières troupes qui parcourent l'Italie, la France, l'Espagne, l'Allemagne, la Suisse et les Pays-Bas sont commandées par des comtes et plus rarement par des ducs dits de Petite-Egypte (107). Or le nom de Petite-Egypte était attribué autrefois à plusieurs contrées de Grèce, et, en particulier, à la région de Modon et à l'Epire (108). C'est là qu'a pris sa source la légende de l'origine égyptienne des Tsiganes et le nom d'Egyptiens puis de *Gitanos* qu'on leur donne en Espagne.

Reçus à l'origine avec des égards dus à leurs titres,ces aristocrates gitans ne tardent pas à perdre tout prestige auprès des Espagnols. Au début du XVIIème siècle, Francisco de Córdova nous dit qu'ils ne valent guère mieux que leurs sujets,et que cela est déjà devenu proverbial :

> *Praefectum, cui obediunt ex ipsis creant, Comitem vocant, sed tamen aut generis, aut morum claritate nihilo caeteris meliorem, ut illud merito proverbii loco usurpatum sit in Hispania,* tan ruyn es el Conde, como los Gitanos. (109)

D'après José María Doñate Sebastiá, à partir du milieu du XVIème siècle on appelle "comte" n'importe quel petit chef de tribu ou de caravane et "compagnie" le groupe qui le suit (110).

Au XVIIème siècle, Salazar de Mendoza nous apporte quelques précisions sur l'élection du chef et sur ses fonctions : rendre la justice, di-

---

(104) Diego de Torres Villarroel, Sainetes, Madrid, Taurus,1969, p. 98.
On trouve également un Maldonado dans la Mojiganga de la manzana de León Marchante.

(105) Juan de Piña, Casos prodigiosos y cueva encantada,Madrid,1628,t.I,p.5.

(106) Cervantes, La Gitanilla, ed. cit., pp. 86-107.

(107) F. de Vaux de Foletier, Mille ans..., op. cit., p. 91.

(108) Ibid., pp. 20-21.

(109) F. Fernández de Córdova, Didascalia multiplex, Lyon, 1615, t. VIII, cap. 50, p. 405.

(110) J.M. Doñate Sebastiá, op. cit., p. 4.

riger les activités de la troupe et partager le butin des vols (111). Enfin,dans un "entremés" du XVIIIème siècle on voit encore apparaître une
"comtesse" gitane avec un joli chapeau blanc (112).

Faut-il penser,d'après le texte du *Coloquio*, que, du temps de
Cervantes, un comte Maldonado, d'origine non gitane, était reconnu comme
chef par l'ensemble des Gitans ? Ce n'est peut-être pas ce qu'a voulu
dire Cervantes qui, par ailleurs, a pu se faire illusion sur l'autorité
réelle du comte Maldonado, de même que nombre de nos contemporains ont
été abusés par le prétendu pouvoir de modernes voïvodes et rois des Gitans.

LA LANGUE

Cervantes, qui nous a laissé de nombreux exemples de la "germanía" ou argot des voleurs et rufians du XVIIème siècle, ne connaissait pas
la langue des Gitans. Toutefois, il n'en n'ignorait pas l'existence et il
y a fait allusion dans *Pedro de Urdemalas* où Maldonado conseille à Pedro :

> *Acaba, muda de traje,*
> *y aprende nuestro lenguaje.* (113)

De même, dans le *Quichotte*, à propos de Ginés de Pasamonte :

> *El cual, por no ser conocido y por vender el as-*
> *no, se había puesto en traje de Gitano, cuya lengua, y*
> *otras muchas sabía hablar como si fueran naturales*
> *suyas.* (114)

Notons que, pour la plupart des contemporains de Cervantes, les
Gitans parlent une sorte d'argot destiné à faciliter leurs méfaits. L'idée,
qu'on trouve déjà au XVIème siècle, chez des auteurs comme Münster ou Lorenzo Palmireno, est reprise par del Río, Covarrubias, Moncada et Quiñones,
qui a fait toute une enquête bibliographique à ce sujet :

> *Fr. Angelo Roca de Camerino escrive, que esta mala*
> *gente ha fingido un lenguaje para no ser entendidos de*
> *nadie, y que él ha visto impresso el Bocabulario. En*
> *Castilla se llama Gerigonça, corrompido el bocablo de*
> *Gytgonça, que se llama el lenguaje de los Gitanos, como*
> *dizen don Sebastián de Covarrubias, Vulcanio, y Felipe*
> *Camerario. Y los Franceses Iargon, y los Alemanes Rot-*
> *welsch. Es su modo de hablar de que usan todos ellos,*
> *mugeres y hijos, y con que se entienden de manera, que*
> *nadie los puede entender.* (115)

---

(111) Pedro Salazar de Mendoza, <u>Memorial de el hecho de los Gitanos</u> $\overline{/}$ Toledo,
1618 $\overline{/}$.

(112) <u>El alcalde verdulero</u>, cf. <u>supra</u>, p. 32.

(113) Cervantes, <u>Pedro de Urdemalas</u>, ed. cit., p. 626.

(114) <u>Id.</u>, <u>Don Quijote...</u>, ed. cit., I, XXX, p. 1362.

(115) J. de Quiñones, <u>op. cit.</u>, fol. 7.

On voit que, grâce à une fausse étymologie, une confusion s'était établie entre la langue des Gitans et le jargon des aveugles et des voleurs. Ceci est d'autant plus curieux que, contrairement au moderne "caló", l'argot du temps de Cervantes n'avait guère fait d'emprunts à la langue tsigane (116). Juan de Piña, pour sa part, appelle le langage des Gitans

> *aquella lengua no conocida en Egipto, sino en Castilla.* (117)

A défaut de précisions sur la langue que parlaient entre eux les Gitans, Cervantes a noté une particularité de leur prononciation lorsqu'ils parlaient le castillan; c'est le "ceceo", mentionné d'ailleurs par de nombreux auteurs contemporains. Ainsi, dans *Pedro de Urdemalas*, on trouve cette indication scénique :

> Sale Maldonado, conde de Gitanos; y adviértase que todos los que hicieren figura de Gitanos han de hablar ceceoso.

Et un exemple nous est donné aussitôt :

> *Pedro ceñor, Dioz te guarde...* (118)

De même, dans *La Gitanilla*, il arrive à Preciosa de "zézayer" :

> — ¿ *Quiérenme dar barato, ceñores ?*— *dijo Preciosa, que, como Gitana, hablaba ceceoso, y esto es artificio en ellas; que no naturaleza.* (119)

Dans *La Gitanilla* , ce passage est le seul exemple de "ceceo". Dans *Pedro de Urdemalas* cette prononciation n'est pas toujours notée dans la graphie, mais l'indication scénique citée plus haut peut en tenir lieu.

Le "ceceo" le plus remarquable est celui des personnages de la *Farça das Ciganas* de Gil Vicente. Il est constant et s'accompagne d'autres changements phonétiques comme la transformation en "u" de la plupart des "o", d'un certain nombre de lusitanismes : "ezmula" pour "limosna", "cervico" pour "servicio", "azina" pour "aína", "filhuz" pour "hijos", etc., et d'autres déformations épisodiques comme : "cino" pour "sino", "tiengo" pour "tengo", "hezicho" pour "hechizo", "ciñura" pour "señora"...

La syntaxe est parfois très rudimentaire :

> *Muchuz filhuz, muchoz bienes,*
> *mucho luenga vida tienez,*
> *buen cino, bueno, bendito.* (120)

---

(116) Bernard Leblon, op. cit., pp. 8-9.

(117) Juan de Piña, Casos prodigiosos..., op. cit., p. 6.

(118) Cervantes, Pedro de Urdemalas, ed. cit., p. 618.

(119) Id., La Gitanilla, ed. cit., p. 19.

(120) Gil Vicente, Auto de las Gitanas, Clás. Cast., n° 156, p. 234.

Plus qu'à un artifice, ce langage fait penser à un accent étranger.
Il s'agit là, vraisemblablement, de déformations inconscientes pratiquées
par ces gens qui possèdent mal la langue. Certaines particularités de la
syntaxe semblent confirmer cette hypothèse. Chez Gil Vicente, l'influence
du portugais est manifeste et suffirait à expliquer la transformation des
"o" en "u"; mais pas celle des "s" en "z" !

Il convient tout d'abord de remarquer que, lors de leur arrivée
en Espagne, les Gitans ne connaissaient pas le son "zeta" / θ /. Actuellement, hors de l'Espagne, on ne trouve la fricative interdentale / θ / que
dans les dialectes parlés en Grande-Bretagne et uniquement dans quelques
emprunts à l'anglais (121). Ce qui est encore plus troublant, c'est que
le "caló" n'admet la / θ / que dans un nombre infime de mots, alors que le
/s/ est, au contraire, très répandu. La / θ / remplace en "caló" un certain
nombre de phonèmes fricatifs des autres parlers tsiganes. Par exemple :
- /s/ dans "θibaóra" (aiguille) < "sivav" (coudre); mais on trouve également
"sibar" en "caló";
- /z/ dans "θumí" (soupe) < "zumí" (emprunts au grec moderne); mais on trouve également "sumí";
- /š/ dans "θóbio" (sixième) < "šov" (six); mais on trouve aussi "Xob",
avec X (jota).

Lorsqu'ils arrivent dans la Péninsule, au XVème siècle, les Gitans
ont un système consonnantique assez voisin, dans la série fricative, du
système castillan médiéval.
- Les fricatives sourde et sonore s/z correspondant à ss/s*.
- Les spirantes ś/ž correspondant à x/j*.
- Les affriquées č/ǰ (dž) correspondant à la sourde espagnole = ch*.
- Enfin, dans quelques emprunts on peut trouver ts/dz correspondant aux
affriquées apico-dentales ç/z*.

Signalons toutefois, que les sonores /z/ et /ž/ sont d'un rendement
très faible et que /ts/ et /dz/ ne font pas partie du système tsigane d'origine.

Peu de temps après l'arrivée des Gitans le système du castillan
va se trouver en complet bouleversement. Cette évolution est suffisamment
connue pour qu'il soit inutile d'y insister.

Rappelons toutefois la perte de la distinction de sonorité dans
les séries alvéolaire et palatale et le déplacement en avant de /ts/ vers
l'interdentale sourde / θ /. On sait qu'en Andalousie l'évolution est sensiblement différente de celle qui affecte le reste de l'Espagne. La réaction contre la similitude du /ś/ alvéolaire et du /š/ palato-alvéolaire,
entraîne ce dernier en arrière vers /x/ vélaire, puis vers /h/ glottal,
tandis qu'à l'inverse le /s/ devient dental /ş/ ou interdental / θ /, se
confondant ainsi avec l'ancien /ts/. C'est là l'origine des prononciations
andalouses dites "seseo" et "ceceo" (122).

D'une façon générale, le tsigane parlé en Espagne suit l'évolution du castillan. La distinction de sonorité s/z disparaît au bénéfice
de la sourde /s/, d'où "sumí" < "zumí" (soupe), "setaya" < "zeiti" (olive).
Mais ici, une évolution parallèle à celle de l'andalou peut conduire le

(121) Jan Kochanowski, Gypsy Studies, New-Delhi, 1963, part. I, p. 73.
* Nous faisons référence, ici, à la graphie de l'époque.

(122) Emilio Alarcos Llorach, Fonología española, Madrid, 1954, p. 225.

/z/ à l'interdentale sourde /θ/, d'où "θumí" et "θetaya".
- Le /ś/ et le /ž/ évoluent vers la "jota" et se confondent avec le "x"
tsigane.
        Ex. : šeró (tête)   xeró ("jeró" en graphie castillane)
               šošój (lapin)   xoxój (jojoy)
               džilábav (chanter) > źilábav > xiḷabar (jillabar)
comme

               xuláj (patron, aubergiste) > xuláj (julay)
               xocamnó (faux, trompeur) > xonxanó (jonjanó)
- /č/ et /dž/ se confondent en "ch" (č) :
               čavó (fils) > čaḅó (chabó)
               džukél (chien) > čukél (chuquel)
       Ce qu'on peut supposer, pour tenter de conclure sur ce point,
c'est que le /s/ du tsigane d'Espagne, sans doute moins alvéolaire que le
/ś/ castillan, tend au XVIIème siècle, en même temps que /ts/, vers l'interdentale /θ/, suivant en cela une évolution commune en Andalousie, où
le /s/ est également dental. Le déplacement vers l'avant du /s/ tsigane
a pu être favorisé par la résistance du /š/ à suivre l'évolution du castillan vers /x/ (jota), afin d'éviter la confusion avec le /x/ d'origine tsigane.
       Postérieurement à la *Farça das Ciganas* de Gil Vicente, qui semble
être l'initiateur, il y a des exemples de "ceceo" chez Lope de Rueda, dans
les deux "comedias" *Eufemia* et *Medora*, mais en nombre très limité, dans
quelques expressions comme : "Dioz te guarde", ou "Buenoz díaz".
       Par contre, on trouve dans la *Medora* deux phrases mystérieuses
qui peuvent passer pour du tsigane :

                    Burla si achí

et

                 Chuchulí, mechulachen. (123)

       Le mystère de la première n'est que partiel : elle comprend un
mot espagnol "burla" et le contexte en rend la compréhension assez facile :
       - "si" peut être la 3ème personne du verbe tsigane "sim" ou "sam"
(être) et signifier "il est" ou "il y a";
       - "achí" peut être l'adverbe tsigane "kaťé", "kaťí", "kaṭí" ou
"katjí" (ici). Adapté à la phonétique espagnole, "kaṭí", doit aboutir à
"kachí", qui a pu perdre le "k" initial sous l'influence de "aquí". Sans
influence espagnole, on trouve des cas de disparition du "k" dans des dou-
blets comme "kavér" et "avér" (autre). La phrase signifie donc, très probablement : "aquí hay burla" et peut être à double sens : celle qui la
prononce est en train de préparer une "burla" bien gitane et, comme sa victime en puissance vient de la traiter de voleuse, elle lui répond : "Está
quedo, burla si achí..." soit : "Está quedo, te burlas de mí... ¿ qué me
quieres tú a mí ?..." Et la Gitane elle-même souligne ce sens un peu plus
loin :

---

(123) Lope de Rueda, <u>Comedia llamada Medora</u>, dans <u>Teatro completo</u>, Barcelona, 1906.

> ¿ Yo ? ¿ Qué bolsa ? ¿ Qué mercadante ?
> ¿ Búrlaste conmigo ?

La deuxième énigme est plus obscure. Le contexte est le suivant:
la Gitane appelle Medoro, qu'elle fait passer pour sa fille, et lui dit :

> Armelia, chuchulí, mechulachen, escucha una palabra.

Les deux mots mystérieux ont bien une consonance tsigane, encore
qu'il soit difficile, à première vue, de les rattacher à un sens précis.
- "chuchulí", en apposition au prénom, avec sa terminaison féminine en "-í" pourrait être un épithète affectueux. Le mot semble se rattacher à un radical "čučú" (sein). Dans son dictionnaire "caló", Besses cite :

et
$$chuchaí* = teta$$
$$chuchí* = cara \quad (124)$$

Le diminutif usuel étant en "-orró", "-orrí", on pourrait rapprocher
"chuchulí" de "čučorí" ("carita"). Or nous verrons que "cara", "carita", est
un terme d'affection extrêmement fréquent.
- Le sens de "mechulachen" ne peut s'éclairer que si on le suppose traduit approximativement par les mots qui suivent : "escucha una pala-
bra". On peut alors rapprocher l'expression de : "me šun (pour : šun pe
mánde) lačés" : "écoute-moi bien". Ceci n'a tout de même pas un caractère
d'évidence. On peut admettre à titre d'hypothèse que "chuchulí mechulachen"
est la déformation inconsciente par l'auteur de quelque chose comme : "čučorí, šun lačés !"; mais l'auteur a pu aussi bien inventer les deux mots
mystérieux en leur donnant une allure vaguement tsigane, et le rapport avec
l'expression mentionnée ci-dessus peut fort bien n'être que fortuit.
Dans *El finamento de Jacob*, un "auto"anonyme qui fait partie du
Códice de los autos viejos, un Gitan et une Gitane prononcent quelques paroles obscures qui semblent bien avoir un rapport avec la langue tsigane.
Le Gitan arrive en disant :

> Aduca penatereza
> u que paztorez de jala
> porque tu dori y quereza
> u que cabara catapala
> rrestareles que rreguno. (125)

Certains mots ont une consonance "romaní". "Tereza" et "quereza"
peuvent être la 2ème personne respectivement des verbes "terav" (avoir) =
"teresa" et "kerav" (faire) = "keresa". "Jala" peut se rattacher à un radical "xav" (manger) = 3ème personne = "xala". "Dori" signifie "corde" en
tsigane.

---

(124) Luis Besses, Diccionario de argot español o lenguaje jergal gitano,
Barcelona, 1906.
* Lire : čučáj et čučí.

(125) Aucto del finamento de Jacob, dans Leo Rouanet, Colección de áutos...,
Madrid, 1901, t. I, p. 207.

D'autres mots semblent être espagnols comme : "paztorez" (pasto-res), "porque", "que", "de", etc.

Il est impossible d'analyser davantage ce texte sans le malmener fortement; c'est ce que nous ferions si nous voulions lire dans le dernier vers : "lésquero gono = son sac".

Les deux dernières répliques de la Gitane semblent contenir éga-lement un mélange d'espagnol et de tsigane :

> *Pues no, ¿ no me days monrrón ?*

et

> *¡ Ojalá mangón de que*
> *que acá ay mo que cagón!* (126)

Dans la première phrase "monrrón" est vraisemblablement "manró" (pain), et l'emploi de ce mot est parfaitement logique puisque la Gitane a demandé un peu plus tôt :

> *Dame un pedazo de pan.*

Pour en revenir au "ceceo", il est transcrit de façon systémati-que dans l'"auto" que nous venons d'évoquer, ainsi que dans *La farsa lla-mada Ardamisa* de Negueruela, et la *Comedia Aurelia* de Timoneda, qui sont, d'ailleurs, des pièces à accents. La seconde en particulier met en scène un français, un portugais et un basque (127).

D'autres exemples de "ceceo" nous sont donnés par l'*Auto da fes-ta* (128), et par deux poésies mineures de Góngora, l'une dédiée au Saint Sacrement et l'autre à la Nativité (129).

Dans *La pícara Justina*, une citation, malheureusement trop courte, présente en plus du "ceceo" un point commun avec le parler des Gitans de Gil Vicente : la transformation du "o" en "u" :

> *¡ Guarda la bulza !* (130)

Dans *El arenal de Sevilla* de Lope de Vega, Florelo donne la recet-te du parler gitan :

> *La lengua de las Gitanas*
> *nunca la habrás menester,*
> *sino el modo de romper*
> *las dicciones castellanas;*

---

(126) Ibid., pp. 209-210.

(127) J. de Timoneda, Comedia llamada Aurelia, dans Obras completas, Valen-cia, 1911, t. I, pp. 315-376.

(128) Gil Vicente, Auto da festa, dans Obras completas, Lisboa, 1944, pp. 137-143.

(129) Góngora, Obras completas, Madrid, Aguilar, 1956, p. 347, 365.

(130) F. López de Úbeda, La pícara Justina, Barcelona, Sopena, 1960, p.56.

> *que con eso y que zacees,*
> *a quien no te vió jamás,*
> *Gitana parecerás.* (131)

On voit par cette réflexion que le "ceceo" n'est qu'un élément d'une prononciation défectueuse. Pas plus que dans les autres pièces de Lope, l'"accent" gitan n'est représenté ici graphiquement; mais l'exclamation que lance Florelo, dès que Lucinda commence à parler, peut servir d'indication scénique :

> *Es su lengua natural :*
> *no he visto tal en mi vida.*

Il peut paraître curieux que cet auteur, qui a transcrit, dans son oeuvre, de nombreux parlers pittoresques, et en particulier, dans cette même pièce, celui de deux arabes, n'ait pas jugé utile de donner des exemples concrets de la prononciation gitane. Cela semble indiquer que la chose était si évidente et si simple que toute précision était superflue. Les acteurs qui jouaient des rôles de Gitans savaient d'emblée ce qu'ils avaient à faire.

En ce qui concerne les écrivains postérieurs à Cervantes, Vicente Espinel, qui, par ailleurs, évoque la "jerigonza" des Gitans, verse au dossier un témoignage intéressant sur le "ceceo" :

> *Vuesamerced, mi ceñor, a ɟe que sabe mucho de*
> *bestiaz, y ha conocido bien la bondad de los mejorez*
> *cuatro piéz que hay en toda la Andalucía. No ez galle-*
> *go, mi ceñor, cino de Illezcaz, que allí lo truqué por*
> *un cuartago cordubéz, y aquí traigo el teztimonio.*(132)

On constate que certains "s" ont été maintenus. Est-ce un oubli ? C'est probable, car dans un texte beaucoup plus long, comme celui de Gil Vicente, on relève de très nombreuses hésitations : Siñuraz / ciñuras; antez / antes; cepáis / cepáiz; vos / vuz; etc.

On remarque également que le "o" est remplacé par "u" dans "truqué" et "cordubéz". Il est cependant difficile d'en tirer des conclusions étant donné que dans les deux cas le "u" a une valeur étymologique.

Jerónimo de Alcalá, pour sa part, se contente de mentionner la prononciation :

> *... ellos, a lc Gitano ceceando un poco, me dije-*
> *ron que mc ɟuese con ellos...* (133)

Dans *La Gitanilla de Madrid*, de Solís, seules les femmes ont cete prononciation particulière, qu'elles n'adoptent,d'ailleurs, que dans leurs relations "professionnelles" .

---

(131) Lope de Vega, <u>El arenal de Sevilla</u>, ed.cit., p. 535.

(132) Vicente Espinel, op. cit., p. 411 a, 417 a.

(133) J. de Alcalá, op. cit., p. 545.

Solís croit, en effet, comme son modèle Cervantes, que cette façon de parler est artificielle, et il fait dire à Preciosa :

> ... *y cuando al mesurado*
> *que quiero hacer mi bienaventurado,*
> *a cuatro pasos veo,*
> *llegando con mi poco de ceceo*
> *a aquello de galán, erez querido,*
> *tienez muchaz y pagaz con olvido,*
> *pido la mano, y entro a la sonsaca...* (134)

Au XVIIIème siècle, chez Torres Villarroel, le "ceceo" est remplacé par des emprunts à l'argot de "germanía" comme "vederre", "trena", "clisos" (135). En 1770, Ramón de la Cruz reçoit de la censure le conseil de se diriger dans ce sens en consultant la fin du *Dictionnaire* de Oudin (136); mais ce n'est qu'au XIXème siècle, avec Sanz Pérez, en particulier, que les Gitans de théâtre commenceront à parler quelques mots de "caló", accompagnés d'un accent andalou fort appuyé. Ainsi, il aura fallu quatre siècles pour restituer aux Gitans leur langue véritable, ou du moins ce qui en reste.

Mais pour en revenir au langage conventionnel des Gitans dans la littérature des XVIème et XVIIème siècles, il n'est pas possible d'en parler sans en évoquer certains tics. La répétition est un phénomène qu'on peut observer dans la plupart des témoignages littéraires, en particulier dans les bonnes aventures de Gil Vicente :

> *Tú tienez buena ventura,*
> *muy buena ventura tienez,*
> *muchuz bienez, muchuz bienez.* (137)

Cette répétition a parfois une valeur de superlatif comme dans l'*Auto da festa* :

> *As de ser muy venerado.*
> *Mucho, mucho prosperado...* (138)

Ou dans l'exemple ci-dessous, de Timoneda :

> *No te penez, no te penez,*
> *lexoz lexoz d'aquí tienez*
> *tu enamorado...* (139)

---

(134) Antonio de Solís, La Gitanilla de Madrid, B.A.E., t.XLVII, p. 71 c.

(135) D. de Torres Villarroel, op. cit., p. 96.

(136) Cf. supra, p. 37.

(137) Gil Vicente, Farça das Ciganas, cf. Auto de las Gitanas, Clás. Cast., p. 232.

(138) Id., Auto da festa, ed. cit., p. 128.

(139) J. de Timoneda, op. cit., p. 357.

Il s'agit,plus généralement, d'une façon d'insister comme dans *La farsa llamada Ardamisa* de Negueruela :

> *Galanico, ciego estáz, ciego estáz,*
> ....
> *Enamorado, no te encones, no te encones.* (140)

Dans les "comedias" de Lope de Rueda, on trouve quatorze exemples de répétitions (cf. p. 116), et l'on constate qu'elles ne se produisent que dans les rapports avec les étrangers et dans certaines formules usuelles comme : "buenos días", "escucha", "calla", "vete con Dios", etc. On se souvient, à ce propos, que la bonne aventure de Cervantes commence par une répétition : "Hermosita, hermosita..."

On trouve également, chez Gil Vicente, un procédé voisin, l'accumulation :

> *Buena ventura hallaráz,*
> *buena dicha, buena estrena*
> *buena çuerte, mucho buena,*
> *muchaz carretaz, ciñura,*
> *y mucha buena ventura,*
> *plaziendo a la Madalena.* (141)

L'exclamation est également très employée chez Vicente :

> *¡ Qué mano, qué cino, qué flores !*
> *¡ Qué dama, qué ruza, qué perla !* (142)

On la retrouve dans l'*Aucto del finamento de Jacob* :

> *¡ O qué coza tan donoza !*
> ....
> *¡ O qué cara tan bonita !* (143)

Chez Lope de Vega :

> *¡ Qué mano de caballero !*
> *¡ Qué largo Alejandro Mano !* (144)

Et chez Cervantes :

> *Un lunar tienes,¡ qué lindo !*
> *¡ Ay Jesús, qué luna clara !*

---

(140) Diego de Negueruela, <u>La farsa llamada Ardamisa</u>, Madrid, 1900, p. 20.

(141) Gil Vicente, <u>Farça das Ciganas</u>, ed. cit., p. 234.

(142) <u>Ibid.</u>, p. 232.

(143) <u>Aucto del finamento de Jacob</u>, ed. cit., p. 207.

(144) Lope de Vega, <u>El arenal de Sevilla</u>, ed. cit., p. 536 b.

> ¡ Qué sol, qué allá en los antípodas
> escuros valles aclara ! (145)

L'emploi fréquent de diminutifs est aussi une constante du langa-ge gitan (146). Chez *Gil Vicente* : "tantico de pan", "rozica", "poquita cuza", "casadica", "namoradica", "garridica", "perrica". Chez *Timoneda* : "garridica", "hermozica", "limoznica", "criaturica", "venturica", "tris-tezica", "poquita", "poquillo", "dinerico", "bravita", "graciozica". Chez *Lope de Rueda* : "limoznica", "dinerico", "poquito", "gitanico". Chez *Lope de Vega* : "gitanica", "limoznica". Chez *Negueruela* : "dinerico", "galani-co", "aznico" et chez *Cervantes* : "hermosita", "celosita", "risica" (dans la bonne aventure), "cabecita", "confiancita" (dans la conjuration).

Enfin, la caractéristique le plus essentielle de ce langage sem-ble être l'expression : "cara de...". Ceci est souligné par Lope de Vega dans *El arenal de Sevilla*. Lorsque Lucinda, déguisée en Gitane, doit faire un essai de langage, il lui suffit de trois mots pour convaincre Florelo :

FLORELO   ¿ A ver ? Di.

LUCINDA   Cara de rosa...

FLORELO   Es su lenguage natural.
                 No he visto tal en mi vida. (147)

De même, dans *La Gitanilla de Madrid* de Solís, Preciosa a cette réplique fort révélatrice :

> Hoy me vuelve a tu presencia
> la golosina de ver
> esta ampona gentileza,
> hablando como soldados;
> ese arte lleno de ciencia,
> hablando como estudiante;
> hablándote como vieja,
> esa juventú; ese cielo,
> hablando como poeta;
> y hablando como Gitana,
> eza tu carita buena. (148)

De Rueda et Timoneda, jusqu'à Lope de Vega et Solís, on peut re-lever une vingtaine de ces expressions. Les plus courantes sont : "buena cara", "carita buena", "cara de rosa", "cara de azucena", "cara de flores", "cara de plata", "cara de oro", "cara de Pascua", "cara de pan de Pascua", "cara hermosa", "cara de frezcura", "cara de alegría".

On peut citer à part une expression, particulièrement recherchée,

---

(145) Cervantes, <u>La Gitanilla</u>, ed. cit., p. 31.

(146) Il s'agit là, sans aucun doute, d'un autre indice de l'influence anda-louse.

(147) Lope de Vega, <u>El arenal de Sevilla</u>, ed. cit., p. 535 a.

(148) Antonio de Solís, <u>op. cit.</u>, p. 66 c.

de Timoneda : "cara de toda puxança"; une autre, assez originale, de Lope
de Rueda : "cara de siempre novia", et enfin celle-ci, de Solís, très
ironique : "carita de roza a medio pizar".

Gil Vicente emploie l'expression "cara de rosa" dans l'*Auto da
festa*. Par contre, aucune formule de ce genre ne figure dans la *Farça
das Ciganas* où elles sont remplacées par un grand luxe de comparaisons
du style : "preciuza rozica", "açucar colado", "nieve de cira", "firmal
preciuzo", "lirio de Grecia", "mi cielo estrellado", "anturcha del cielo, sin cera y pávilo", "ruza nacida ribera del Nilo", "ezmeraldaz po-
lidaz", "rozina", "lirio de hermozura", "fresca rusa", "pintura de poli-
cena", "dulce serena", "perla fina", "alma mía", "nueva ruza", "nueva
estrella", "linda flor", "mis ojoz de açor mudado", "mi ave fénix linda",
"mi sebilla", "hermosura de Esmerinda", "garça real", "grinodia natural",
"mayo florido", "Melibea", "huerta de la hermosura", "Circe de la mar sa-
lada", etc.

Si quelques-unes de ces interpellations semblent avoir une certaine saveur populaire, ce qui domine ici c'est l'influence culturelle
de tout un courant de la poésie du Moyen Âge et de la Renaissance, à
la fois religieuse et rattachée aux litanies de la Vierge, celle des
"loores", des *cantigas de Santa María* d'Alphonse le Sage, des *hímnos* de
Berceo, des *gozos* de l'Archiprêtre de Hita et du marquis de Santillana;
mais, également profane, celle des *cantigas*, *canciones* et *decires* du
Cancionero de Baena, par exemple. On y reconnaît, à côté de l'influence
liturgique, un bon nombre d'allusions littéraires et mythologiques ; en
définitive, par le truchement des Gitanes, Gil Vicente nous donne ici un
échantillon de la poésie galante du XVIème siècle, à la fois naïve et cul-
tivée.

En mélangeant les clichés de la poésie traditionnelle et une certaine préciosité de la Renaissance, avec les maladresses de langage et
l'accent pittoresque des Gitans, Vicente crée un nouveau genre littéraire
comparable à la "Serranilla".

LES MOYENS DE SUBSISTANCE

a) Le vol

Chacun se souvient du début de *La Gitanilla* :

> *Parece que los gitanos y gitanas solamente nacie-
> ron en el mundo para ser ladrones : nacen de padres la-
> drones, críanse con ladrones, estudian para ladrones, y,
> finalmente, salen con ser ladrones corrientes y molien-
> tes a todo ruedo, y la gana de hurtar y el hurtar son
> en ellos como accidentes inseparables, que no se quitan
> sino con la muerte.*

Une phrase de sept lignes sur le vol, où le mot "voleur" revient
cinq fois, et le mot "voler" deux fois. La même idée est reprise dans la
phrase suivante par "ciencia de Caco", "gitanerías, modos de embelecos, y
trazas de hurtar".

Dans les quatre pages que le *Coloquio* consacre aux Gitans, les
mots "hurto" et "hurtar" sont répétés dix fois.

Le vol est bien, pour Cervantes, la principale activité des Gitans.
Le reste n'est que prétexte, ruse ou alibi :

Vous qui prenez plaisir en leurs parolles,
Gardez vos blancs, vos teſtons, et piſtolles.

VII - Gravure de Jacques Callot :
    "Vous qui prenez plaisir en leurs parolles,
    Gardez uos blancs, uos testons, et pistolles".

> *Ocúpanse, por dar color a su ociosidad, en labrar cosas de hierro, haciendo instrumentos con que facilitan sus hurtos.* (149)

Le vol est dans leur nature, instinctif, inné :

> *... los hurtos en que se ejercitan así gitanas como gitanos, desde el punto casi que salen de las mantillas y saben andar.*

Ils ne pensent qu'à cela, ne parlent que de cela :

> *Son sus pensamientos imaginar cómo han de engañar y dónde han de hurtar; confieren sus hurtos, y el modo que tuvieron en hacellos.* (150)

Finalement, ils volent moins par nécessité —car ils pourraient travailler— que par vice. Voler est, pour eux, un plaisir. C'est du moins ce que le vieux Gitan de *La Gitanilla* essaye d'expliquer au néophyte Andrés :

> *... aquí te industriaremos de manera que salgas un águila en el oficio; y cuando lo sepas has de gustar dél de modo, que te comas las manos tras él. Ya es cosa de burla salir vacío por la mañana y volver cargado a la noche al rancho.* (151)

Cervantes précise qu'ils volent surtout des chevaux et des ânes :

> *Otros muchos hurtos contaron, y todos, o los más, de bestias en que son ellos graduados, y en lo que más se ejercitan.* (152)

Il raconte à l'appui, dans le *Coloquio*, une savoureuse histoire d'âne volé, et, dans *Pedro de Urdemalas*, il fait dire à un écuyer qu'aucun âne au pâturage n'est à l'abri des Gitans (153).
On se souvient aussi que dans *Don Quichotte* le semi-Gitan Ginés de Pasamonte vole l'âne de Sancho.
Dans *La Gitanilla*, Cervantes ne donne pas de précisions sur les vols commis par la troupe de Preciosa, mais il nous dit qu'Andrés estime à deux cents écus d'or ce qu'il aurait pu voler pendant un mois, ce qui représente un bien joli tableau de chasse ! (154)

---

(149) Cervantes, El coloquio..., ed. cit., p. 313.

(150) Ibid., p. 312, 314.

(151) Cervantes, La Gitanilla, ed. cit., p. 73.

(152) Id., El coloquio..., ed. cit., p. 316.

(153) Id., Pedro de Urdemalas, ed. cit., p. 154.

(154) Id., La Gitanilla, ed. cit., p. 75.

On voit, dans la nouvelle, les Gitans s'égailler hors du village dans lequel ils campent et où ils ont déposé une garantie,pour aller
voler à quatre ou cinq lieues de là. On nous dit qu'Andrés reçoit ses
premières leçons de vol, mais il ne faut pas que ce gentilhomme puisse
être vu en train de participer à une mauvaise action. C'est pourquoi Cervantes n'insiste pas; ou, s'il insiste, c'est pour laver son héros de
tout soupçon. Mieux, à la fin de la nouvelle, Andrés et ses compagnons
sont tous arrêtés pour un vol qu'ils n'ont pas commis ! Après la très
violente diatribe du début, Cervantes semble calmer sa hargne; il hésite
à concrétiser ses critiques et, finalement, ses Gitans vont nous laisser
une impression assez sympathique. Nous essayerons, plus loin, d'en étudier
la raison.

Si la véhémence de l'auteur de *La Gitanilla* peut parfois surpren-
dre, il est certain, cependant, qu'il n'invente rien en traitant les Gitans de voleurs. Toutes les lois, bien entendu, évoquent les vols des Gitans, et, en particulier, les vols de chevaux qui portent préjudice à l'a-
griculture, comme le souligne, en noircissant quelque peu le tableau, un
mémoire étudié par les Cortès, le 8 novembre 1610 (155).

De même que les lois, tous les traités sur les Gitans les accusent
de vols abominables et il est rare de trouver un sujet qui fasse une telle
unanimité !

Fernández de Córdova évoque l'attaque de Logroño en temps de pes-
te (156), del Río, celle de León (157), Pedro Salazar de Mendoza fait allusion à des troupes de huit cents Gitans qui écumaient la Castille et l'Ara-
gon vers 1618 et il affirme que les parents exercent leurs enfants à voler,
dès leur naissance, de jour et de nuit, en ville comme en rase campagne(158).
Quiñones cite des cas de Gitans condamnés et pendus pour vol, à Sepúlveda
en 1609, à Ecija en 1627; et lui-même fait pendre, à Sepúlveda, en 1630,
cinq Gitans qui avaient attaqué un courrier des Flandres (159). Moncada,de
son côté, se montre impitoyable contre les Gitans,en qui il ne voit qu'un
ramassis de voleurs (160).

Pour ce qui est des écrivains, on peut citer l'auteur de *La Celestina*, Lope de Rueda, Mateo Alemán, Góngora, l'auteur de *La pícara Justina*,
Vicente Espinel, l'auteur de la seconde partie du *Lazarillo*, publiée à Paris en 1620, Jerónimo de Alcalá, Gonzalo de Céspedes, l'auteur d'*Estebanillo
González*, etc. Tous donnent des détails pittoresques, peu atteignent la vi-
rulence de Cervantes; mais celle-ci peut s'expliquer par le contexte historique.

D'après Jerónimo de Alcalá, presque tout ce que les Gitans utilisent pour manger, se vêtir, est volé : poules, oies, chèvres, veaux, co-

---

(155) <u>Actas de las Cortes de Castilla</u>, t. XXVI, p.151, 163, 165.

(156) Francisco Fernández de Córdova, <u>Didascalia multiplex</u>, Lyon, 1615,
t. VIII, cap. L, p. 405.

(157) Martín del Río, <u>op. cit.</u>, p. 544.

(158) Pedro Salazar de Mendoza, <u>Memorial de el hecho de los Gitanos</u> / Toledo, 1618 /.

(159) J. de Quiñones, <u>op. cit.</u>

(160) Sancho de Moncada, <u>op. cit.</u>

chons, tissus, vêtements, draps et couvertures. Il évoque le cri de panique que poussaient les paysans en voyant arriver les Gitans : "Guarda el gitano; cierra tu casa; recoge esos pollos, que viene el milano" (161).

Góngora, qui met en scène des Gitans en train de chanter des "villancicos" de Noël, suggère qu'ils sont capables de voler l'âne et le boeuf de la crèche :

> CARILLO   *Cántale endechas al buey,*
> *y a la mula otro que tal,*
> *si ellos entran en el portal.*
>
> GIL   *Halcones cuatreros son*
> *en procesión.* (162)

Dans une "mojiganga" de Calderón de la Barca, on voit des Gitans poursuivre des moissonneurs galiciens pour les dévaliser. Dans *El soldado Píndaro*, Gonzalo de Céspedes nous fait assister à un cambriolage commis à Madrid par deux Gitans, grâce à la complicité d'une Gitane qui a fait sortir la jeune fille de la maison, sous prétexte de magie amoureuse, en laissant, bien entendu, la porte ouverte. Tandis que l'un des Gitans fait le guet, l'autre lui lance, par la fenêtre, un gros ballot de linge (163).

Vicente Espinel, dans *Marcos de Obregón*, nous raconte le vol d'un mulet (164). Il nous dit avoir assisté, à Séville, au châtiment d'un Gitan accusé de vol et nous fait part de sa terreur en rencontrant une troupe de Gitans dans la Sierra de Ronda. Il se débarrasse de cette inquiétante compagnie en faisant croire qu'il est suivi par un marchand chargé d'argent (165).

Juan de Piña place dans ses *Casos prodigiosos...* une anecdote concernant la vente d'un mulet par un Gitan nommé Pedro de Malla. Le protecteur de Pedro, don Juan, souhaiterait acquérir la bête, mais le Gitan refuse de la lui céder en disant :

> *Don Juan, don Juan, no lo compres, que tiene una*
> *mala buelta.*

Et il fait affaire avec quelqu'un d'autre. En fait, le mulet avait été volé; peu de temps après, l'acheteur sera obligé de le restituer à son premier propriétaire et le Gitan fera à don Juan ce commentaire :

> *Mira si te dezía yo bien, que no cōprasses aquel*
> *macho, por la buelta.* (166)

---

(161) J. de Alcalá, op. cit., p. 548 b.

(162) Góngora, op. cit., p. 366.

(163) Gonzalo de Céspedes y Meneses, Fortuna varia del soldado Píndaro, B.A.E., t. XVIII, p. 338.

(164) Vicente Espinel, op. cit., p. 411.

(165) Ibid., p. 417.

(166) Juan de Piña, Casos prodigiosos y cueva encantada, Madrid, 1628, t. I, pp. 5-6.

Dans *La Gitanilla de Madrid*, Antonio de Solís joint à son argument, tiré de *La Gitanilla* de Cervantes, des éléments inspirés par *Rinconete y Cortadillo*. Suivant le modèle de la "confrérie" de Monipodio, le comte Maldonado, qui sera pris lui-même la main dans le sac au moment où il cambriole une maison, attribue à chacun de ses fidèles le secteur dans lequel il pourra exercer son activité. Il n'oublie pas de leur recommander la dévotion, leur interdit de voler dans les églises et déclare donner aux pauvres un cinquième du butin. Tout comme Monipodio, il tient un livre de comptes où il consigne toutes les activités de la troupe, entre autres les vols de l'année.

b) *Les enfants volés*

Un chapitre de l'édifiant mémoire de Maldonado s'intitule : "Lista nueva de niñas perdidas" et l'on peut lire en dessous :

> *En Sevilla, Jueves Santo en la noche, desapareció Leonisa, mi mujer (que santa gloria haya), una niña. Declaro, por si conviniere descargar la conciencia, que es hija de Don Fadrique de Oviedo y de Doña Leonora de Estrada.* (167)

Ceci nous ramène à l'argument de *La Gitanilla* et au vol d'enfant, qui en est l'élément essentiel. Il est évident que ce qui intéresse Cervantes, dans cette affaire, ce n'est pas l'authenticité du vol, mais la situation romanesque qui en découle. Dans *Pedro de Urdemalas* on aboutit à la même situation sans qu'il y ait vol , Belica ayant été simplement confiée à une vieille Gitane. Toute une littérature, inspirée par *La Gitanilla*, a contribué à forger une tradition tenace d'enfants volés par les Tsiganes. Qu' y a-t-il de vrai là-dedans ? Il est bien difficile d'y voir clair dans une question où la légende, la littérature et la réalité sont aussi inextricablement mêlées.

D'après de Vaux de Foletier, qui cite de nombreux cas "d'enfants volés", la plupart d'entre eux seraient plus que douteux (168).

En Espagne, Quiñones affirme, en s'appuyant sur des auteurs très sérieux —que, malheureusement, il ne cite pas—, que les Gitans volent des enfants pour les vendre aux Barbaresques. Ceci nous replace dans un contexte historique où tout le monde se livrait au commerce des esclaves. Une loi portugaise, de 1760, accuse précisément les Gitans de voler à la fois des chevaux et des esclaves (169). Quant à Grellmann, il rattachera le vol des enfants à une autre légende plus atroce, née d'aveux extorqués sous la torture, celle d'anthropophagie, et, selon lui, c'est pour les dévorer que les Gitans enlèvent des enfants, car leur chair est plus tendre que celle des adultes (170).

---

(167) Antonio de Solís, op. cit., p. 76 c.

(168) F. de Vaux de Foletier, Mille ans..., op. cit., p. 67.

(169) Antonio Delgado da Silva, Collecção da legislação portuguesa, 1750-1762, pp. 749-750. Cf. Adolpho Coelho, Os Ciganos de Portugal, Lisboa, 1892, documento n° 34.

(170) Grellmann, Recherches historiques sur le peuple nomade, appelé en France Bohémien et en Allemagne Zigeuner, Paris, 1787, p. 22.

VIII - "L'enfant volé. (Gitanos d'Espagne)", d'après un tableau de M. Schlesinger.

En ce qui concerne Cervantes, c'est plutôt dans la littérature qu'il faut chercher l'origine du vol de Preciosa. L'antécédent immédiat est la *Comedia Medora* de Lope de Rueda. L'argument de la pièce présenté dans le prologue dit, en particulier, ceci :

> *En este tiempo, andando los gitanos por estas partes, por no estar Acario ni Barbarina, padres de los niños, en casa, una gitana entra y hurta a Medoro, que así había nombre el muchacho, y deja en la cuna un gitanillo, hijo suyo, muy malo; tanto,que de allí a pocos días murió.* (171)

Il faut remarquer qu'il ne s'agit pas, à proprement parler, d'un vol ou d'un rapt, mais d'une substitution d'enfant, la Gitane ayant préféré un enfant étranger mais bien portant à son propre enfant moribond. C'est probablement cette substitution qui inspire Victor Hugo lorsqu'il écrit, dans *Notre-Dame de Paris*, que les Tsiganes qui ont volé Esmeralda ont laissé à sa place dans son lit

> *un monstrueux enfant de quelque Egyptienne donnée au diable.* (172)

Rueda, quant à lui, s'est contenté de plagier *La Zingana* de Luigi Arthemio Giancarli (173); mais, finalement, le thème de l'enfant volé par une Tsigane n'est qu'une variante dans la longue tradition médiévale d'enfants perdus et retrouvés après de multiples aventures. Dans ce sens, et comme l'a indiqué Federico Ruiz Morcuende, la Preciosa de Cervantes est soeur de la Truhanilla de Timoneda (174), dont l'origine remonte au *Libro de Apolonio* et aux *Gesta Romanorum* (175).

Le petit détail, objet précieux ou particularité anatomique, qui permet la reconnaissance de l'enfant perdu, appartient également à la tradition médiévale. Dans l'*Amadís de Gaula*, c'est un anneau qui provoque les retrouvailles d'Amadís et de ses parents (176). C'est un grain de beauté que Medoro a sur le front, sous les cheveux, qui permet d'identifier l'enfant volé dans la *Comedia Medora*. Dans *Pedro de Urdemalas*, des bijoux appartenant au frère de la reine fournissent la preuve de l'identité de Belica. Enfin, dans *La Gitanilla*,plusieurs preuves valant mieux qu'une, des petits bijoux d'enfant, une marque blanche sous le sein gauche et les deux derniers orteils du pied droit réunis par une petite excroissance de chair seront utilisés pour la reconnaissance de Preciosa.

---

(171) Lope de Rueda, op. cit., p. 280.

(172) Victor Hugo, Notre-Dame de Paris, 1482, Ed. Garnier Frères, /s.l./, 1961, p. 253.

(173) L.A. Giancarli, La Zingana..., Mantoue, 1545.

(174) J. de Timoneda, El patrañuelo, Clás. cast.n°101, Patraña oncena, pp. 99-143. Cf. Prólogo, p. XXIII.

(175) Gesta Romanorum, chap. CLIII.

(176) Amadís de Gaula, ed. y anotación por Edwin B. Place, Madrid, 1959, t. I, p. 84.

c) La mendicité

Si le vol a été, de tous les temps, le premier grief contre les Gitans, ce qu'on leur reproche, en second lieu, c'est d'être des oisifs et de se livrer à la mendicité. On sait que les aumônes ont constitué, pendant longtemps, la principale ressource des troupes errantes. On les considérait, lors de leur arrivée, comme des pèlerins ou des pénitents. Ils auraient été chassés de leur pays par les Turcs, à cause de leur religion chrétienne, ou bien le pape leur aurait imposé une errance de sept ans pour racheter leurs fautes. Ils étaient porteurs de lettres royales ou papales qui recommandaient de les aider et de leur faire la charité (177).

Mais on voit passer plusieurs fois sept ans, et les Gitans continuent à mendier. Dès la fin du XVème siècle, l'aumône aux pèlerins est remplacée par le "droit de passade". Si l'on continue à leur donner quelque chose, c'est pour qu'ils passent leur chemin, car on craint leurs méfaits. Un rapport des Cortès de 1610, déclare notamment :

> Ha venido la vida licenciosa de esta gente a tanta rotura, que andan compañías enteras de hombres y mujeres, todos con armas y escopetas, y llegan a los lugares y les dan lo que piden por excusar sus violencias... (178)

Ce n'est pas de cette charité un peu forcée qu'il est question dans l'oeuvre de Cervantes, mais de la mendicité pratiquée par les femmes avec maintes malices et subtilités :

> Cuando piden limosna, más la sacan con invenciones y chocarrerías que con devociones; y a título que no hay quien se fíe dellas, no sirven, y dan en ser holgazanas. (179)

C'est pourtant avec des dévotions —et en "zézayant"— que Belica demande l'aumône dans *Pedro de Urdemalas* :

> Limozna, zeñora mía,
> por la bendita María
> y por su hijo bendito. (180)

Dans *La Gitanilla*, on voit Preciosa demander à des joueurs une libéralité ('el barato'). Mais c'est toujours la vieille Gitane qui tient la caisse et ramasse l'argent, en l'occurrence trente réaux.

---

(177) Cf. Bernard Leblon, Les Gitans d'Espagne. Recherches sur les divers aspects du problème gitan du XVème au XVIIIème siècle. Thèse de Doctorat d'Etat, Montpellier, fév. 1980, première partie, chap. I.

(178) Actas de las Cortes de Castilla, t. XXVI, p. 163.

(179) Cervantes, El coloquio..., ed. cit., p. 314.

(180) Id., Pedro de Urdemalas, ed. cit., p. 627.

Parmi les oeuvres antérieures à Cervantes, on voit les Gitanes de Gil Vicente demander la charité en invoquant l'amour de Dieu et la Vierge Marie; elles prennent soin de montrer qu'elles sont chrétiennes :

> *Dadnuz limuzna pur l'amur de Diuz.*
> *Cristianuz çumuz, veiz aquí la cruz.* (181)

C'est un cri semblable que poussent les Gitans de Timoneda, dans *Aurelia* :

> *Christianoz çomoz, christianoz.*
> *Danoz una limoznica.* (182)

Dans plusieurs pièces du XVème siècle, les Gitans se souviennent des premières pérégrinations. Ainsi dans la *Farça das Ciganas*, une Gitane tient ces propos :

> *De Grecia çumuz, hidalgaz por Diuz.*
> *Nuztra ventura, que fue cuntra nuz,*
> *por tierra estraña nuz tienen perdidaz.* (183)

Negueruela, dans *La farsa llamada Ardamisa*, place cette invocation:

> *El Rey poderozo nos quiera valer çacándonos presto*
> *de tierra ezpantoza.* (184)

La Gitane de la *Medora*, de Lope de Rueda, s'écrie :

> *No tientes de paciencia á quien está desesperada y*
> *sola en tierra ajena.* (185)

Et dans la *Comedia Aurelia* de Timoneda, on peut relever ces vers :

> *E, dad a estoz peccadores,*
> *que andamoz en penitenzia.*

Ici, une autre Gitane essaie d'apitoyer Aurelia en lui montrant son bébé :

> *Para esta criaturica,*
> *danoz pan.*

---

(181) Gil Vicente, Farça das Ciganas, p. 229.

(182) J. de Timoneda, op. cit., p. 355.

(183) Gil Vicente, Farça das Ciganas, p. 231.

(184) D. de Negueruela, op. cit., p. 19.

(185) Lope de Rueda, Medora, ed. cit., p. 315.

La maîtresse de maison n'en a pas moins une réaction de prudence :

No entréys, que daros han. (186)

Et l'on verra, un peu plus tard, la Gitane demander, toujours pour son enfant, une chemise déchirée.

Une des scènes les mieux observées est celle que Lope de Rueda a reproduite dans sa *Comedia Eufemia*. Le dialogue, entre la Gitane qui arrive avec ses habituelles cajoleries, et la servante, scandalisée de la voir entrer sans vergogne, est saisissant de vérité :

GITANA   *¡ Paz sea en esta casa; paz sea en esta casa !*
              ¡ Dioz te guarde, zeñora honrada !¡ Dioz te
              guarde, y una limoznica, cara de oro, cara de
              siempre novia, daca, que Dioz te haga prozpe-
              rada y te dé lo que desseas, buena cara, bue-
              na cara !

CRISTINA   *¿ No podéis demandar desde allá fuera ?¡ Ay,*
              señora mía, y qué importuna gente !; que en
              lugar de apiadarse dellas la persona, de su
              pobreza, las tiene odio, según sus importuni-
              dades e sus ahíncos. (187)

Ceci nous rappelle les fameuses "Ordonnances de la Mendicité" du *Guzmán de Alfarache* :

Por cuanto las naciones todas tienen su método de
pedir y por él son diferenciadas y conocidas, como son
los alemanes cantando y en tropa, los franceses rezando,
los flamencos reverenciando, los gitanos importunando,
los portugueses llorando, los toscanos con arengas, los
castellanos con fieros haciéndose respondones y malsu-
fridos : a éstos mandamos que se reporten y no blasfe-
men y a los más que guarden la orden. (188)

Les Gitans —et surtout les Gitanes— importunent, il est vrai, tout en essayant de séduire le client avec toutes sortes de flatteries et de cajoleries. Cette façon d'étourdir les gens a reçu le nom de "gitane-ría", qu'on trouve employé dans ce sens dès le XVIIème siècle. Ainsi, dans le roman de Céspedes y Meneses, le soldat Píndaro, arrêté dans la rue par une jolie femme, qui lui fait mille confidences et déclarations, s'entend dire peu après :

que lo pasado era entretenimiento y gitanería. (189)

───────────

(186) J. de Timoneda, op. cit., pp. 355-356.

(187) Lope de Rueda, Comedia Eufemia, ed. cit., p. 256 a.

(188) Mateo Alemán, Guzmán de Alfarache, Clás. cast. n° 83, Ia parte, lib. III, cap. II, p. 183.

(189) G. de Céspedes y Meneses, op. cit., p. 325 a.

Si les Gitanes savent flatter pour obtenir une aumône, elles sont aussi capables de maudire ceux qui ne donnent rien. Dans la *Farça das Ciganas* de Gil Vicente, Casandra y Lucrecia restent polies, car c'est un divertissement de Cour :

No vi gente tan honrada
dar tan poco galardón. (190)

Par contre, Lucinda, de l'*Auto da festa*, s'en donne à coeur joie :

Pues que nada no me dais,
plega a Dios que os veáis
mucho, mucho desamadas
de los que vos más amáis. (191)

La même Gitane réussit, d'ailleurs, à placer un aparté peu flatteur, au milieu de ses louanges :

Dad señora bonitica,
garridica;
ea da-me alguna cosa,
hermosa como una rosa,
como te huelgas, ⌐Ap.⌐ perrica,
¡ Ravia mala que te mate !
Loçana, da-me esta mano.

Graciana   s'en prend aux hommes et les couvre de railleries :

¡ Mira aquí que namorados !
¡ Guayaz dellos y de sus famas !
Que estiman más dos cornados
que las vidas de sus damas
y quieren ser amados. (192)

Dans la *Farça das Ciganas*, les Gitanes demandent du pain, une chemise, une jupe, une coiffe. Dans l'*Auto da festa*, elles réclament une chemise longue, une vieille jupe, une chemise déchirée ou même :

cualquier cosita.

On retrouve la chemise déchirée chez Timoneda. Ailleurs, il s'agit d'un peu de pain, d'un peu d'argent, ou, plus vaguement, d'une petite aumône.

d) *La bonne aventure.*
On appelle encore "gitanería", d'une façon générale, toutes les pratiques particulières aux Gitans, comme la bonne aventure.

---

(190) Gil Vicente,   Farça das Ciganas, p. 236.

(191) Id., Auto da festa, p. 142.

(192) Ibid., p. 140.

Dans *La Gitanilla de Madrid*, de Solís, lorsqu'on demande à Preciosa si elle sait dire la bonne aventure, elle répond aussitôt :

> ¿ *Qué Gitana la ignoro ?*
> *Vaya de gitanería* ... (193)

De même, dans sa *Gitanilla*, Cervantes nous dit comment la vieille Gitane a élevé Preciosa :

> A quien enseñó todas sus gitanerías, y modos de
> embelecos, y trazas de hurtar. (194)

Chez Luján de Sayavedra, "gitanería" est synonyme de "divination" (195).

"Artifices", "mensonges", "tromperies", ce sont les termes qu'on emploie le plus souvent au sujet des Gitans et qui désignent, en plus de la "bonne aventure", un certain nombre d'astuces et d'habiletés spécifiques, dont nous aurons l'occasion de parler, comme le jeu de la courroie, "la grande farce", le maquignonnage, et nous verrons que c'est à cette dernière spécialité que Covarrubias donne le nom de "gitanería".

Cervantes, dans le *Coloquio*, fait dire à Berganza :

> La ⌐vida⌐ que tuve con los gitanos fue conside-
> rar en aquel tiempo sus muchas malicias, sus embaimien-
> tos, y embustes. (196)

Ces tromperies, c'est aussi la façon de mendier en inventant toutes sortes d'histoires propres à apitoyer les bonnes gens, comme nous l'avons vu; et, de plus, on considère souvent la "bonne aventure", soit comme une forme déguisée de la mendicité, soit comme un prétexte pour voler.

Dans *La Celestina*, qui paraît en 1499, et pourrait bien être le premier témoignage littéraire sur les Gitans, dans la Péninsule, Pármeno déclare :

> Mucha sospecha me pone el presto conceder de aque-
> lla señora e venir tan ayna en todo su querer de Celes-
> tina, engañando nuestra voluntad con sus palabras dulces
> e prestas por hurtar por otra parte, como hazen los de
> Egypto quando el signo nos catan en la mano. (197)

La même année, la première pragmatique des Rois Catholiques repro-

---

(193) A. de Solís, op. cit., p. 64 a.

(194) Cervantes, La Gitanilla, ed. cit., p. 4.

(195) Mateo Luján de Sayavedra, Segunda parte del pícaro Guzmán de Alfara-che, B.A.E., III, p. 410 a.

(196) Cervantes, La Gitanilla, ed. cit., t. II, p. 312.

(197) F. de Rojas, La Celestina, Clas. Cast., t. II, p. 72. "Catar el signo" est l'expression qu'emploie également Lope de Rueda, dans Eufemia, pour désigner la bonne aventure.

IX - La bonne aventure.

che aux Gitans d'être sorciers et devins. L'accusation sera reprise par Charles Quint, en 1539 (198), et en 1594, les Cortès précisent :

> ... *son públicamente ladrones, embuidores, echan-do Juizios por las manos, haziendo entender a la gen-te ignorante que por allí alcanzan y entienden lo que ha de suceder.* (199)

Ces pratiques de divination par les lignes de la main ne manquent pas d'inquiéter les autorités religieuses. En 1427, à Paris, l'archevêque excommunie tous ceux qui ont montré leurs mains (200). En 1639, au Portugal, l'archevêque de Braga, condamne également la chiromancie :

> *E declaramos que os que peden aos Egypcios lhes digam sua boa ou mã fortuna, peccão gravemente.* (201)

Sancho de Moncada va beaucoup plus loin, il réclame la peine de mort pour les Gitans, entre autres, parce qu'ils sont "enchanteurs et devins" (202).

Vicente Espinel affirme avoir assisté au châtiment d'une Gitane condamnée pour sorcellerie, à Madrid (203); et, au Portugal, en 1582, d'après Coelho, une Gitane est jugée pour une affaire de ce genre par l'Inquisition, qui se contente d'ailleurs d'une simple réprimande (204).

D'une façon générale, exception faite de del Río (205), et de Moncada, personne ne semble prendre très au sérieux les pratiques divinatoires des Gitans. Pour Covarrubias, comme pour l'auteur de *La Celestina*, la bonne aventure sert surtout de couverture au vol :

> *Las mugeres son grandes ladronas, y embustidoras, que dizen la buenaventura por las rayas de las manos, y en tanto que ésta tiene embevidas a las necias, con si se han de casar o parir o topar con buen marido, las demás dan buelta a la casa y se llevan lo que pueden.* (206)

La même incrédulité se retrouve chez Lope de Rueda :

---

(198) Cortes de León y Castilla, t. V, p. 870.

(199) Actas de las Cortes de Castilla, t. XIII, pp. 220-221.

(200) F. de Vaux de Foletier, Les Tsiganes dans l'ancienne France, op.cit., p. 29.

(201) Constituções synodaes do Arcebispado de Braga de 1639, XLIX,1. Cf. A. Coelho, Os Ciganos de Portugal, op. cit., p. 175, note 2.

(202) Sancho de Moncada, op. cit., p. 212.

(203) Vicente Espinel, op. cit., p. 417 b.

(204) Adolpho Coelho, op. cit., p. 177.

(205) Martín del Río, op. cit., p. 540.

(206) Covarrubias, op. cit., p. 643 a.

> *Todo cuanto hablan no es otro fin sino por sacar*
> *de aquí y de allí con sus palabras lo más que pueden;*
> *y pues aquéste es su oficio, no intentes, señora mía,*
> *lo que no cabe en juizio de discretos, dalles fe al-*
> *guna.* (207)

Cependant, toutes les prédictions de la *Comedia Eufemia* se révèlent finalement exactes et la servante qui tient ces propos vient de voir
avec stupeur quelques-uns de ses larcins étalés au grand jour. Ici, ce
qui l'anime, c'est le désir de rassurer sa maîtresse, car la Gitane a prédit qu'un danger menaçait le frère de celle-ci.
    La Gitane de la *Comedia Aurelia* de Timoneda tombe juste, éga-
lement, lorsqu'elle évoque le caractère de sa cliente et prédit l'avenir(208).
    Mateo Alemán souligne le succès que les bonnes aventures des Gita-
nes ont auprès des femmes, et il voit, lui aussi, dans ces pratiques, un
prétexte pour voler :

> *¡ Ved cuál se la dirá quien para sí la tiene mala !*
> *Dícenles mil mentiras y embelecos. Húrtanles por bien o*
> *por mal aquello que pueden y déjanlas para necias, bur-*
> *ladas y engañadas.* (209)

Jerónimo de Alcalá développera, pour sa part, l'idée contenue dans
l'exclamation ironique du Guzmán :

> *¿ Qué ventura puede dar la que siempre anda corri-*
> *da, sin sosiego ni descanso alguno ?, ¿ la que no sabe*
> *de su suerte ni las cárceles en que por la mayor parte*
> *y de ordinario vienen a parar ? Que a saberlo, guardá-*
> *ranse y estorbaran innumerables afrentas y trabajos en*
> *que cada día las vemos.* (210)

Dans *El arenal de Sevilla*, de Lope de Vega, don Lope est très méprisant pour les diseuses de bonne aventure :

> *Todas estas ignorantes*
> *viven con aquesta flor.* (211)

Et, dans *La Gitanilla de Madrid*, de Solís, c'est Preciosa elle-
même qui démystifie sa divination :

> *Mas dejemos disparates,*

---

(207) Lope de Rueda, Comedia Eufemia, ed. cit., p. 63.

(208) J. de Timoneda, op. cit., pp. 356-357.

(209) Mateo Alemán, op. cit., IIa parte, lib. I, cap. III, p. 122; lib. III,
cap. VII, p. 111.

(210) J. de Alcalá, op. cit., p. 548 b.

(211) Lope de Vega, El arenal de Sevilla, ed. cit., p. 540 a.

> *que zólo el vulgo creyó*
> *que le he de dezir verdad.*
> *Todaz eztaz rayaz zon*
> *zeñalez de que la mano*
> *muchaz vezez ze cerró.* (212)

On se souvient que la Preciosa de Cervantes dit, pour rassurer sa cliente :

> *No llores, señora mía;*
> *que no siempre las gitanas*
> *decimos el Evangelio.* (213)

Ce "no siempre" est une note d'humour bien cervantin; lorsqu'on connaît l'attitude de l'auteur au sujet de la sorcellerie; lorsqu'on se souvient qu'il a écrit dans le *Coloquio*, au sujet de la Camacha :

> *Todas estas cosas y las semejantes son embelecos,*
> *mentiras o apariencias del demonio.* (214)

Nous avons dit, tout à l'heure, que la "bonne aventure" était une façon détournée de demander l'aumône. Les deux choses sont souvent étroitement liées, comme dans un "auto sacramental" de Felipe Godínez, qui nous présente également une danse en l'honneur du Saint Sacrement :

> Sale una dança de Gitanos y Gitanas cantando y baylando.

> MUS.   *Dad, señor hidalgo de la cara linda.*

> GITANO   *Juan Polido, Juan Polido,*
> *ojos garçoz, cara linda,*
> *dale por amor de Dios*
> *limosna a esta gitanilla.*
> *Ponme, la cara de rosa,*
> *aquí algo por tu vida.*
> *Verás cómo yo te digo*
> *si has de tener buena dicha.* (215)

De toutes façons, avant de commencer leurs prédictions, les Gitanes ne manquent pas de réclamer une pièce de monnaie pour faire le signe de la croix dans la main de la personne qui les consulte, et cette pièce, qui sert de salaire, disparaît aussitôt dans la bourse des magiciennes.

Pourquoi le signe de la croix ? La croix figure sur les pièces de monnaie depuis le Moyen Âge, soit réellement comme sur les "cruzados"

---

(212) A. de Solís, op. cit., p. 64 a.

(213) Cervantes, La Gitanilla, ed. cit., p. 30.

(214) Id., El coloquio..., ed. cit., p. 309.

(215) F. Godínez, El premio de la limosna y rico de Alejandría, Navidad de Corpus Christi, 1664. Manuscrito B.N. Madrid, fol. 147 b.

de Henri II et ceux du Portugal, soit en apparence comme dans les deux bar-
res qui divisent en quatre parties l'écusson et qui ont fait baptiser "cruz"
le côté pile des autres pièces. Mais le signe de la croix, c'est-à-dire,
ici, un simple geste en forme de croix, est très fréquemment associé aux
pratiques "magiques" des Gitanes (216). Il s'agit d'un des nombreux emprunts
de la magie courante à la liturgie chrétienne, avec les bénédictions, les
invocations, les prières, l'utilisation de l'eau bénite, etc. Toutefois, les
Gitanes semblent insister particulièrement sur ces aspects rassurants de
la magie, sans doute pour échapper aux accusations de connivence avec le
diable.

On a déjà vu que, pour mendier, les Gitans prenaient soin de montrer qu'ils étaient chrétiens. Cette préoccupation demeure, car les Gitans
resteront toujours suspects aux yeux de l'Eglise. Dans *El arenal de Sevilla*,
de Lope, l'un des personnages surpris par les révélations de la fausse Gitane s'écrie :

> *Si no hiciera cruz, creyera,*
> *oyendo cosas tan graves,*
> *que era demonio.* (217)

D'après J. de Alcalá, en général, pour faire "la croix" les Gitanes
se contentent de menue monnaie : un "cuarto", ou un "real" (218). Dans *El
arenal de Sevilla*, Lucinda reçoit un "real de a dos" (219). La Preciosa de
Cervantes semble plus exigeante : elle prétend qu'avec une monnaie de cui-
vre la bonne aventure ne vaut rien; il lui faut un écu d'or, ou un réal de
huit, à la rigueur de quatre. Elle sait se contenter, cependant, d'un dé
en argent (220). La Preciosa de Solís fait sa croix avec un doublon (221).
Quant à Gongora, il affirme :

> *Miran de la mano*
> *la palma que lleva*
> *dátiles de oro.*
> *La que no, no es buena.* (222)

En ce qui concerne les thèmes de nos bonnes aventures littéraires,
il faut tout de suite distinguer les oeuvres où la bonne aventure est intégrée à l'action, de celles où elles ne sont qu'un ornement indépendant.

On peut ranger dans la première catégorie la bonne aventure de la
Comedia Aurelia, de Timoneda, et celle de la *Comedia Eufemia*, de Lope de
Rueda.

Le thème de ces deux prédictions présente un point commun. Dans les

---

(216) Bernard Leblon, Les Gitans d'Espagne..., op. cit., pp. 931-935.

(217) Lope de Vega, El arenal de Sevilla, ed. cit., p. 538 c.

(218) J. de Alcalá, op. cit., p. 548 b.

(219) Lope de Vega, El arenal de Sevilla, ed. cit., p. 538 b.

(220) Cervantes, La Gitanilla, ed. cit., pp. 28-29.

(221) A. de Solís, op. cit., p. 64 a.

(222) Góngora, op. cit., p. 152.

deux cas, la Gitane apporte des nouvelles du frère de l'héroïne. Les nouvelles sont bonnes dans le premier cas, où il est également question d'un
trésor caché; elles sont mauvaises dans la "comedia" de Rueda, où, de plus,
la bonne aventure agit comme un ressort de l'action. C'est grâce aux révélations de la Gitane que Eufemia ira sauver son frère, victime d'une sombre
machination.

On peut faire entrer dans la même catégorie les prédictions de la
fausse Gitane, dans *El arenal de Sevilla*. Lucinda se sert, en effet, de ce
déguisement pour tenter de retourner une situation défavorable. Elle intrigue ses interlocuteurs car elle connaît leur nom, et les situations dans
lesquelles ils sont impliqués. Les thèmes, ici, sont essentiellement amoureux.

Dans la "comedia" de Timoneda et dans celle de Rueda, les thèmes
traditionnels voisinent avec ceux qui ont trait à l'action. Ainsi, dans
Aurelia, la Gitane révèle un trait de caractère de son interlocutrice et
celle-ci, pour lui tendre un piège, lui demande :

> *¿ Seré otra vez casada ?* (223)

La Gitane de la *Comedia Eufemia* est également soumise à une épreuve. Devant l'incrédulité et l'hostilité de la servante, elle fait, au sujet de cette dernière, quelques révélations fort embarrassantes. Très
ébranlée, Cristina demande à son tour :

> *¿ Y de mí no me dizes nada, si seré casada o sol-
> tera ?*

Ce qui lui vaut cette réponse très ironique de la Gitane :

> *Muger serás de nueve maridos y todos vivos; ¿qué
> más quieres saber ?* (224)

Le mariage est le thème principal de toutes les bonnes aventures
indépendantes d'une intrigue. C'est surtout aux jeunes filles que s'adressent les Gitanes, et à quoi peuvent rêver les jeunes filles ?; quel est
leur principal sujet d'inquiétude, à une époque où il est d'usage que les
parents marient leurs enfants sans même les consulter ? Dans *Pedro de Urdemalas*, Cervantes nous fait assister à une autre coutume superstitieuse
destinée à conjurer cette inquiétude. On y voit une jeune paysanne passer
la nuit de la Saint Jean cheveux au vent et les pieds dans une bassine
pleine d'eau. Le premier nom entendu sera celui de son futur époux.

Dans une pièce sans intrigue, comme la *Farça das Ciganas*, de Gil
Vicente, le mariage est bien le thème essentiel :

> *Tu haz de cer dezpozada
> en Alcázar de Zal
> con hombre bien principal;*

---

(223) J. de Timoneda, op. cit., p. 355.

(224) Lope de Rueda, op. cit., p. 59.

te veráz bien empleada.
....
Tú cazaráz en Viseu
y ternáz hornoz de tella.
....
Flosanda cazarás,
aquesto ano que vem,
en Santiago de Cacêm.
....
Tú cazarás en Alvito,
ciñura, marido rico.
....
Buen marido, buen marido
na Landera,cazaráz,
nunca te arrepentiráz. (225)

Dans l'*Auto da festa*, le mariage est englobé dans le thème plus général de l'amour :

Tres maridos as de tener,
y de todos muy amada;
e de uno as de ser
mucho mucho desseada,
mas pero no te ha de aver.

Tú, galán muy mesurado
y preciado,
¡ Oh !,¿ qué cosa te diré ?
Tú andas muy namorado
de una dama que yo sé. (226)

C'est sur le mode ironique que sont évoqués les trois mariages dans l'*Aucto del finamento de Jacob* :

Zeráz trez vezes cazado
y de todaz tres cornudo,
manso y bienaventurado. (227)

Ici, on voit apparaître, au passage, le thème du cocufiage, comme dans *La farsa llamada Ardamisa*, de Negueruela :

Y más te diré, si quierez saber,
que los tuz higicos, al tiempo que mueraz,
no llorarán el padre de veraz,
que padrez ternán a tu desplazer.
Conçuélame ya, pues t'he hecho çaber
lo que por ti veráz bien provado. (228)

---

(225) Gil Vicente,   <u>Farça das Ciganas</u>, ed. cit., pp. 223-236.

(226) <u>Id</u>., <u>Auto da festa</u>, ed. cit., pp. 140-141.

(227) <u>Aucto del finamento de Jacob</u>, ed. cit., p. 208.

(228) D. de Negueruela, <u>op. cit</u>., p. 23.

Ce thème classique dans la littérature de l'époque est tout à fait typique des bonnes aventures gitanes puisque, dès 1427, le Bourgeois de Paris consigne dans son *Journal* que les Gitanes sèment la brouille dans les ménages en disant aux maris : "Ta femme t'a fait cocu" ou aux femmes : "Ton mari t'a trompée".

On retrouve le thème amoureux dans *La farsa llamada Ardamisa* de Negueruela :

> *Pues más te diré, si quieres oyr,*
> *qu'estás del amor muy mal abrazado.* (229)

La bonne aventure anonyme, intégrée aux *Romances de Germanía* de Juan Hidalgo, prédit notamment :

> *Tres Juanas y un Pedro*
> *penan por tu causa;*
> *casarás dos veces,*
> *serás bien casada.* (230)

Le thème de la bonne aventure de la Preciosa de Solís est très sentimental :

> *Muchoz te quieren, y a ti,*
> *entre uno y otro amador,*
> *como la hojita en el árbol,*
> *ze te anda el corazón.* (231)

Enfin, bien que s'adressant à une femme mariée, la "Gitanilla" de Cervantes réussit à introduire le thème du mariage :

> *Enviudarás, y otra vez,*
> *y otras dos, serás casada.* (232)

Tandis que la bonne aventure de l'"auto sacramental" de Juan de Luque chante, comme il se doit, le bonheur de l'amour conjugal :

> *Mueztra el pan cara de roza.*
> *... Muchos bienez de mí oyrás;*
> *dame eza mano galana.*
> *Muy buena ventura tienez:*
> *erez cazada, y te quiere*
> *tu ezposo tanto que muere*
> *por dexarte muchos bienez.*
> *Es lindo como laz florez*

---

(229) *Ibid.*

(230) Juan Hidalgo, <u>Romances de Germanía</u>, Madrid, 1779, p. 224.

(231) A. de Solís, <u>op. cit.</u>, p. 64 a.

(232) Cervantes, <u>La Gitanilla</u>, ed. cit., p. 30.

> tu dueño, y querido esposo,
> gallardo, galán, hermoso,
> todo graciaz, y primorez.
> Date por verte compuesta
> ajorcaz, y anilloz de oro.
> De ti fía zu tezoro,
> por él todoz te hazen fiesta. (233)

Suite logique du mariage, les enfants constituent également un thème important de la bonne aventure. C'est, cependant, un point que Gil Vicente ne développe guère : "muchuz filhuz", "quatro hijoz mucho honradoz" (234).

La bonne aventure anonyme citée plus haut donne, au contraire, des précisions intéressantes :

> Parirás dos hijos,
> le dice la sabia,
> y diráte el uno
> la misa cantada.
>
> Vendrá a ser el otro,
> si se da a las armas,
> capitán, o alférez;
> querránle las Damas. (235)

L'Eglise ou l'armée, c'était un sort facile à prévoir pour les jeunes hidalgos, à une époque où le dicton : "Iglesia, o mar, o casa real" gardait tout son sens. Le héros de Lépante, plus que désabusé au sujet de l'armée lorsqu'il écrit le *Coloquio* et *El licenciado Vidriera*, se contente d'évoquer la carrière ecclésiastique dans la bonne aventure de *La Gitanilla* :

> Tendrás un hijo canónigo;
> ....
> Una hija rubia y blanca
> tendrás, que si es religiosa,
> también vendrá a ser perlada. (236)

Le thème de la fortune est certainement le plus développé, après celui du mariage. Ici, Gil Vicente ne tarit pas de détails, qu'il s'agisse de la situation sociale :

> Tu haz de cer alcaideça
> cierto tiempo en Montemor;

---

(233) Juan de Luque, Auto tercero al Sacramento, dans Divina poesía y varios conceptos a las fiestas principales, Lisboa, 1608, pp. 533-534.

(234) Gil Vicente,   Farça das Ciganas, ed. cit., pp. 234-235.

(235) Juan Hidalgo, op. cit., p. 224.

(236) Cervantes, La Gitanilla, ed. cit., p. 30.

X - Gravure de Jean-Sébastien Le Clerc : "La bonne aventure" (1664).

ou, surtout, des biens : "hornoz de tella", "rico palomar", "doz parez de molinoz", "muchaz carretaz", "tierraz y ganado", "mucho oro", "mucha renta", "dentro en tu naranjal un gran tezoro acharáz".

Il est également question d'un trésor dans l'*Auto da festa* et dans la *Comedia Aurelia*, mais, dans cette dernière pièce, le trésor existe réellement et sera finalement désenchanté.

Dans la bonne aventure anonyme, la Gitane évoque un héritage. De même chez Cervantes :

> *Has de heredar, y muy presto,*
> *hacienda en mucha abundancia.* (237)

Parfois, les biens viennent de la mer, et, il y a là, semble-t-il, allusion au second volet du dicton : la fortune liée au commerce maritime. C'est le cas chez Gil Vicente :

> *Te viene el bien por la mar*

et dans la bonne aventure anonyme :

> *Vendráte por agua*

bien que, dans ce dernier cas, il soit question d'un héritage.

Le thème de la vie apparaît dans l'*Auto da festa*:

> *Y también tienez la vida*
> *muy comprida;*
> *mucho bien as de tener,*
> *luenga vida as de tener,*
> *Dios te la tiene prometida.* (238)

L'*Aucto del finamento de Jacob*, fait allusion à la "ligne de vie" et adopte un ton humoristique :

> *Y esta rraya tan cumplida*
> *que llega azt'acá atráz*
> *ez, Juan Gordo, que zabráz*
> *que tienez tan larga vida*
> *que en tus días moriráz.* (239)

On retrouve ce ton dans *La farsa llamada Ardamisa* de Negueruela, et le thème de la vie traité de la même façon plaisante apparaît au milieu d'une série de lapalissades :

> *Cuerdo çeráz si no fuerez loco;*
> *si no quedaz chico gran hombre az de ser;*

---

(237) <u>Ibid.</u>, p. 30.

(238) Gil Vicente, <u>Auto da festa</u>, ed. cit., p. 139.

(239) <u>Aucto del finamento de Jacob</u>, ed. cit., p. 208.

> *si bivez contento eztaráz a plazer;*
> *si te ama quien amaz amado zeráz;*
> ....
>   *Te quiero dezir*
> *que mientra bivierez no haz de morir;*
> *aznico en tu caza jamáz faltará;*
> *tu cara muger jamáz llorará*
> *tu yda, ni ausencia, ni triste morir.* (240)

De plus, dans cette pièce, il y a un décalage comique entre les sottises que la Gitane dit au Portugais, et l'interprétation, flatteuse à son égard, que celui-ci en donne à l'héroïne.

Sur un mode plus sérieux, la bonne aventure anonyme ajoutée aux *Romances* de Hidalgo fait allusion à la santé, et celle de la "Gitanilla" de Cervantes aux accidents :

> *Guárdate de las caídas,*
> *principalmente de espaldas,*
> *que suelen ser peligrosas*
> *en las principales damas.* (241)

Il est parfois question du caractère du consultant ou de la consultante, comme dans l'*Aucto del finamento de Jacob*

> *... herez un poco zeloso,*
> *maliziozo y embidiozo;*
> *zi otro ez faborezido,*
> *luego tu eztáz sozpechozo.* (242)

ou chez Timoneda :

> *Un poquillo erez bravita,*
> *luego luego ze te quita.* (243)

Ce détail a visiblement été adapté par Cervantes dans *La Gitanilla*

> *Eres paloma sin hiel;*
> *pero a veces eres brava*
> *como leona de Orán,*
> *o como tigre de Ocaña.*
> *Pero en un tras, en un tris,*
> *el enojo se te pasa,*
> *y quedas como alfiñique,*
> *o como cordera mansa.* (244)

---

(240) D. de Negueruela, op. cit., p. 23.

(241) Cervantes, La Gitanilla, ed. cit., p. 31.

(242) Aucto del finamento de Jacob, ed. cit., p. 208.

(243) J. de Timoneda, op. cit., p. 356.

(244) Cervantes, La Gitanilla, ed. cit., p. 30.

Il faut ranger dans une catégorie particulière les bonnes aventures qui ont un thème historique ou religieux. C'est le cas, dans trois pièces de Lope de Vega : *El tirano castigado*, où la Gitane annonce la naissance du Christ; *La vuelta de Egipto*, où elle prédit sa vie, et *El primer rey de Castilla* où la prédiction porte sur l'histoire de l'Espagne.

On pourra trouver d'autres bonnes aventures dans un certain nombre d'oeuvres qui n'ont pas été citées ici, en particulier dans deux "entremeses", *La hija del doctor* et *El alcalde engitanado*; dans deux "mojigangas", celle de *La Gitanada*, et une autre, sans titre, qui accompagnait la représentation de *El mágico prodigioso* de Calderón en 1685; dans la saynète qui a pour titre *La Gitanilla honrada*; où deux "bailes" intitulés l'un et l'autre *La Gitanilla*; dans une "zarzuela" qui porte le même titre; dans *Don Álvaro o la fuerza del sino* du duc de Rivas, etc.

Nous avons vu, en parlant du langage, qu'il existait un style particulier pour les bonnes aventures et nous en avons cité quelques caractéristiques : répétitions, accumulations, exclamations, diminutifs et surtout l'inévitable expression "cara de". Il faut mentionner aussi un savant dosage de précisions et de formules très vagues, souvent mystérieuses. Par exemple, chez Vicente :

> *Unaz personaz t'ayudan*
> *a una coza que quierez;*
> *estáz çon dambas mugerez*
> *y otraz doz te dezayudan.* (245)

Dans la *Comedia Eufemia* de Lope de Rueda, après avoir déclaré :

> *Una persona tienes lexos de aquí que te quiere*
> *mucho,*

la Gitane se refuse à en dire davantage :

> *Yo, señora, no sé mas.* (246)

Cervantes excelle dans ce genre en demi-teintes. A propos du fils chanoine, il ajoute :

> *La iglesia no se señala.*
> *De Toledo no es posible.*

Plus loin, il fait dire à Preciosa, avec un type d'humour qui s'apparente à celui de Negueruela :

> *Si tu esposo no se muere*
> *dentro de cuatro semanas,*
> *verásle corregidor*
> *de Burgos o Salamanca.*

---

(245) Gil Vicente,   Farça das Ciganas, ed. cit., p. 235.

(246) Lope de Rueda, Comedia Eufemia, ed. cit., pp. 58-59.

Le texte est émaillé de plaisanteries de ce genre :

> *Más te quiere tu marido*
> *que el Rey de las Alpujarras*
> *. . . . .*
> *Como te mueras primero*
> *que el senor Tiniente, basta*
> *para remediar el daño*
> *de la viudez que amenaza,*

et la prude Preciosa ne recule pas toujours devant une gaillardise :

> *Algo celosita andas,*
> *que es juguetón el Tiniente,*
> *y quiere arrimar la vara.*

    Le comique involontaire est également représenté par le "tigre de Ocaña". Ce genre de déformation populaire amusante qui semble prendre sa source dans le théâtre du XVIème siècle est fréquent, on s'en souvient, dans le langage de Sancho et de maints personnages des "nouvelles" et des "intermèdes".
    La "Gitanilla" de Cervantes mêle subtilement bonnes et mauvaises nouvelles :

> *Cosas hay más que decirte;*
> *si para el viernes me aguardas,*
> *las oirás; que son de gusto,*
> *y algunas hay de desgracias.*

Elle sait ménager un certain suspens :

> *No te lo quiero decir...;*
> *pero poco importa, vaya...*

    Ce dernier procédé se retrouve également dans la poésie anonyme citée plus haut :

> *Vivirás contenta,*
> *aunque te amenazan*
> *dos enfermedades;*
> *mas ya son pasadas.*

    Mais la grande originalité de la bonne aventure, chez Cervantes, c'est de nous permettre de suivre les réactions de la cliente à travers les commentaires de la Gitane :

> *No llores, señora mía;*
> *que no siempre las Gitanas*
> *decimos el Evangelio;*
> *no llores, señora, acaba.*
> *. . . . .*
> *Más de dos ciegos por verle*
> *dieran más de cuatro blancas...*
> *¡ Agora sí es la risica !*

¡ Ay, qué bien haya esa gracia ! (248)

Nous avons vu qu'on assistait, avec les bonnes aventures de Gil Vicente, à la création d'un nouveau genre littéraire qui trouve son plein épanouissement chez Cervantes. Le courant le plus "réaliste" est représenté par Timoneda et Lope de Rueda, mais, en général, l'élément populaire ou folklorique n'est qu'un motif intégré dans une poésie d'une facture assez classique.

Du point de vue de la versification, il n'y a pas de forme fixe. Celle-ci dépend, le plus souvent, du modèle choisi pour le reste de l'oeuvre. C'est le vers octosyllabe qui domine généralement, et, en particulier, la "redondilla", chez Lope de Vega, par exemple.

Dans une bonne aventure détachée de tout contexte comme la poésie anonyme intégrée aux *Romances de Germanía*, l'auteur a choisi le vers de "romance" avec un "estribillo" :

> *Linda buena cara*
> *bien seas llegada;*
> *cara buena linda,*
> *bien seas venida.* (249)

C'est également la forme du "romance" qu'a utilisée Cervantes pour sa bonne aventure, qui s'inscrit dans un contexte en prose.

On peut remarquer que tout a été mis en oeuvre pour donner à ce poème une saveur populaire, même si bien des finesses portent clairement la marque de l'auteur.

e) *La magie*

La bonne aventure est la plus connue des pratiques "magiques" des Gitans, mais on a vu que les lois les accusaient aussi de sorcellerie.

D'après Jeronimo de Alcalá, au XVIIème siècle, les Gitans ont la réputation d'être astrologues et devins; et ceci, en partie, parce qu'on les confond avec les Egyptiens. Les anciens Egyptiens étaient célèbres pour leur science astrologique, et cela s'expliquerait, selon cet auteur, par les rapports qu'ils ont eu avec les Hébreux. En particulier, les Egyptiens auraient eu connaissance des livres du roi Salomon. D'autre part, le climat de l'Egypte est tout à fait propice à l'observation du ciel. Mais les Gitans d'Espagne, s'exclame Alcalá, qu'ont-ils à voir avec tout cela ? :

> *Pero estos nuestros Gitanos, que en su vida vieron*
> *la mar, sino cuando los echan a galeras que si las cum-*
> *plen y no pagan con el pellejo (que es lo más ordinario),*
> *vuelven tales, que más están para un hospital de incura-*
> *bles, que para quedarse de noche al sereno; criados en*
> *un monte, adonde atienden más a buscar de comer que a es-*
> *tudios ni ejercicios de letras ¿de qué lo han de saber?* (250)

(248) Cervantes, La Gitanilla, ed. cit., pp. 29-31.

(249) Juan Hidalgo, op. cit., p. 223.

(250) J. de Alcalá, op. cit., p. 549 a.

Dans son *Don Quichotte* apocryphe, Avellaneda fait allusion aux mages égyptiens. Don Quichotte y offre ses services à la femme du directeur de la troupe de comédiens, pour défendre sa beauté contre

> *Todos cuantos sabios y magos nacen en Egipto.* (251)

Dans la *Farça des Ciganas*, de Gil Vicente, les Gitanes proposent aux jeunes filles de leur vendre des "charmes" pour connaître les pensées de ceux qu'elles regardent, pour transformer la volonté des hommes et, répondant à une préoccupation que nous avons évoquée à propos de la bonne aventure, pour savoir qui sera leur mari et pour connaître la date de leur mariage (252).

Dans l'*Auto da festa*, il s'agit d'une formule magique pour faire venir la personne aimée :

> *Mas si tú hablas comigo*
> *y me tienes poridad,*
> *mira bien lo que te digo :*
> *tu la abráz cedo contigo*
> *mucho a tua voluntad;*
> *mira quanto deprendí,*
> *que con palabras que sé,*
> *que delante te diré,*
> *yo la haré venir aquí,*
> *aunque muy lexos esté.* (253)

Dans *El arenal de Sevilla*, de Lope de Vega, Lucinda propose à ses clientes tout un éventail de sorcelleries :

> *Iré*
> *sin duda, y allá os diré*
> *untos y aceites extraños*
> *para el rostro, para dientes,*
> *para el cabello y las manos*
> *y hechizos que veréis llanos,*
> *para enloquecer las gentes.*
> *Tengo piedras, yerbas, flores,*
> *oraciones y palabras,*
> *nóminas, que quiero que abras,*
> *para secretos de amores,*
> *que te quitarán el seso.* (254)

Dans *El soldado Píndaro* de Gonzalo de Céspedes, on voit une Gitane se livrer à des pratiques "magiques" avec une jeune fille qui cherche à

---

(251) Alonso Fernández de Avellaneda, El ingenioso hidalgo Don Quijote de la Mancha, Tarragona,1614,B.A.E.,t.XVIII,7a parte,cap. XXVII, p. 85 a.

(252) Gil Vicente,   Farça das Ciganas, ed. cit., p. 232.

(253) Id., Auto da festa, ed. cit., p. 139.

(254) Lope de Vega, El arenal de Sevilla, ed. cit., p. 539 a.

capter l'amour du héros. Des complices en profitent pour cambrioler la maison de la jeune fille et la Gitane avoue elle-même que son "charme" n'est qu'un attrape-nigaud :

> *Ni se le puedo dar ni sé otro hechizo que el de mis tropelías y quimeras, con las cuales la voy entreteniendo, ya con varios enredos, ya con varias salidas, que ha emprendido conmigo hasta esta encrucijada, en quien la he persuadido que consiste, a ciertos términos, el tomar punto fijo para la conclusión de sus deseos. Todo ha sido embeleco. (255)*

Dans *La Gitanilla de Madrid*, d' Antonio de Solís, le registre du comte Maldonado renferme un chapitre intitulé :

> *Memoria de las que aprenden*
> *a echar las habas.*

On sait que l'expression qui désignait, au départ, certaine opération magique pratiquée avec des fèves est devenue synonyme de "faire des sortilèges". Un peu plus loin, un autre chapitre du registre est appelé :

> *Cuenta de cuantos embustes*
> *las gitanas hoy celebran,*
> *engañando mentecatos*
> *y mujeres que se precian*
> *de ojialegres. (256)*

Dans l'"entremés" de Cáncer intitulé *Los Gitanos*, qui nous fait visiter les bas-fonds de Madrid, nous assistons à une séance de conjuration et à diverses escroqueries pratiquées par des Gitanes sous le couvert de "magie" (257).
Chez Cervantes, dans *La Gitanilla*, Preciosa donne au père de don Juan une formule magique contre les maux de coeur et les étourdissements :

> *Cabecita, cabecita,*
> *tente en ti, no te resbales,*
> *y apareja dos puntales*
> *de la paciencia bendita.*
> *Solicita*
> *la bonita*
> *confiancita;*
> *no te inclines*
> *a pensamientos ruines;*
> *verás cosas*
> *que toquen en milagrosas,*

(255) G. de Céspedes y Meneses, op. cit., p.337 b.

(256) A. de Solís, op. cit., p. 76 c.

(257) Jerónimo de Cáncer y Velasco, Los Gitanos, dans Antología del entremés, Madrid, 1965, p. 626.

> *Dios delante*
> *y San Cristóbal gigante.*
>
> *—Con la mitad destas palabras que le digan,y con*
> *seis cruces que le hagan sobre el corazón a la persona*
> *que tuviere vaguidos de cabeza —dijo Preciosa—, que-*
> *dará como una manzana.* (258)

On remarque, ici, comme dans la bonne aventure, le rôle détermi-
nant du signe de croix, mais on sait que le procédé employé par Preciosa
pour tirer don Juan de son évanouissement n'avait rien à voir avec cette
formule. Dans la même nouvelle,on voit la vieille Gitane soigner Clemente,
qui vient d'être mordu par les chiens de la troupe :

> *Tomo algunos pelos de los perros, friólos en acei-*
> *te, y, lavando primero con vino dos mordeduras que te-*
> *nía en la pierna izquierda, le puso los pelos con el*
> *aceite en ellas, y encima un poco de romero verde mas-*
> *cado, lióselo muy bien con paños limpios, y santiguóle*
> *las heridas, y díjole :*
> * - Dormid, amigo; que, con el ayuda de Dios, no se-*
> *rá nada.* (259)

Ce remède de bonne femme n'a rien de spécialement gitan, comme le
montre Rodríguez Marín, en faisant référence à *Don Quichotte* et à une pièce
de Lope (260). Cependant, il est exact que les Gitans vendaient des philtres,
des remèdes et des conjurations, parfois en langue tsigane (261).
On peut voir, en tout cas, dans le *Coloquio,*que les véritables sorcières, comme la Camacha, ne sont pas Gitanes. Dans *El licenciado Vidriera*,
ce sont les maléfices d'une "Morisque" qui provoquent la folie du licencié.
Dans *La lozana Andaluza*, les "Zingaras" ou Gitanes sont citées avec les
sorcières "mauresques, juives, grecques et siciliennes" (262). Cependant,
il ne manque pas, en Espagne, d'Andalouses et de Célestines pour pratiquer
leur art, et il existe, à ce sujet, toute une tradition bien antérieure à
l'arrivée des Gitans.
Dans la *Comedia Medora*, de Lope de Rueda, la vieille Águeda et
la Gitane se traitent réciproquement de sorcière, mais c'est bien Águeda qui
envoie Barbarina chercher de l'eau de sept fontaines et la terre de sept sé-
pulcres pour la composition d'un sortilège amoureux. Dans cette pièce, comme
dans bien d'autres témoignages, on peut voir que la véritable spécialité des
Gitanes diffère sensiblement de cette magie-là. Il s'agit, plutôt, d'une habileté particulière à duper les gens crédules.

---

(258) Cervantes, La Gitanilla, ed. cit., p. 61.

(259) Ibid., p. 83.

(260) Ibid., p. 83, notes 6, 7.

(261) F. de Vaux de Foletier, Mille ans..., op. cit., pp. 151-158.

(262) Francisco Delicado, La lozana Andaluza, Venecia, 1528, 3a parte, ma-
motreto LIV, Taurus, 1967, p. 176.

Contrairement aux sorcières, les Gitanes, bien que très supersti-
tieuses, ne croient pas, en général, à leur propres sortilèges et l'avouent
bien simplement, chez Céspedes comme dans la réalité.

La Gitane García de Mira, jugée par l'Inquisition, au Portugal, en
1582, pour avoir fait apparaître l'image d'un défunt sur un papier plongé
dans une bassine d'eau, explique volontiers le phénomène, qui n'avait rien
de surnaturel, on s'en doute. Elle avait utilisé un peu d'alun pour faire
brunir le papier. Là encore, elle avait pris soin de réciter des prières
très catholiques; aussi l'Inquisition se montra-t-elle indulgente et ne
la condamna qu'aux dépens et à rembourser l'argent escroqué (263).

f) *La grande farce*

En fait, la magie des Gitans ressemble davantage à ce qu'ils appellent eux-mêmes : "xonxanó baró", la grande farce, qu'à une véritable sorcellerie.

Seule l'astuce a permis, bien souvent, au Gitan, de subsister dans
un monde foncièrement hostile; et gagner de quoi vivre en bernant le
"Payo", le "Gadžó", le non-Gitan, est un double plaisir. Ces grandes farces
sont de tous les temps. Les meilleures d'entre elles sont passées à la pos-
térité, grâce aux récits des feux de camp, et la littérature nous en a transmis quelques-unes parmi les plus savoureuses.

Dans la *Comedia Medora*, de Lope de Rueda, le laquais Gargullo
est victime de la ruse d'une Gitane, et cet épisode de la pièce dut avoir
un grand succès comique, puisqu'on l'en a séparé pour former le "paso" intitulé *La Gitana ladrona*. La Gitane, qui feint de ne pas s'apercevoir de la
présence de Gargullo, évoque une bourse qu'elle vient, dit-elle, de voler
et qui contient un véritable trésor. Lorsque Gargullo, alléché, intervient,
la Gitane lui propose le partage. Mais il faut d'abord cacher la bourse et
patienter jusqu'à ce que la justice ait abandonné ses recherches. En attendant que tout danger soit écarté, la Gitane demande à son complice de lui
prêter un peu d'argent. Gargullo s'exécute généreusement; il lui remet un
écu, une chaîne d'or et sa cape. Après le départ de la Gitane, il se met à
échafauder des rêves sur son trésor, comme Perrette sur son pot au lait.
Lorsque, n'y tenant plus, il ouvre la bourse, il n'y trouve que des morceaux
de charbon (264).

Dans un épisode du roman de Jerónimo de Alcalá, visiblement inspiré
par le *Guzmán de Alfarache*, c'est également une bourse qui est utilisée par
Alonso et son complice gitan, pour duper un curé. Alonso fait croire à ce
dernier qu'il a trouvé l'objet et qu'il veut le remettre à son propriétaire.
Le curé annonce la trouvaille après la messe. Le Gitan apparaît alors et
réclame sa bourse. Le curé vante la grande honnêteté d'Alonso qui va recueillir quantité d'aumônes (265).

Dans le même roman, Jerónimo de Alcalá raconte une farce, beaucoup
plus typique, faite par une Gitane à une riche veuve. Elle lui fait croire
qu'elle a un trésor caché dans sa cave. Il ne pourra être désenchanté que

---

(263) A. Coelho, op. cit., pp. 177-178.

(264) Lope de Rueda, Comedia Medora, p. 321, sq. Cf. Paso de la Gitana ladrona, dans Pasos completos, Madrid, Taurus, 1966, pp. 203-209.

(265) J. de Alcalá, op. cit., pp. 550-551.

la veille de la Saint Jean, soit cinq jours plus tard. En attendant, la Gitane demande à la veuve de préparer quelques ingrédients nécessaires à l'opération : six bougies ainsi que des bijoux et des pièces de métal précieux, "car l'or appelle l'or et l'argent appelle l'argent". Le jour de la conjuration arrivé, la Gitane revient avec une compagne. Elles descendent à la cave, disposent en cercle les bougies et au centre un pot d'argent, quelques bijoux et quelques pièces de monnaie. Elles vont jusqu'à imiter la voix de Saint Jean enfant, pour mieux convaincre leur victime; puis, elles demandent à celle-ci d'aller chercher quelques vêtements, car la dernière opération magique exige un changement de costume. Pendant que la veuve s'exécute, les deux Gitanes s'éclipsent en emportant les objets de valeur préparés pour l'exorcisme (266).

C'est une farce du même type que Cervantes raconte dans *La Gitanilla*. La victime en est un bonnetier sévillan du nom de Triguillos. Suivant les conseils de la vieille Gitane, le pauvre homme, tout nu, plongé jusqu'au cou dans une jarre pleine d'eau et une couronne de cyprès sur la tête, attend minuit pour aller déterrer son trésor. Dans sa hâte, en entendant sonner matines, il se précipite, renverse sa jarre, s'imagine qu'il se noie et ameute tout le quartier (267).

Dans ce cas, comme chez Alcalá, les voisins raillent la crédulité de la victime et louent l'astuce de la Gitane. Le génie de Cervantes a fait de cette farce burlesque un petit chef-d'oeuvre de comique, mais l'escroquerie au trésor caché a été maintes fois pratiquée dans la réalité et les procès d'Inquisition nous en fournissent plusieurs exemples assez typiques (268).

Il est certain que les trésors,"enchantés" ou non, et leur conjuration ou découverte, appartiennent à une tradition antérieure aux Gitans. Dans l'*Auto da festa*, de Gil Vicente, le trésor aurait été abandonné par un roi maure :

> *Vivirás muy descansada,*
> *y si me das prata, o oro,*
> *descobrir-te-he un thesoro*
> *qu'está dentro en tu posada*
> *que quedó de un rey Moro.* (269)

Dans la *Comedia Aurelia* de Timoneda, la Gitane se borne à prédire la découverte du trésor, mais n'intervient en rien dans sa conjuration, et dans *La Gitana ladrona* de Rueda, Gargullo fait allusion à des pratiques de conjuration qui ne doivent rien aux Gitans :

> *Ea, vecinos, los que andáis haciendo cercos y conjuros por hallar los escondidos tesoros, acudí al venturosísimo Gargullo, el cual hoy sin cerco ni conjuro y sin hábito de nigromante descubrirá un tal tesoro con que remanezca rico para todos los días de su vida.* (270)

---

(266) Ibid., p. 549.

(267) Cervantes, La Gitanilla, ed. cit., pp. 95 sq.

(268) Bernard Leblon, Les Gitans d'Espagne..., op. cit., pp. 883-884.

(269) Gil Vicente, Auto da festa, ed. cit., p. 142.

(270) Lope de Rueda, La Gitana ladrona, ed. cit., p. 208.

Arrivant à une époque où les richesses cachées pouvaient être une réalité et où la croyance aux trésors enchantés était très répandue, les Gitans tirent parti de cette situation en mettant sur pied une farce bien digne de leur astuce légendaire. Les éléments de la conjuration sont empruntés à la magie traditionnelle, comme le cercle magique que les sorcières tracent sur le sol pour invoquer le diable et dans lequel ne peuvent entrer que des métaux nobles, l'or ou l'argent. C'est à ce cercle que fait allusion, ici, Gargullo, et on en trouve un écho dans la conjuration gitane de Jerónimo de Alcalá. La conjuration de Triguillos, dans *La Gitanilla* rappelle davantage la coutume superstitieuse citée par Cervantes lui-même, dans *Pedro de Urdemalas*, et à laquelle se soumet Belisa, la nuit de la Saint Jean, pour connaître le nom de son futur mari.

Bien que christianisée, la Saint Jean reste et restera longtemps liée à des rites païens, et c'est aussi cette nuit-là que les Gitans de Jerónimo de Alcalá conjurent leur trésor.

Quant à Pedro de Urdemalas, il organise avec la complicité du Gitan Maldonado une farce qui pourrait être gitane, bien qu'elle se place sur un terrain que les Tsiganes n'abordent pas sans appréhension : celui de la nécromancie. Déguisé en âme du purgatoire, Pedro va réussir à extorquer la fortune d'une veuve riche et avare sous prétexte de lui faire racheter les âmes de ses défunts (271).

g) *Le maquignonnage*

Le dressage, le maquillage et le trafic des chevaux, ânes ou mulets sont également un domaine dans lequel les Gitans ont dépensé des trésors d'ingéniosité, à tel point que, si l'on en croit Covarrubias, leur nom était devenu synonyme de "maquignon" :

> *Dezimos a alguno ser gran gitano, quando en el comprar y vender, especialmente bestias, tiene mucha solercia e industria. Gitanería, qualquiera agudeza o presteza hecha en esta ocasión, porque los gitanos son grandes trueca burras, y en su poder parecen las bestias unas cebras, y en llevándolas el que las compra, son más lerdas que tortugas.* (272)

Fernández de Córdova (273) et Sancho de Moncada appellent les Gitans "abigeos" ou voleurs de chevaux, et ce dernier déclare notamment :

> *Aunque son inclinados a todos hurtos, el de las bestias i ganados les es más ordinario; i por esto los llama el derecho Abígeos, i el Español quatreros, de que resultan grandes daños a los pobres labradores; i quando no pueden robar ganados, procuran engañar con ellos, siendo terceros en ferias i mercados.* (274)

---

(271) Cervantes, Pedro de Urdemalas, ed. cit., p. 643.

(272) S. de Covarrubias, op. cit., p. 643 a.

(273) F. Fernández de Córdova, op. cit., p. 405.

(274) S. de Moncada, op. cit., p. 207.

Dès 1586, les Cortès cherchent à réglementer le commerce des chevaux ou d'autres marchandises auquel les Gitans se livrent sur les marchés (275). En 1609, l'Assemblée propose d'interdire aux Gitans le trafic
des chevaux et même leur utilisation pour des besoins personnels (276).
Les rapports se font de plus en plus précis, et celui du 8 novembre 1610
demande :

> *Que por ninguna causa no puedan tratar, comprar*
> *ni vender ni caminar con cabalgaduras, ni tenerlas en*
> *sus casas, y hallándoles con ellas sean perdidas, apli-*
> *cándolas a quien pareciere convenir, porque quitándo-*
> *les esto no podrían hurtarlas.* (277)

Et le 24 décembre suivant, c'est la peine de mort qui sera proposée
contre les Gitans qui se livrent au commerce de chevaux (278). Répétée en
1612 et en 1618, la proposition des Cortès prendra force de loi en 1619 (279).
Entre 1633 et 1695, la loi est un peu adoucie, mais les Gitans ne peuvent
se rendre sur les marchés ni vendre leurs chevaux, ânes ou mulets, sans une
attestation signée par un greffier et prouvant que les bêtes ont bien été
élevées au domicile du vendeur (280).

A partir de 1695, les mesures redeviennent plus sévères : de nouveau
on interdit aux Gitans de posséder des chevaux. Les bêtes seront confisquées
et les propriétaires condamnés à deux mois de prison. Quant à ceux qui participent aux foires et se livrent au trafic de bestiaux, ils sont passibles
de six ans de galères (281). Enfin, la loi de 1783, qui rend les Gitans pratiquement égaux en droit aux autres citoyens et leur ouvre la plupart des métiers qui leur étaient prohibés jusque-là, continue, toutefois, à leur interdire celui de tondeur et le trafic sur les foires et les marchés (282).

Cependant, comme le souligne Martínez Alcubilla, dans son *Diccionario de la Administración española*, ces interdictions resteront pratiquement
sans effet :

> *Diferentes leyes se hallan en nuestros códigos con*
> *el objeto de obligar a los gitanos a fijar su residencia*
> *y tomar oficio, imponiéndoles graves penas; pero a pesar*
> *de todos los esfuerzos de los legisladores, jamás se*
> *consiguió que se ocupasen en otras cosas que en el trá-*
> *fico de bestias y en el oficio de esquiladores, con muy*
> *raras excepciones.* (283)

---

(275) Actas de las Cortes de Castilla, t. IX, p. 444.

(276) Ibid.

(277) Ibid., t. XXVI, pp. 163-165.

(278) Ibid., p. 291.

(279) Ibid., t. XXVII,p.378; t. XXXII,p.118; t. XXXIV, p. 109, 325.

(280) Novísima Recopilación, tit. XVI, leyes 5,6, pp. 570-571.

(281) Ibid., ley 7, p. 572.

(282) Ibid., ley 11, p. 578.

(283) Marcelo Martínez Alcubilla, Diccionario de la Administración española,
Madrid, 1893, t. V, p. 216.

XI - Gitan maquignon.

Le nombre et la sévérité des lois qui concernent le maquignonnage et l'échec final de toutes ces mesures prouveraient, s'il en était besoin, l'existence d'affinités particulières qui poussent les Gitans vers tous les métiers en rapport avec les équidés.

On pourrait en dire autant de l'abondance des témoignages littéraires. Dans la *Farça das Ciganas*, dont le thème principal est la bonne aventure, Gil Vicente a tout de même introduit cinq maquignons gitans qui viennent faire l'article :

> *¿ Cuál de vuzotroz, siñures,*
> *trocará un rocín mío,*
> *rocín que huve d'un judío*
> *ahora en pascua de flores ?*
> *Y tiengo dos especialez*
> *cavalloz buenos. ¿ Qué talez ?*

Un certain humour n'est pas absent de ces marchés et l'auteur laisse entendre que ses personnages ne proposent pas que des bonnes affaires :

> *¡ Oh ! ceñurez cavalleros,*
> *mi rocín tuerto os alabo,*
> *porque es calçado'n el rabo,*
> *zambo de los piez trazeros.*
> *Tiene el pecho muy hidalgo*
> *y cocea al cavalgar.*
> *. . . . .*
> *Ciñurez, ¿ queréis trocar*
> *mi burra vieja a un galgo ?* (284)

L'auteur de *La pícara Justina*, qui semble s'y entendre lui aussi en maquignonnage, fait expliquer par son héroïne pourquoi les Gitans ont une prédilection pour les ânesses :

> *A un caballo, nunca le falta un remiendo en el pelle-*
> *jo, a una mula, unos pelos en la bragadura, a un rocín,*
> *una estrella; mas las burras todas parecen que salen por*
> *un molde, y cuando sea alguna la diferencia, que con*
> *lodo seco, que   con trasquilarlas, se desconocen*
> *más   que   Urganda la desconocida sin que aya Vargas*
> *que lo averigüe, ni Ronquillo que lo sentencie, y así*
> *verán que el gitano por la mayor parte trata en burras,*
> *por ser hurto enaveriguable.* (285)

Dans le roman de J. de Alcalá, lorsque Alonso rencontre les Gitans, la première réaction de ces derniers est de lui demander où est son âne; et dans le *Marcos de Obregón* de Vicente Espinel, l'un des Gitans rencontrés dans la Sierra de Ronda provoque la frayeur du héros en saisissant brusquement le mors de sa monture et en s'écriant :

> *Ya ha cerrado, mi ceñor.* (286)

· (284) Gil Vicente,   Farça das Ciganas, ed. cit., pp. 230-231.

(285) La pícara Justina, IIa parte, cap. IV, n°11, Barcelona, Sopena, 1960, p.187.

(286) Vicente Espinel, op. cit., p. 417.

Un coup d'oeil a suffi au Gitan pour examiner la denture de l'animal et pour se rendre compte de son âge approximatif.

De même, dans *La Gitanilla*, lors de l'arrivée d'Andrés au campement des Gitans, ceux-ci s'intéressent aussitôt à sa mule, une jeune bête qui, elle, ne rase pas encore. Les Gitans se voient déjà en train de la vendre au marché de Tolède, et devant l'opposition d'Andrés, qui veut faire disparaître toute trace de sa monture, ils lui proposent de la rendre méconnaissable :

> *Por Dios, señor Andrés —dijo uno de los Gitanos— que aunque la mula tuviera más señales que las que han de preceder al día tremendo, aquí la transformaremos de manera, que no la conociera la madre que la parió, ni el dueño que la ha criado.* (287)

Cervantes fait allusion à la même habileté dans le *Coloquio*, lorsqu'il nous raconte l'histoire savoureuse du Gitan qui réussit à vendre deux fois le même âne au même paysan. Entre les deux ventes, le Gitan a pu voler l'animal, et l'a débarrassé d'une longue queue postiche qui le transformait complètement (288).

Dans *Marcos de Obregón*, Vicente Espinel nous raconte également l'histoire d'un mulet métamorphosé grâce à l'astuce de maquignons gitans. Il commence par évoquer les boniments du vendeur :

> *Unos gitanos estaban vendiendo un macho, muy hechas las crines y el tranzado de atrás, con su enjalma y demás aderezos, encareciendo la mansedumbre y el paso con mil embelecos de palabras. Hacía el gitano mil jerigonzas sobre el macho, de manera que tenía ya muchos golosos que le querían comprar.* (289)

Puis, il traduit l'étonnement du propriétaire qui hésite à reconnaître sa bête :

> *¿ Es posible que sean estos gitanos tan grandes embusteros que en menos de veinte y cuatro horas hayan hecho este macho de enjalma, y le hayan disfrazado de manera, que me ha puesto en duda el conocimiento dél, y que lo hayan hecho más manso que una oveja, siendo peor que un tigre, y que no tengo yo modo para cobrarlo manifestando mi justicia ?* (290)

Pour achever de tromper ses clients, le Gitan exhibe un faux acte de vente. Le pelage et la queue de l'animal ont été rafraîchis; quant à sa fougue naturelle, deux litres de vin, ingérés de gré ou de force, en sont venus à bout.

---

(287) Cervantes, La Gitanilla, ed. cit., p. 64.

(288) Id., El coloquio..., ed. cit., pp. 314-316.

(289) Vicente Espinel, op. cit., p. 411 a.

(290) Ibid.

Cervantes évoque, pour sa part, un procédé qui tend au contraire à rendre les bêtes un peu plus fringantes, en leur versant du mercure dans les oreilles. Il en est question dans *La ilustre fregona*, quand Carriazo, devenu Lope Asturiano cherche à acheter un âne :

> *Un gitano anduvo muy solícito por encajalle uno*
> *que más caminaba por el azogue que le había echado en*
> *los oídos que por ligereza suya.* (291)

On lui conseille aussitôt de ne pas acheter de bêtes aux Gitans :

> *Porque aunque parezcan sanas y buenas, todas son*
> *falsas y llenas de dolamas.* (292)

Lorsque don Quichotte s'étonne de la rapidité avec laquelle Sancho est allé au Toboso remettre sa lettre à Dulcinée, et suppose qu'il y a là une intervention magique, son écuyer fait allusion au vif-argent :

> *Así sería —dijo Sancho—; porque a buena fe que*
> *andaba Rocinante como si fuera asno de gitano con azo-*
> *gue en los oídos.* (293)

On trouvera une allusion à la même pratique dans *La serrana de la Vera*, de Lope de Vega :

> *Hoy echaron mis hermanos*
> *a dos propuestos maridos*
> *azogue por los oídos,*
> *como a bestias de Gitanos.* (294)

Pendant son séjour chez les Gitans, le héros de J. de Alcalá apprend le métier de maquignon et deviendra bientôt plus fort que ses maîtres :

> *Yo pues aprendí a echar azogue en los oídos de*
> *los jumentos que habíamos de vender, limarlos los dien-*
> *tes, y arrancar algunos como tuviese necesidad, volvién-*
> *dole de ocho años a tres o cuatro.* (295)

Un auteur du XIXème siècle, Campuzano, mentionne encore l'habileté des Gitans à maquiller leurs chevaux :

> *Dedicándose estos a hacer canastas, esquilar bu-*

---

(291) Cervantes, La ilustre fregona, Clás. cast., I, p. 287.

(292) Ibid., p. 288.

(293) Id., Don Quijote, I, XXI, p. 1365.

(294) Lope de Vega, La serrana de la Vera, dans Obras, B.A.E., t. XXV, vol. CCXXIII, p. 186 b.

(295) J. de Alcalá, op. cit., p. 549.

> *rros, u a la venta y compra de caballerías; para esta*
> *última industria son tan consumados, que un jaco que se*
> *está cayendo muerto, bien por enfermedad, o bien por ve-*
> *jez, manejado por ellos, aparece sano y lleno de viva-*
> *cidad; engañando con sus ardides al poco avisado compra-*
> *dor, que luego que tiene el animal en su casa suele en-*
> *contrarle los dientes postizos, y mataduras cubiertas*
> *con un pedazo de otra piel imitada a la suya y cosida*
> *como un remiendo, pero todo tan bien disimulado, que*
> *suele engañar a los más avisados.* (296)

Les diverses activités des maquignons gitans continueront jusqu'à
nos jours à alimenter un thème littéraire apparemment inépuisable. On peut
citer, à titre d'exemples, les scènes "costumbristas" décrites par Blasco
Ibáñez dans *La horda* (297), celles de *La feria de Mairena* de Rodríguez
Rubí (298), de *La feria de Sevilla* de Mas y Prat (299), les miracles réali-
sés dans les grottes du Sacromonte, évoqués par Palacio Valdés dans *Los
cármenes de Granada* (300), et enfin *La Húngara* de Rafael Alberti, citée
plus haut (301).

h) *La forge*

Lorsqu'ils ne sont pas maquignons, ou tondeurs, les Gitans du Siècle d'Or sont forgerons.

Ont-ils forgé les boulets de fer utilisés par les Rois Catholiques
contre les Maures de Grenade, en 1491, comme l'affirment Francisco de Sales
Mayo (302), Tineo Rebolledo (303) —qui s'inspire visiblement du premier —,
et, après eux, Walter Starkie (304) ? Ce n'est pas impossible et l'on sait
qu'en Hongrie, au XVème et au XVIIème siècles, il y avait des armuriers tsiganes (305), mais rien ne le prouve !. Fernández de Córdova est laconique
au sujet des forgerons gitans :

Viri quandoque ferrariam exercent artem. (306)

---

(296) Ramón Campuzano, Orijen, usos y costumbres de los Jitanos, y diccionario de su dialecto, 2a ed., Madrid, 1851, p. XXV.

(297) V. Blasco Ibáñez, La horda, dans Obras Compl., t.I, Madrid, Aguilar, 1967, p.1490.

(298) Rodríguez Rubí, La feria de Mairena, Madrid, 1843.

(299) Benito Mas y Prat, La tierra de María Santísima, Barcelona, 1891, pp.469-
477.

(300) Palacio Valdés, Los cármenes de Granada, 2a parte, cap. IV, dans Obras
completas, Madrid, 1952, pp. 641-643.

(301) Rafael Alberti, El alba del alhelí, dans Poesías completas, Buenos Aires, Losada, 1961, pp. 138-141. Cf. pp. 67-69.

(302) F. de Sales Mayo, op. cit., p. 19.

(303) Tineo Rebolledo, A chipicallí, Granada, 1900, p. 220.

(304) Walter Starkie, op. cit., p. 133.

(305) F. de Vaux de Foletier, Mille ans..., op. cit., p. 168.

(306) F. Fernández de Córdova, op. cit., p. 405.

Pour Moncada, leur prétendu travail de forge se réduit à la fabrication des instruments dont ils ont besoin pour leurs vols :

> *Lo segundo, porque son gente ociosa, vagabunda, i*
> *inútil a los Reynos, sin comercio, ocupación, ni oficio*
> *alguno; i si alguno tienen es hacer ganzúas, i garava-*
> *tos para su profesión, siendo zánganos, que sólo viven*
> *de chupar, i talar los Reynos, sustentándose del sudor*
> *de los míseros labradores...* (307)

Son *Discurso contra los Gitanos* est publié en 1619, mais plus de dix ans auparavant, dans le *Coloquio*, Cervantes écrivait à peu près la même chose :

> *Ocúpanse, por dar color a su ociosidad, en labrar*
> *cosas de hierro, haciendo instrumentos con que facili-*
> *tan sus hurtos; y así, los verás siempre traer a ven-*
> *der por las calles tenazas, barrenas, martillos; y ellas,*
> *trébedes y badiles.* (308)

Il y a une certaine malignité à dire que les Gitans ne fabriquent que les instruments qui leur servent à voler, puisque Cervantes lui-même nous dit qu'ils les vendent, et si, à la rigueur, on peut cambrioler avec des tenailles et des tarières, l'utilisation des trépieds et des pelles à feu est moins évidente.

Le texte de Sancho de Moncada, dont le ton est beaucoup plus violent, est cependant plus logique puisqu'il ne parle que de "crochets et rossignols".

Jerónimo de Alcalá mentionne, pour sa part, tarières, trépieds, cuillères, tenailles et marteaux, mais il se contente de dire que les Gitans vont les vendre dans les villages (309).

Góngora traite le thème à sa manière et, bien que ses Gitans servent à déguiser la satire d'autres parasites de la société de l'époque — ici les confesseurs captateurs d'héritages (310)—, on y retrouve les mêmes allusions aux produits de la forge :

> *Hay otros gitanos*
> *de mejor conciencia,*
> *saludables de uñas,*
> *sin ser grandes bestias,*
> *maestros famosos*
> *de hacer barrenas,*
> *que taladran almas,*
> *por clavar haciendas;*

---

(307) S. de Moncada, op. cit., p. 205.

(308) Cervantes, El coloquio..., ed. cit., p. 313.

(309) J. de Alcalá, op. cit., p. 548.

(310) Cf. Robert Jammes, Dos sátiras vallisoletanas, dans Criticón, Toulouse, France-Ibérie Recherche, 10, 1980, pp. 31-57.

> para cuyo fin
> humildes menean
> de la pasión santa,
> la Santa herramienta,
> clavos y tenazas,
> y para ascendencia
> de años a esta parte
> la santa escalera. (311)

Dans *El arenal de Sevilla* de Lope de Vega, il est aussi question de Gitans qui font des tarières (312).

Quant à Solís, il développe l'idée de Cervantes selon laquelle le travail de la forge est un prétexte que les Gitans utilisent pour camoufler leur oisiveté. L'auteur de *La Gitanilla de Madrid* laisse entendre qu'ils réservent cette occupation aux individus les moins doués, inaptes aux exercices de force et de souplesse :

> Pero al que siente torpe y desmañado,
> ⌈el conde⌉ le condena al cuidado
> del hierro que se labra y que se vende,
> cosa que importa mucho y de que pende
> nuestra conservación; porque con esto,
> viéndonos dados a ejercicio honesto,
> con el trabajo de uno a buena cuenta,
> nos pasa el mundo el ocio de cincuenta;
> de suerte que al inútil ocupamos,
> y los útiles todos nos holgamos. (313)

Plus loin, dans le livre de comptes de Monipodio-Maldonado, on peut lire :

> Cuenta con el hierro que
> se labra, y adonde queda
> a venderse. (314)

Enfin, pour en revenir à Cervantes, en dehors du *Coloquio*, il n'évoque le travail de la forge ni dans *Pedro de Urdemalas*, ni dans *La Gitanilla*, si ce n'est à travers le marteau et les tenailles que les Gitans mettent dans les mains d'Andrés lors de la cérémonie qui célèbre son entrée dans la tribu.

Les lois espagnoles interdiront aux Gitans le travail de la forge entre 1695 et 1783. Cette mesure s'explique par le fait qu'on veut fixer les Gitans à la terre et, par conséquent, leur interdire tous leurs métiers traditionnels, compatibles avec la vie nomade. Cependant, un voyageur anglais, Henri Swinburne, qui se trouve en Espagne, en 1775 et 1776, parle des forgerons gitans :

---

(311) Góngora, op. cit., p. 153.

(312) Lope de Vega, El arenal de Sevilla, ed. cit., p. 544 a.

(313) A. de Solís, op. cit., p. 71 c.

(314) Ibid., p. 76 c.

Il y en a parmi eux qui suivent l'état de forgeron ou de cabaretier; mais la plupart des hommes s'occupent à faire de petits anneaux de fer, ou d'autres bagatelles de ce genre, plutôt pour empêcher que l'on ne se saisisse d'eux comme vagabonds que pour fournir à leur subsistance. (315)

On aura reconnu, au passage, une nouvelle version d'un thème énoncé au XVIIème siècle par Cervantes, et repris par Solís : ce prétendu travail de forge n'est qu'une façade.

Au XIXème siècle, Desbarrolles affirme que le métier de chaudronnier est l'un des plus répandus, parmi les Gitans, avec celui de tondeurs de mulets et de maquignons (316).

Or, une loi de 1566 associe dans la catégorie des vagabonds les "Egyptiens" et les "chaudronniers étrangers" (317). Bien que les Tsiganes pratiquent, depuis longtemps, la chaudronnerie dans la plupart des pays d'Europe, il est bien difficile d'affirmer qu'ils sont bien les "étrangers" visés par la loi de Philippe II, car celle-ci se situe à l'époque où des légions d'artisans et de colporteurs de diverses nationalités et, en particulier français, sillonnent les routes d'Espagne.

Les Cortès de Madrid, de 1528, nous ont laissé de ces chaudronniers un portrait édifiant :

... como son estrangeros e no conoçidos, se van e llevan las calderas, sartenes, cerraduras y otras cosas que llevan para adobar, e lo que peor es sin gastar ellos nada en el rreyno, syno andando desarropados como andan, llevan del rreyno cada anno grandes sumas de maravedís destos rreynos e delas personas pobres dellos, syn hazer ningún provecho, sy no danno, e usan en estos rreynos del oficio que no saben ni pueden usar en su tierra ni en toda Francia, so pena de muerte. (318)

Des hypothèses contradictoires ont été formulées au sujet des *caldereros extranjeros* par George Borrow, pour qui ils sont calabrais (319), et par José Carlos de Luna, qui les considère comme Tsiganes (320).

Quoi qu'il en soit, le dinandier ("latonero") engagé à Ségovie, en 1628, pour réparer les dix "Géants" et la Tarasque de la ville, pourrait bien être Gitan si l'on en juge par son nom : Antonio de Bargas (321).

---

(315) Henri Swinburne, Voyage en Espagne en 1775 et 1776, Paris, 1786, p. 293.

(316) Desbarrolles, Deux artistes en Espagne, Paris, 1862, p. 30.

(317) Recopilación de las leyes, Alcalá de Henares, 1581, 2a parte, lib. VIII, tít. XI, ley 11, fol. 169 v.

(318) Cortes de León y Castilla, t. IV, p. 514.

(319) George Borrow, op. cit., p. 196.

(320) J.C. de Luna, op. cit., p. 112.

(321) J.-L. Flecniakoska, Las fiestas del corpus en Segovia (1594-1636), Instituto Diego de Colmenares. Publicado en Estudios Segovianos, Segovia, 1956, t. VIII. Cf. document n° 106, p. 58.

i) Le batelage et les compétitions sportives

Si Cervantes ne nous montre pas Andrés, le héros de La Gitanilla, en train de fabriquer des objets de métal dans une forge gitane, ce que l'on considère, à l'époque, comme un métier fort vil et indigne d'un gentilhomme, on le voit, par contre, se livrer aux exercices d'adresse et de souplesse auxquels participent les Gitans, dans les villages qu'ils traversent :

> A doquiera que llegaban, él se llevaba el precio y las apuestas de corredor y de saltar más que ninguno; jugaba a los bolos y a la pelota extremadamente; tiraba la barra con mucha fuerza y singular destreza; finalmente en poco tiempo voló su fama por toda Extremadura, y no había lugar donde no se hablase de la gallarda disposición del gitano Andrés Caballero y de sus gracias y habilidades, y al par desta fama corría la de la hermosura de la Gitanilla, y no había villa, lugar ni aldea donde no los llamasen para regocijar las fiestas votivas suyas, o para otros particulares regocijos. (322)

Le héros, héritier en cela d'une tradition chevaleresque, est toujours le meilleur et bat les Gitans sur leur propre terrain. De la même façon, l'Alonso de Jerónimo de Alcalá devient, au bout de deux jours, le meilleur forgeron de la tribu, et, en trois mois, il est reconnu pour le meilleur maquignon :

> De modo que en tres meses que con ellos estuve, les hacía ventaja, pudiéndoles dar, como dicen, quince y falta; y ninguno ya se me podía igualar, preciándome de que se me pudiese dar dado falso. (323)

Alonso domine également les Gitans par son astuce et invente, pour tromper les villageois, des stratagèmes qui étonnent ses compagnons; et c'est dans le même domaine que Pedro de Urdemalas se montre supérieur aux Gitans.

Pour en revenir à La Gitanilla, Preciosa y danse mieux que les vraies Gitanes, et lorque Clemente rejoint la troupe, il se révèle, lui aussi, plus fort que les Gitans dans tous les exercices sportifs qu'ils pratiquent habituellement. Andrés et Clemente apparaissent d'emblée comme des champions incontestés :

> Andaban siempre juntos, gastaban largo, llovían escudos, corrían, saltaban y tiraban la barra mejor que ninguno de los gitanos, y eran de las gitanas más que medianamente queridos, y de todos los gitanos en todo extremo respectados.
> Dejaron, pues, a Extremadura, y entráronse en la

---

(322) Cervantes, La Gitanilla, ed. cit., pp. 80-81.

(323) J. de Alcalá, op. cit., p. 550 a.

> *Mancha, y poco a poco fueron caminando al reino de*
> *Murcia. En todas las aldeas y lugares que pasaban ha-*
> *bía desafíos de pelota, de esgrima, de correr, de*
> *saltar, de tirar la barra, y de otros ejercicios de*
> *fuerza, maña y ligereza; y de todos salían vencedores*
> *Andrés y Clemente, como de solo Andrés queda dicho.* (324)

Devant tant de prouesses, on ne peut s'empêcher de penser au chevalier Periandro, le héros du *Persiles*. Débarquant à l'improviste dans
l'île du roi Policarpo, au moment où celui-ci organise des jeux olympiques,
Periandro remporte le premier prix dans toutes les épreuves sportives d'une
façon telle que ces luttes pacifiques deviennent comparables aux combats gi-
gantesques des romans de chevalerie. Le héros gagne la course à pied alors
que les autres concurrents ne sont encore qu'à la moitié du parcours; à
l'escrime, il bat de façon éclatante ses six rivaux, sans que ceux-ci puis-
sent le toucher; il met hors de combat les six lutteurs qui lui sont opposés;
il lance la barre d'un geste négligent mais avec tant de force qu'elle va
s'enfoncer loin dans la mer; enfin, il réussit à traverser le coeur d'un
pigeon en plein vol (325).

On voit mieux, grâce à Periandro-Persiles, ce que les personnages
de *La Gitanilla* doivent aux héros chevaleresques.

Dans *La Gitanilla de Madrid*, de Solís, il est également question
des exercices sportifs que le comte des Gitans répartit entre ses sujets
selon les capacités de chacun :

> *Al que le ve de inclinación ligera*
> *le encarga el baile, el salto y la carrera;*
> *y al que la tiene un poco pesada,*
> *barra, lucha y espada.* (326)

Là encore, le non-Gitan don Juan sera le meilleur, si l'on en
croit la prédiction de Preciosa :

> *En todo serás tú más eminente*
> *dentro de pocos días, si no miente*
> *la vista, que obedece a los indicios.*
> *¡ Oh, cómo en unos y otros ejercicios,*
> *a todos has de echar el pié adelante !* (327)

et *La Gitanilla de Madrid* enchaîne avec une description enthousiaste du lan-
cer du poids, remplacé ici par une lourde pierre.

D'après *La Gitanilla* de Cervantes, les divertissements sportifs
étaient très fréquents dans les villages. Grâce à leur agilité proverbiale,
les Gitans devaient collectionner les premiers prix et transformer ces jeux
en gagne-pain.

---

(324) Cervantes, La Gitanilla, ed. cit., pp. 98-99.

(325) Id., Persiles y Sigismundo, lib. I, cap. XXII, dans Obras completas,
Madrid, Aguilar, 1970, p. 1829.

(326) A. de Solís, op. cit., p. 71 b.

(327) Ibid., p. 71 c.

Dans le *Coloquio*, Cervantes mentionne les activités des Gitans en relation avec leurs qualités physiques :

> *Así veras que todos son alentados, volteadores,*
> *corredores y bailadores.* (328)

Ceci indique que les Gitans ne se contentaient pas de participer aux concours d'adresse organisés dans les villages, mais qu'ils étaient bateleurs ou saltimbanques de profession.

Covarrubias nous décrit les exercices des acrobates forains à l'époque : sauts périlleux, sauts à travers des cerceaux, sauts de carpe, la roue, le moulin —qui consiste à tourner en équilibre sur la tête—, des pyramides humaines, des numéros de funambules, exécutés parfois dans un sac...

Góngora, quant à lui, évoque en jouant constamment sur les doubles sens les acrobaties des Gitans, dans un "romance" :

> *Trepan los Gitanos,*
> *y bailan ellas;*
> otro nudo a la bolsa
> mientras que trepan. (329)

et dans un poème dédié au Saint Sacrement :

> *Maldonado, Maldonado,*
> *el de la persona zuelta,*
> dina dana
> *Voltëador afamado,*
> *dale a tu alma una vuelta*
> dana dina.(330)

Dans *El arenal de Sevilla* de Lope, Lucinda, à qui l'on demande si Toledo est Gitan, répond en citant des exercices qui sont, pour elle, une définition du "gitanisme" :

> *Baila y voltea muy bien.* (331)

Et dans *El ganso de oro* du même auteur, un Gitan décrit ainsi les activités des gens de son espèce :

> *Éste voltea*
> *con esta espada en la mano.*
> *Volteamos y danzamos*
> *y con esto entretenemos*
> *a cuanta gente topamos*

---

(328) Cervantes, El coloquio..., ed. cit., p. 314.

(329) Góngora, op. cit., p. 150.

(330) Ibid., p. 347.

(331) Lope de Vega, El arenal de Sevilla, ed. cit., p. 543 c.

y a ninguno mal hacemos
y ansí la vida pasamos. (332)

A la fin du XVème siècle, María Cabrera, la Gitane qui séduisit don Diego Hurtado de Mendoza y Luna, participe à un concours hippique,à Guadalajara, sur un cheval prêté par son admirateur (333).

La grande familiarité des Gitans avec les chevaux devait les prédisposer à ce genre de compétitions, et une loi portugaise de 1647 interdit aux Gitans les courses de chevaux. De nos jours, nombre de Gitans pratiquent les métiers du cirque. Le cas le plus connu est celui de la famille Bouglione. En Espagne, des Gitans se sont rendus célèbres comme toreros et comme boxeurs.

Dans de nombreux pays d'Europe, les Tsiganes sont aussi montreurs d'animaux savants. Cela devait être moins courant en Espagne, car cette activité n'a pas été mentionnée par les lois contre les Gitans et le seul exemple connu, pour le XVIIème siècle, est celui que cite Cervantes, dans le *Coloquio* : les Gitans recueillent Berganza avec l'intention d'utiliser ses talents de chien savant. Cependant, l'animal doit son dressage à un tambour de l'armée; et nous ne savons pas si ses nouveaux maîtres l'ont réellement fait travailler, durant les vingt jours qu'il passe avec eux.

Les Gitans connaissaient aussi des tours de passe-passe et des attrape-nigauds, comme le jeu de la courroie, qu'une loi portugaise mentionne en même temps que la bonne aventure :

... *sem que fasão de suas trasas e embustes a que chamão buenas djchas, e jogos de corjolla nem partidas de cavalgaduras.* (334)

Le dictionnaire portugais de Rafael Bluteau donne, de ce jeu, la définition suivante :

Jogo, que se faz enrolando huma fita larga dobrada; ganha o que mette nas suas voltas hum ponteiro de forte, que ao desemvolver fique preso.

C'est le même jeu qu'on appelle, en Espagne : "juego de la correhuela".

Les jeunes Gitans rencontrés par le héros de Vicente Espinel dans la sierra de Ronda s'y exerçaient, de même que le Gitan gravé sur le frontispice de la *Comedia Aurelia* de Timoneda. Quant à Lope de Vega, dans *El ganso de oro*, que nous venons de citer plus haut, il en fait presque un symbole de la race :

CONDE   ¿ Quién eres tú ?

(332) Id., El ganso de oro, dans Obras completas, t.I, Ac.N.E.,vol.I, p.166.

(333) Amada López de Meneses, Un arcediano gitano : don Martín de Mendoza (1481-1555), dans Pomezia, sept-oct. 1968, n° 35-36, p. 273.

(334) Collecção chronologica de leis extravagantes, I, 515-517. Cf. A.Coelho, op. cit., document n° 16.

```
GITANO              Soy Gitano
              que a jugar con la correa
              mi vida sustento y gano. (335)
```

j) Le chant et la danse

C'est dans le domaine de la musique, du chant et de la danse,
que les Gitans ont acquis le plus facilement la célébrité.

C'est ainsi que la Preciosa de Cervantes se fait connaître à
Madrid :

> Y la primera entrada que hizo Preciosa en Madrid
> fue un día de Santa Ana, patrona y abogada de la villa,
> con una danza en que iban ocho gitanas, cuatro ancianas
> y cuatro muchachas, y un gitano, gran bailarín, que las
> guiaba. (336)

C'est la Sainte Anne, les commissaires décernent à Preciosa le
premier prix et la petite Gitane dansera dans l'église de Santa María devant la statue de la Sainte patronne de la ville. Par la suite, Cervantes
nous dit que la troupe de Gitans, dont Preciosa fait partie, est invitée à
participer à toutes les fêtes votives des villes et villages des régions
qu'elle traverse et, dans l'intermède de La elección de los alcaldes de Daganzo, le bachelier Pesuña entre en relation avec les Gitans pour préparer
la Fête-Dieu.

C'était, en effet, une coutume de faire danser les Gitans lors des
principales fêtes religieuses et, en particulier, pour la fête du Saint Sacrement. Dès le XVème siècle, on signale la présence des Gitans dans des processions et festivités de ce genre. C'est à l'occasion de la Fête-Dieu que
don Diego Hurtado de Mendoza rencontre la belle Gitane María Cabrera, vers
1479 (337).

En 1584, à León, une violente bagarre éclate entre les habitants
de la ville et une troupe de Gitans venus danser en l'honneur du Saint Sacrement (338).

D'après Garrido Atienza et Ortiz de Villajos, à Grenade, les Morisques participèrent à la Fête-Dieu pratiquement dès que les Rois Catholiques
y instaurèrent la fête.

Les danses des Gitans vinrent concurrencer et remplacer, peu à peu,
celles des Morisques. Elles ont été mentionnées en 1607, 1618, 1652 et en
1692 (339).

Dans ses recherches sur Las fiestas del Corpus en Segovia, J.-L.
Flecniakoska a relevé des danses de Gitans en 1613, 1624 et 1628.

En 1613, le contrat prévoit :

---

(335) Lope de Vega, El ganso de oro, dans Obras..., op. cit., p. 166.

(336) Cervantes, La Gitanilla, ed. cit., p. 6.

(337) Cf. note 333.

(338) M. del Río, op.cit., p. 544.

(339) Garrido Atienza, Antiguallas granadinas : las fiestas del Corpus,
Granada, 1889. Cf. G. Ortiz de Villajos, Gitanos de Granada, Granada, 1949,
p. 29, 34.

*Una dança de ocho gitanas y dos gitanos que bayan bay-
lando con su tambor,que juntados han de ser once personas.* (340)

Par sa composition, la troupe rappelle celle qui danse dans *La Gitanilla* pour la fête de Sainte Anne, à Madrid. Il ne s'agit peut-être pas
d'une coïncidence, car l'un des signataires du contrat, Jerónimo de Vargas,
est déclaré en 1628 "vecino de la villa de Madrid".

En 1624, la troupe a exactement la même composition et l'un des
signataires, Alejandro Rodríguez, est également de Madrid. En 1628, si les
Gitanes ne sont toujours que huit, les danseurs, eux, sont au nombre de
six (341). Les Gitans reçoivent,en échange de leur participation, vingt et
un ducats la première fois, quarante ducats la seconde et cinq cents réaux
la troisième.

Il est question d'un couple de Gitans lors de la Fête-Dieu de 1620,
mais cette fois il s'agit de deux des dix "géants" de la ville. En 1613,
il y a encore une danse de Gitanes à l'occasion du transfert de la Vierge de
la Fuencisla.

J.-L. Flecniakoska signale également des danses de Gitans pour la
Fête-Dieu, à Tolède, en 1593, 1596 et 1604, et une danse à Cordoue en
1636 (342).

Salazar de Mendoza nous donne quelques précisions sur les thèmes et
les déguisements, historiques et surtout religieux, utilisés par les Gitans
lors de ces festivités, qui ne sont pour eux, d'après l'auteur, que prétexte
à commettre leurs méfaits habituels :

> *Siễpre hallan enredos y traças para delinquir, es-
> pecialmente con unas danças en los días festivos, quan-
> do está la gente más devota, y más descuydada. Allí se
> fingen Apóstoles ; acullá Reyes Magos ; en otras partes
> los siete Infantes de Lara. Todo para divertir, y entre-
> tener, mientras hazen los hurtos. Porque acude la gente
> a vellos, dexãdo las casas abiertas; y aunque las dexen
> cerradas, y entonces se las robã los que no son de másca-
> ra.* (343)

Mendoza cite, à l'appui de ses dires, l'exemple d'une procession
de pénitents organisée dans un village, un Jeudi saint, et qui consista, en
réalité,à cambrioler toutes les maisons.

Les Gitans participent aussi à des fêtes plus profanes. En 1560,
lors du mariage de Philippe II avec Elisabeth de France, des Gitanes font
partie du fabuleux cortège qui reçoit les époux royaux à Tolède :

> *Seguían luego danzas de hermosísimas doncellas de*

---

(340) J.-L. Flecniakoska, op. cit., document n° 52, p. 38.

(341) Ibid., document n° 107, p. 58.

(342) Ibid., p. 63, note 22.

(343) Pedro Salazar de Mendoza, op. cit.

> *la Sagra, y las de espadas, antigua invención de espa-*
> *ñoles, la de los maestros de esgrima con sus montantes*
> *en extremo bizarros, otras de gitanas y de veinticuatro*
> *a la morisca, con gran ruido de atabalejos, dulzainas,*
> *gaitillas y jabegas.* (344)

Dans *La Gitanilla*, quinze jours après les fêtes de Sainte Anne, Preciosa revient à Madrid, avec trois autres Gitanes, pour danser dans la rue de Tolède. Le succès est total et plus de deux cents personnes font cercle autour des danseuses. Un peu plus tard, on voit les Gitanes invitées chez un lieutenant de la ville qui les fait danser, puis chez un vénérable chevalier de l'ordre de Saint Jacques qui, les voyant passer sous son balcon, leur fait signe de monter chez lui et leur offre un doublon d'or pour qu'elles dansent un peu.

. *La elección de los alcaldes de Daganzo* nous montre des Gitans qui pénètrent dans la mairie pour distraire le Conseil municipal avec quelques danses.

Dans *Pedro de Urdemalas*, les Gitans dansent dans un pavillon de chasse devant le roi et la reine.

Il est question de danses chez un haut personnage qui fut un temps président du Conseil de Castille, dans la deuxième partie du *Lazarillo* de Juan de Luna :

> *La noche siguiente se hazía un sarao en casa del*
> *conde de Miranda, y a la fin havían de dançar los Gi-*
> *tanos.* (345)

En France, de Vaux de Foletier nous dit que les Gitans ont dansé devant Henri IV, au château de Fontainebleau; chez le prince de Condé, au château de Saint Maur; chez la marquise de Sévigné, au château des Rochers. La mode des danses gitanes est telle qu'on les voit introduites dans maints divertissements de théâtre et ballets de cour (346).

Dans la littérature de la Péninsule, en plus des exemples cités de Cervantes, on trouve des danses gitanes dans la *Farça das Ciganas* de Gil Vicente, qui est également un divertissement de cour et qui fut représentée devant le roi Jean III, à Evora.

Dans *El arenal de Sevilla*, de Lope, Toledo, évoquant son déguisement s'écrie :

> *En mi vida he visto ansí,*
> *si no es en danzas, gitanos.* (347)

Les Gitans dansent ou chantent dans des "autos" comme l'*Auto da*

---

(344) Luis Cabrera de Córdova, Historia de Felipe II, rey de España, Madrid, 1876, t. I, p. 286.

(345) J. de Luna, La segunda parte de la vida de Lazarillo de Tormes, Austin, 1928, p. 56.

(346) F. de Vaux de Foletier, Mille ans..., op. cit., pp. 135-138.

(347) Lope de Vega, El arenal..., ed. cit., p. 544 c.

XII - Petite danseuse tzigane (détail d'une tapisserie de Tournai).

festa de Gil Vicente, *Los trabajos de Joseph*, de Juan de Caxesi (348), et
La huida de Egipto, oeuvre anonyme du XVIème siècle.

On trouve encore des danses ou des chants de Gitans dans des "comedias" de Lope de Vega comme *La madre de la mejor* et *El nacimiento de Cristo*; dans *La Gitanilla de Madrid* d'Antonio de Solís; dans un "auto sacramental" de Juan de Luque et dans un autre de Felipe Godínez (349); dans la plupart des "entremeses" des XVIIème et XVIIIème siècles et, en particulier,
dans *La dama encerrada*, *La hija del doctor*, *El alcalde nuevo*, *El maulero*,
Los Gitanos de Cáncer, "entremés para la fiesta de *Todo lo vence el amor*",
El alcalde engitanado, *La escoba*...; dans des saynètes comme *Las Gitanas
desterradas*, *La Gitanilla honrada*; dans les "mojigangas" telles *La manzana*,
celle qui accompagne *El mágico prodigioso* de Calderón de la Barca, *La Gitanada*, *La mojiganga de las sacas para la fiesta del Corpus*; des "bailes" comme ceux qui portent pour titre *La Gitanilla*; des "tonadillas"; un opéra comique de José Sanz Pérez, etc.

Dès le XVIème siècle, dans toutes les classes de la société on remarque un véritable engouement pour les spectacles donnés par les Gitans.
Les gens du peuple se pressent dans les rues pour les voir danser; les nobles
les invitent chez eux. De plus en plus, on cherche à les imiter. Leur costume s'introduit au théâtre, dans les bals travestis et les festivités populaires, et l'on peut rattacher à cette tradition la coutume qu'ont les Andalouses d'aujourd'hui de se déguiser en Gitanes pour la "Feria".

Un fort courant littéraire, qui prend sa source dans *La Gitanilla*
de Cervantes, a contribué à répandre cette mode gitane. Dans *La Gitanilla de
Madrid* de Solís, Preciosa fait croire au père de don Juan que celui-ci, son
valet Julio, Juana et elle-même se sont déguisés pour représenter une "comedia" de Cervantes :

> *Sabrás, Señor,*
> *y muy bien venido seas,*
> *que entre la gente de casa,*
> *que aquesta noche celebra*
> *los años de mi señora,*
> *hacemos una comedia*
> *de Cervantes, que se llama*
> *La Gitanilla y en ella*
> *hace el primero galán,*
> *porque mejor representa,*
> *el señor don Juan, y yo*
> *(que soy de casa doncella)*
> *soy la Gitana Preciosa;*
> *Julio toma por su cuenta*
> *el gracioso, y Juana es*
> *una Gitanilla; llega.* (350)

Il est curieux de constater que cet intérêt pour les spectacles

---

(348) J.-L. Flecniakoska, op. cit., p. 62, note 19.

(349) El premio de la limosna y rico de Alejandría, cf. supra, p. 121.

(350) A. de Solís, op. cit., p. 67 c.

gitans progresse en même temps que les mesures répressives. Les corrégi-
dors qui recevaient chez eux des troupes gitanes hésitaient-ils à les en-
voyer au galères ? Avaient-ils tous la même indulgence que don Fernando de
Acevedo dans *La Gitanilla* ? Il est probable que le succès du folklore gitan
ne devait pas faciliter la stricte application des lois; c'est pourquoi, en
1633, Philippe IV, bien décidé à faire disparaître tout ce qui rappelle, de
près ou de loin, la race maudite, interdit en bloc l'usage de son nom, de
ses danses et de son costume.

       Ces mesures ne sont guère appliquées et n'empêchent pas les Gitans
de continuer à participer aux réjouissances de la Fête-Dieu, en particulier
à Cordoue en 1636, et à Grenade en 1652 et en 1692.

       En 1709, il est encore question d'une danse gitane lors de la Fête-
Dieu, à Valence. Ici, les exécutants ne reçoivent qu'une somme de 16 livres,
alors que la plupart des autres danses sont payées 19 livres. Le spectacle
n'est plus très nouveau et sa vogue semble décliner (351).

       Dans la deuxième moitié du XVIIIème siècle, Charles III interdira
les danses en l'honneur du Saint Sacrement, mais les Gitans n'en continuent
· pas moins à exercer leurs talents, ainsi que des voyageurs étrangers, comme
Swinburne, le signalent :

             Les deux sexes sont également habiles à la danse et
             ils chantent les séguedilles d'une manière gaie ou tendre
             qui leur est particulière. (352)

       Enfin, à partir de l'époque romantique, les écrivains et les artis-
tes redécouvriront le folklore gitan. On peut citer ici des Espagnols comme Estébanez Calderón (353) et, plus tard, Manuel de Falla (354), et, bien
sûr, García Lorca, mais surtout des Français comme Alexandre Dumas père (355),
Théophile Gautier (356), Prosper Mérimée (357) et enfin Desbarrolles qui
feint d'être scandalisé par les Gitanes :

             Elles ne refusent jamais de se livrer devant les
             étrangers à toute la liberté de leurs danses lascives.On
             croirait assister à tous les ébats des femmes de Cons-
             tantine ou de Tunis. Ces danses de Gitanes deviennent
             à la mode en Espagne, et ne tarderont pas à envahir le
             théâtre lui-même. (358)

-----

(351) Francis George Véry, The spanish Corpus Christi Procession, a literary
and folkloric study, Valencia, 1962, p. 48.

(352) H. Swinburne, op. cit., p. 295.

(353) Serafín Estébanez Calderón, Escenas andaluzas, Col. Austral,n°188,p.110.

(354) M. de Falla, El Cante Jondo, dans Escritos sobre música y músicos, Col.
Austral, n° 950, pp. 125-130.

(355) Alexandre Dumas père, De Paris à Cadix, Paris, 1847.

(356) Théophile Gautier, Voyage en Espagne, Paris, 1929, p. 239.

(357) Prosper Mérimée, Carmen, cf. Auguste Dupouy,"Carmen"de Mérimée , Paris,
1930.

(358) Adolphe Desbarrolles, Deux artistes en Espagne, Paris, 1862, p. 30.

Aujourd'hui, la prédiction de Desbarrolles s'est réalisée : les spectacles "flamencos" ont acquis leurs titres de noblesse et les honneurs du théâtre, tandis que les touristes envahissent les caves ou les cabarets gitans.

L'Andalousie a été le creuset où des éléments fort divers : autochtones, orientaux, nord-africains, liturgiques et gitans se sont fondus pour donner naissance à cette musique si particulière qu'on appelle "flamenco". Il ne saurait être question ici de retracer la longue évolution qui mène la musique et la danse andalouses, déjà si appréciées des riches romains et célébrées par Martial et Juvénal, jusqu'aux actuels spectacles"gitans"(359). Nous nous proposons simplement d'interroger les textes sur l'état de ce folklore à l'époque qui nous intéresse.

L'accompagnement musical est en général fort réduit. Dans *La Gitanilla*, Cervantes parle du tambourin : "tamborín", ou "tamboril", des castagnettes , "castañetas" et du cerceau à cymbalettes : "sonajas".

Le "tamborín" est un petit tambour qui s'accroche au bras gauche et se frappe avec une seule baguette, la main droite restant libre pour jouer d'une petite flûte appelée "pito". On utilise encore cet instrument pour accompagner certaines danses folkloriques; toutefois, il est possible que le tambourin des Gitans ait été différent.

Dans *La Gitanilla*, Cervantes parle du "tamborín", mais on trouve plus fréquemment la forme "tamboril", comme dans les indications scéniques de *Pedro de Urdemalas* :

> Han de traer ensayadas dos mudanzas y su tamboril. (360)

Les documents des archives de Ségovie mentionnés plus haut parlent indistinctement de "tambor" ou de "tamboril". Les "castañetas" désignent à la fois les claquements des doigts, que les danseurs andalous d'aujourd'hui appellent "pitos", et les castagnettes ou "palillos", comme l'indique Covarrubias :

> *Castañeta : El golpe y sonido que se da con el dedo pulgar y el dedo medio, quando se vaila; y porque para que suene más, se atan al pulgar dos tablillas cóncavas, y por defuera redondas a modo de castañas, se dixeron assí ellas, como los golpes que dan castañetas.*

L'usage des castagnettes est très ancien en Espagne puisque le poète latin Martial y fait allusion :

> *Edere lascivos ad Baetica crusmata gestus.*
> *Et Gaditanis ludere docta modis.* (361)

Par contre les "pitos" auraient été importés par les Gitans si l'on en croit R. Lafuente (362). Ce n'est pas impossible, mais les claque-

---

(359) Cf. B. Leblon, Les Gitans dans la Péninsule ibérique, II, Moeurs et coutumes des Gitans, dans Etudes Tsiganes, n° 3, oct. 1964, pp. 23-28.

(360) Cervantes, Pedro de Urdemalas, ed. cit., p. 540.

(361) Martial, Epigrammes, lib. VI, epigr. 71.

(362) Rafael Lafuente, Los Gitanos,el flamenco y los flamencos,Barcelona,1955, p. 143.

ments de doigts peuvent être tout simplement une façon de suppléer aux castagnettes, lorsque celles-ci font défaut, comme les "tejuelas" ou "tejoletes", morceaux de tuile ou d'assiette, que Monipodio utilise avec virtuosité dans *Rinconete y Cortadillo*, où l'on voit également une socque de liège et un balai de palmes remplacer tambour de basque, guitare et tambourin (363).

Cependant, dans *La Gitanilla de Madrid*, de Solís, c'est bien de castagnettes qu'il s'agit et non de claquements de doigts :

> JUANA   *Las castañetas te pon;*
> *¿ en qué estas tan divertida ?*
>
> PRECIOSA   *Buscándolas, Juana, estoy.* (364)

Les "sonajas" sont clairement définies par Covarrubias comme

> *Un cerco de madera, que a trechos tiene unas rodajas de metal que se hieren unas con otras y hazen un gran ruydo.*

Cervantes mentionne quatre fois les "sonajas" dans *La Gitanilla*. Preciosa les utilise, en particulier, pour accompagner les deux "romances" : "Árbol preciosísimo", et "Salió a misa de parida", ainsi que pour danser chez don Juan. Les "sonajas" sont également citées dans le contrat des danses de la Fête-Dieu, à Ségovie, en 1628. Ailleurs, dans le sonnet du page-poète de *La Gitanilla*, il est question du "panderete" :

> *Cuando Preciosa el panderete toca*
> *y hiere el dulce son los aires vanos...*(365)

Dans son"romance" *Trepan los Gitanos*, Góngora évoque le"pandero"(366). Le "pandero" est un instrument assez particulier, généralement carré et de grande taille, avec des cordes tendues à l'intérieur du cadre, sous la peau, qui est souvent peinte et décorée. Voici ce qu'en dit Covarrubias :

> *Es un instrumento muy usado de las moças los días festivos, porque le tañen una cantando y las demás bailan al son; es para ellas de tanto gusto, que dize el cantarcillo viejo :*
> *"Más quiero panderico, que no saya "*
> *Entiéndese ser instrumento muy antiguo. Al principio devió de ser redondo; después los hizieron quadrados y guarnécense con sendas pieles adelgaçadas en forma de pergaminos, dentro tienen muchas cuerdas, y en ellas cascabelillos, y campanillas que hazen resonar el instrumento, como si fuesen muchos...* (367)

(363) Cervantes, Rinconete y Cortadillo, Clás. cast., n° 27, p. 200.

(364) A. de Solís, op. cit., p. 64 b.

(365) Cervantes, La Gitanilla, ed. cit., p. 59.

(366) Góngora, op. cit., p. 152.

(367) Covarrubias, op. cit., p. 850 a.

XIII - Gravure de Gustave Doré pour le *Voyage en Espagne*, de Théophile Gautier : "Danseuse gitane des environs de Séville".

Le "panderete" peut être un cercle de bois, avec une seule peau et des rondelles de métal, comme les "sonajas". On voit qu'il s'agit là d'instruments assez différents et qu'il faut se garder de confondre le "tamboril" les "sonajas" et le "pandero" sous les noms de "tambourin" ou "tambour de basque" comme on le fait trop souvent pour simplifier la traduction.

Dans *La mojiganga de la Gitanada*, il est également question de "tablillas", cliquettes munies d'un manche qui peuvent servir à remplacer les castagnettes lorsqu'on n'est pas exercé dans le maniement de ces instruments.

Les Gitans de Góngora chantent les "villancicos" au son du grelot ("cascabel") (368). D'après Covarrubias, les grelots étaient d'un emploi fréquent dans les fêtes :

> *Los dançantes en las fiestas y regocijos, se ponen*
> *sartales de cascabeles en los jarretes de las piernas*
> *y los mueven al son del instrumento.* (369)

C'est ainsi que les jeunes paysans de *Pedro de Urdemalas* dansent habillés en "serranas" :

> *En pies y brazos ceñidos*
> *multitud de cascabeles.* (370)

Dans *La Gitanilla de Madrid* de Solís, Preciosa veut danser au son d'une guitare (371); mais en général, on vient de le voir, l'accompagnement est constitué par des instruments de percussion. Le chant fait le reste.

Que chantent les Gitans du XVIIème siècle ? Les airs à la mode à l'époque, et Cervantes les énumère :

> *Salió Preciosa rica de villancicos, de coplas, se-*
> *guidillas, y zarabandas, y de otros versos, especial-*
> *mente de romances, que los cantaba con especial donai-*
> *re.* (372)

Les "villancicos", si l'on en croit Covarrubias, sont des chansons d'origine populaire, imitées et adaptées par des poètes de la Cour. On les chante en particulier à Noël, et pour la Fête-Dieu. Góngora en a imité deux, de saveur nettement gitane. Le premier est dédié à la Nativité :

> Támaraz, que zon miel y oro,
> támaraz, que zon oro y miel.
>
> *A voz el cachopinito*
> *cara de roza,*

---

(368) Góngora, op. cit., p. 365.

(369) Covarrubias, op. cit., p. 315 a.

(370) Cervantes, Pedro de Urdemalas, ed. cit., p. 628.

(371) A. de Solís, op. cit., p. 64 b.

(372) Cervantes, La Gitanilla, ed. cit., p. 5.

> *la palma oz guarda hermoza*
> *del Egito.*

> Támaraz, que zon miel y oro,
> támaraz, que zon oro y miel. (373)

Il faut lire "támaras" (régime de dattes), ce qui entraîne un double jeu de mots, comme Góngora les aime, entre la palme ou la paume de la main ("palma") et les dattes ou les doigts ("dátiles"). Quant à "cachopinito" c'est un lusitanisme et il faut vraisemblablement lui donner, ici, le sens du mot portugais "cachopo", "cachopim" (petit enfant).

Le deuxième "villancico" de Góngora est destiné à la Fête-Dieu :

> A la dina dana dina, la dina dana,
> vuelta zoberana.
> A la dana dina dana, la dana dina,
> mudanza divina.

> ... *Querida, la mi querida,*
> *bailemoz, y con primor,*
> dana, dina,
> *mudanza hagamoz de vida,*
> *que es la mudanza mejor,*
> dina, dana... (374)

Ici, les jeux de mots portent sur les figures de danse "vuelta" et "mudanza". C'est la même chanson populaire qui inspire le "villancico" que Lope de Vega a introduit dans sa "comedia" *La madre de la mejor* et il y a tout lieu de croire que la version de Lope, qui ne cherche pas à faire de l'esprit, est beaucoup plus proche de l'original :

> *A la dana dina,*
> *a la dina dana,*
> *a la dana dina,*
> *Señora divina,*
> *a la dina dana,*
> *Reina soberana.*
> *Quienquiera que sea*
> *la que hoy ha nacido,*
> *que el suelo ha vestido*
> *de verde librea,*
> *Egipto la vea,*
> *su bella gitana*
> *a la dina dana, etc.* (375)

Dans *El nacimiento de Cristo* du même auteur, on trouve une autre chanson du même type interprétée par des Gitans, et dont le refrain est le suivant :

---

(373) Góngora, Letrillas, ed. de R. Jammes, Clás. Cast., Madrid, 1980, p.168.

(374) Ibid., pp. 159-160.

(375) Lope de Vega, La madre de la mejor, ed. cit., p. 205 a.

> *A la clavelina,*
> *a la perla fina,*
> *a la aurora santa,*
> *que el sol se levanta.*

Deux vers font visiblement écho à l'invocation "Señora divina...
Reina soberana" :

> *Reina de los cielos,*
> *Divina Señora.* (376)

A première vue, des onomatopées comme "dina dana, dana dina, etc."
ne se différencient guère de toutes celles qu'on rencontre si fréquemment
dans les chansons interprétées par les personnages " à accent" et qui prétendent évoquer des mots de leur langue. C'est le cas, par exemple, dans
les *Letrillas* de Góngora qui mettent en scène soit des Arabes, soit des
Noirs :

> *Falalá, lailá*
> *Elamú, calambú, cambú,*
>   *elamú.* (377)

On peut les rapprocher des "glossolalies" telles que "troloro",
"lerelere" que nous retrouvons de nos jours dans les chants "flamencos"; et
le goût des Gitans d'Andalousie, comme des Tsiganes en général, pour des
formules de ce genre nous a paru, pendant longtemps, fournir une explication suffisante. Cependant, Robert Jammes insistait pour que nous recher-
chions une origine intelligible au refrain des Gitans du Siècle d'Or qui
nous paraissait purement onomatopéique et, par conséquent, dépourvu de toute
signification.

Nous avons d'abord pensé que la langue gitane nous donnerait la so-
lution du problème. On pouvait, en effet, rapprocher "dina" du kaló "diña"
(donne) et replacer les paroles mystérieuses dans le contexte si caractéristique de la mendicité gitane. Le premier exemple, à notre connaissance, du
refrain en question, un "auto sacramental" de Juan de Luque, publié en
1608 (378) paraissait corroborer cette hypothèse puisqu'il était suivi des
vers suivants :

> *Dame, hermoza estrella,*
> *sustento y comida.*

Pourtant, le même texte proposait une autre piste, apparemment plus
sérieuse, lorsqu'on se penchait avec un peu d'attention sur les trois premiers vers, ou sur les deux derniers :

---

(376) Lope de Vega, El nacimiento de Cristo, ed. cit., pp. 249 a-250 a.

(377) Góngora, Letrillas, ed. cit., p. 176, 181.

(378) Juan de Luque, Auto tercero al Sacramento, dans Divina poesía y varios conceptos a las fiestas principales, Lisboa, 1608, p. 534.

A la dina dina dona,
a la dona dona dina
quez flor de la villa.
¡ *Ay* ! *garrida dama,*
dina dona,
cara de azuzena,
dona dina,
más que el sol luziente,
dina dona,
y que el cielo bella,
dona dina.
Dame, hermoza estrella,
sustento y comida,
a la dona dina
qž flor de la villa.

En effet, dans ce premier tercet et ce distique final, le relatif
"que" —de "quez" = que es— ne peut se justifier que si ce qui précède a
un sens; et ce sens s'impose immédiatement si l'on considère que "dina" est
un archaïsme et un vulgarisme pour "digna" et que "dona" peut être un autre
archaïsme, ou un régionalisme, pour "dueña". On peut alors traduire :

A la digne, digne dame,
à la dame dame digne,
qui est la fleur de la ville, etc.

Un "romance" de Lope de Vega, publié en 1612 dans *Los pastores de*
Belén (379) paraît confirmer une telle interprétation :

Vos, que sois la dina,
entre las mujeres,
de tener por hijo
al Rey de los reyes,
nuestra dina oíd,
pues lo fuistes siempre,
como siempre virgen,
madre dignamente.
A la dina digan
las aves celestes,
a la dina el mundo,
que por reina os tiene;
también a la dana
por vuestros parientes,
pues por hija de Ana
esta dana os viene.
De Ana sois hija,
y dina que fuese
vuestro hijo Dios,
que tenéis presente.

---

(379) Cf. Lope de Vega, Colección escogida de obras no dramáticas, B.A.E.,
t. XXXVIII, pp. 281-286.

> *Pues si dina y dana*
> *sois, Virgen, bien puede*
> *por dana y por dina*
> *decir la Gitana :*
> a la dina dana,
> Reina soberana;
> a la dana dina,
> Señora divina.

On aura remarqué que, de même que dans la "letrilla" de Góngora, datée de 1609, et dans tous les exemples postérieurs que nous citons,"dona" est devenu "dana", peut-être par croisement avec "dama", ce qui permet à Lope de faire un jeu de mots entre "de Ana" (d'Anne) et ce "dana" qui tend à devenir une sorte d'onomatopée.

Nous retrouvons une variante du même refrain, ainsi modifié, dans un "auto" de Valdivielso publié en 1622, la même année que *La madre de la mejor* :

> ¡ *A la dina, dana,*
> *la linda Gitana !*
> ¡ *A la dana, dina,*
> *la Gitana linda !* (380)

On en trouvera d'autres exemples dans plusieurs "bailes" du XVIIème siècle, comme *El baile de las azuas de Toledo* et *El baile para el auto de la nave*, ainsi que dans *La mojiganga de la Gitanada*, composée en 1672 pour être utilisée à l'occasion de la Fête-Dieu :

> *A la dina dana, la dana dina,*
> *canten y bailen las xitanillas.* (381)

Les "coplas" sont toujours utilisées par les Gitans. Sous leur forme actuelle, ce sont des quatrains de vers de "romance" :

> *Gitaniya como yo*
> *no la tiene d'encontrar,*
> *aunque Gitana se güerba*
> *toíta la cristiandá.*

Les "seguidillas" sont théoriquement des chansons de quatre ou sept vers, avec une alternance d'heptasyllabes libres et de vers assonancés de cinq pieds. Or, les "seguidillas" que chantent, successivement, la Escalante, la Gananciosa, Monipodio et la Cariharta, dans *Rinconete y Cortadillo*, sont composées de deux vers, soit de onze, soit de douze syllabes. Bien que l'authenticité de ces "seguidillas" ait été contestée, Rodríguez Marín fait remarquer, en citant Correas, qu'on écrivait fréquemment, autrefois, ces chansons en deux vers et que les "seguidillas" anciennes pouvaient

---

(380) José de Valdivielso, <u>La amistad en peligro</u>, B.A.E., t. LVIII, p. 234 b.

(381) <u>Mojiganga de la Gitanada</u>, dans <u>Mojigangas manuscritas</u>, B.N., Manuscritos, 14.090, fol. 105.

avoir la même mesure que celles de Cervantes. Si l'on décompose celles-
ci en vers courts, on obtient deux types de mesure : soit quatre vers hexasyllabes dont le second et le dernier sont assonancés :

> *Por un sevillano*
> *rufo a lo valón,*
> *tengo socarrado*
> *todo el corazón;*

soit une alternance de vers de six syllabes et de vers de cinq, avec assonance des deux vers courts :

> *Por un morenico*
> *de color verde,*
> *¿ cuál es la fogosa*
> *que no se pierde ?* (382)

Rappelons que la moderne "seguidilla" ou "siguiriya" gitane se
compose généralement de quatre vers hexasyllabes sauf l'avant dernier, un
endecasyllabe qu'on peut séparer en deux hémistiches de cinq et six syllabes. L'assonance porte, naturellement, sur le deuxième et le quatrième vers :

> *Soy desgraciaíto*
> *jasta pa' l andá,*
> *que los pasitos que yo doy p'alante*
> *se güerben patrá,*

ou encore :

> *Cuando yo me muera*
> *mira que te encargo*
> *que con la sinta e tu pelo negro*
> *m'amarren las manos.*

Du point de vue métrique, la "siguiriya gitana" pourrait être une
adaptation de l'ancienne "seguidilla", telle que la chantent les héros de
Cervantes. Il suffit de lui ajouter un vers de cinq syllabes en troisième
position.

C'est en comparant les thèmes qu'on s'aperçoit que les deux "seguidillas" n'ont en commun que le nom. L'ancienne "seguidilla" est toujours
légère, souriante, parfois bouffonne. La "siguiriya gitana", au contraire,
est toujours grave, profonde, tragique même. Sans être aussi sinistre que la
"minera" du Levant, elle traduit toute la mélancolie de la race gitane, apparemment si désinvolte.

Par contre, avec leurs trois heptasyllabes libres, et leurs quatre
pentasyllabes rimés ou assonancés, les "sevillanas" sont de véritables
"seguidillas" :

> *En el río de amores*

---

(382) Cervantes, Rinconete y Cortadillo, ed. cit., pp. 201-202.

> *nada una dama*
> *y su amante a la orilla*
> *llora y la llama:*
> *¡ Ay ! que te quiero*
> *y como no me pagas,*
> *de pena muero.*

Les "romances" ont été transmis jusqu'à nos jours par la tradition populaire. Au siècle dernier, Estébanez Calderón se rendait à Séville, dans le quartier gitan de Triana, pour écouter des "romances", qu'on appelait "corridas" ou "corridos", comme aujourd'hui encore au Mexique. Ces chansons étaient accompagnées par un petit orchestre composé de divers instruments : guitare, "vihuela", "bandolín", "laud", "viola", etc. Il s'agissait, le plus souvent, de "romances" anciens et Estébanez Calderón cite, en particulier, le "romance del conde del Sol" : "Grandes guerras se publican..." et le "romance de Gerineldos" (383).

Dans *La Gitanilla*, Preciosa chante deux "romances", l'un en octosyllabes : "Salió a misa de parida" et l'autre en vers courts : "Árbol preciosísimo". Sa bonne aventure : "Hermosita, hermosita" est également en vers de "romance".

Dans *Pedro de Urdemalas*, les musiciens, en costume gitan, chantent un "romance" en vers hexasyllabes avec un accompagnement de guitare :

> *Bailan las Gitanas;*
> *míralas el rey;*
> *la reina, con celos*
> *mándalas prender...* (384)

Dans *La elección de los alcaldes de Daganzo*, les Gitans chantent deux "romances" dédiés au Conseil municipal, l'un en octosyllabes : "Reverencia os hace el cuerpo" et l'autre en hexasyllabes : "Vivan y revivan". Les deux "romances" ont le même refrain, de mesure 6-5-6-6.

> *¡ Vivan de Daganzo / los Regidores,*
> *que parecen palmas, / puesto que son robles.* (385)

Enfin, il existe une tradition du "romance" de thème gitan, depuis "Trepan los Gitanos" (386) de Góngora, jusqu'au *Romancero gitano* de Lorca et ses prolongements populaires, comme le "Romancero" du poète gitan Alfredo Giménez :

> *La sangre roja corrió*
> *por carreteras y prados,*

---

(383) Estébanez Calderón, op. cit., pp. 109-119. Dans une saynète du XVIIIème siècle, intitulée Las Gitanillas, une Gitane chante un "corrido".

(384) Cervantes, Pedro de Urdemalas, ed. cit., p. 655.

(385) Id., La elección de los alcaldes de Daganzo, ed. cit., pp. 80-82.

(386) Góngora, op. cit., p. 150.

*una vez de los Ortegas,
otra la de los Velascos.* (387)

Dans *El celoso extremeño,* Cervantes évoque :

*El endemoniado son de la zarabanda, nuevo enton-
ces en España.* (388)

La "sarabande" garde encore aujourd'hui une grande partie de son
mystère. L'étymologie arabo-persane "serbend", qui en faisait une danse
orientale, a été écartée par Corominas. On sait seulement qu'elle était
réputée fort lascive et que, pour cette raison, le Conseil de Castille
l'interdit en 1630; ce qui ne l'empêcha pas de survivre jusqu'au début
du XVIIIème siècle, d'après le témoignage d'Estébanez Calderón :

*El Ole y la Tana son descendientes legítimos de
la zarabanda, baile que provocó excomuniones eclesiás-
ticas, prohibiciones de los Consejos, y que, sin embar-
go, resistía a tantos entredichos, y que, si al parecer moría, volvía a resucitar tan provocativo como de
primero. No hace muchos años que todavía se oyó cantar
y bailar, por una cuadrilla de gitanos y gitanillas,
en algunas ferias de Andalucía.* (389)

Sur tous ces airs : "villancicos", "seguidillas", "romances" et
"zarabandas", avec leur accompagnement de tambourin, castagnettes et "sonajas", les Gitans dansent. Pour la Fête-Dieu on dansait aussi la "chacona",
le "bullicuscuz", le "colorín colorado", le "quiriguigay", toutes danses
fort peu dévotes, d'après le peu qu'on en sait. Dans l'intermède du *Rufián
viudo,* Cervantes mentionne encore l'"escarramán", le "canario", les "gambe-
tas", le "villano", le "zambapalo", le "pésame dello", le "Rey don Alonso";
et dans *La Gitanilla,* Preciosa esquisse quelques pas du "polvico", que les
Gitans de *La elección de los alcaldes de Daganzo* dansent aussi en chantant :

*Pisaré yo el polvico
atan menudico,
pisaré yo el polvo
atan menudó.* (390)

Les Gitans dansent la "chacona" dans deux "mojigangas", l'une de
la fin du XVIIème siècle, *La Gitanada,* et l'autre du début du siècle suivant, *La mojiganga de las sacas para la fiesta del Corpus.* A partir du
XVIIIème siècle, d'autres danses apparaissent dans leur répertoire, telles
le "fandango", le "canario", le "guineo" et les "folías", mais la danse

(387) Alfredo Giménez (El Gitano poeta), Los Gitanos en romance, Zaragoza,
1965, p. 19.

(388) Cervantes, El celoso extremeño, Clas. cast., n° 36, p. 128.

(389) Estébanez Calderón, op. cit., p. 110.

(390) Cervantes, La elección de los alcaldes de Daganzo, ed. cit., p. 82.

qui semble être la plus typique de leur folklore est bien la "seguidilla",
que l'on rencontre à toutes les époques, depuis *La Gitanilla*, et dans
les oeuvres aussi diverses que l'"entremés para la fiesta de *Todo lo vence el amor*", d' Antonio de Zamora, la saynète *Las Gitanillas*, la "zarzuela" du même nom, *Las Gitanas desterradas*, *La Gitanilla honrada*, *La hermosa
Gitanilla en el Coliseo*, *La tonadilla a dúo de los Gitanos*, etc. (391).
Cette "seguidilla", qu'on finit par appeler la "seguidilla gitana" est
donc bien le trait d'union qui relie les anciennes séguedilles aux modernes "siguiriyas" du "Cante Jondo" même si, comme nous le laissions entendre plus haut, bien des choses ont changé entre le point de départ et le
point d'arrivée en ce qui concerne les thèmes, le ton, la métrique et aussi,
sans aucun doute, le rythme et la façon de chanter.

    A part quelques "romances" que Preciosa interprète seule, avec ses
"sonajas" ,

        Dando en redondo largas y ligerísimas vueltas (392),

la plupart des danses de l'époque s'exécutent en groupe, avec des figures.
Ainsi, celle que Cervantes nous décrit dans *La Gitanilla* :

        Tomó las sonajas Preciosa, y dieron sus vueltas,
        hicieron y deshicieron todos sus lazos, con tanto donaire
        y desenvoltura, que tras los pies se llevaban los ojos
        de cuantos las miraban... (393)

    Mais, c'est dans *Pedro de Urdemalas* qu'on"voit" le mieux la danse,
grâce aux commentaires de Pedro et de Maldonado :

PEDRO	*¡ Vaya el boladillo apriesa !* *¡ No os erréis; guardad compás !* *¡ Qué desvaída que vas,* *Francisquilla ! ¡ Ea, Ginesa !*
MALDONADO	*Largo y tendido el cruzado,* *y tomen los brazos vuelo.* *Si ésta no es danza del cielo,* *yo soy asno enalbardado.*
PEDRO	*¡ Ea, pizpitas ligeras* *y andarríos bulliciosos:* *llevad los brazos airosos* *y las personas enteras !*
MALDONADO	*El oído en las guitarras* *y haced de azogue los pies.* (394)

---

(391) Sur ce sujet <u>cf.</u> Arcadio Larrea Palacín, <u>El f lamenco en su raíz</u>, Madrid, 1974.

(392) Cervantes, <u>La Gitanilla</u>, ed. cit., p. 8.

(393) <u>Ibid.</u>, p. 58.

(394) <u>Id.</u>, <u>Pedro de Urdemalas</u>, ed. cit., pp. 640-641.

Le terme "boladillo", qui ne figure pas dans les dictionnaires, désigne probablement, un mouvement très rapide. Le chassé-croisé ("cruzado") se retrouve dans certaines danses modernes, comme les "sevillanas". Cervantes souligne, au passage, l'importance de la mesure, les mouvements gracieux des bras, tandis que le corps reste bien droit, la rapidité des battements de pieds. Les indications scéniques notent deux figures ("mudanzas").

Góngora, dans ses poésies "gitanes", joue sur les mots "mudanza" et "cruzado", figures qui s'exécutent dans un sens, puis à l'envers (395).

RELIGION ET MOEURS

a) La religion

On a vu que, lors de leur arrivée, les Gitans se présentent comme "pèlerins" et qu'ils prennent soin de rappeler,lorsqu'ils demandent l'aumône, qu'ils sont chrétiens. Cependant, leur attitude vis-à-vis de la religion ne tarde pas à scandaliser les Espagnols. On s'aperçoit qu'ils ne fréquentent guère les églises, qu'ils ne font pas leurs Pâques, qu'ils ne baptisent pas souvent leurs enfants, qu'ils célèbrent leurs unions et leurs enterrements sans avoir recours au prêtre, bref, qu'ils vivent comme des païens.

En 1585, les Constitutions de Catalogne s'inquiètent de savoir comment ils pratiquent (396), et, en 1594, les Cortès de Castille accusent :

> Son gente que no guarda en los matrimonios la forma de la Iglesia porque se casan parientes con parientes sin ninguna dispensación, y aun sin matrimonio se mezclan unos con otros sin tener quenta con deudo de parentesco, ni afinidad, ni las demás prohibiciones del derecho, y jamás se verá ninguno confesar ni recibir el Santísimo Sacramento, ni oír misa ni conocer parroquia ni cura, y plegue a Dios que el consentir pecados tan públicos no sea causa de parte de nuestros castigos. (397)

Les délégués aux Cortès semblent prêts à faire retomber sur la tête des Gitans la responsabilité morale des catastrophes qui sont en train de s'abattre sur l'Espagne : guerre des Pays-Bas; désastre de l'Invincible Armada (1588), attaques anglaises contre Lisbonne et La Coruna (1589), soulèvement de Saragosse (1591), conversion d'Henri de Bourbon (Henri IV) qui soustrait la couronne de France briguée par Isabelle Claire Eugénie, fille de Philippe II (1594), déficit du trésor; baisse de la production agricole et augmentation du coût de la vie.

De la même façon, parfois, les paysans rendront responsables les Gitans des fléaux naturels qui détruisent leurs récoltes (398).

En 1603, les Cortès font remarquer que les Gitans ne sont pas encore assujettis aux "lois naturelles", qu'ils pratiquent l'inceste, et

---

(395) Góngora, op. cit., p. 151, 152, 347.

(396) Constitutions de Cathalunya, t. I, lib. 9, tit. XVIII, cons.VI,p.494.

(397) Actas de las Cortes de Castilla, t. XIII, pp. 220-221.

(398) Barcelona,Real Audiencia, Reg. 231, fol. 88 v.

qu'ils vivent "sans l'entière connaissance de la loi chrétienne" (399). En 1609, les députés souhaitent que les autorités civiles et religieuses fassent des enquêtes pour savoir comment les Gitans se marient, s'ils se confessent, s'ils reçoivent les sacrements et s'ils baptisent leurs enfants (400).

Un rapport étudié le 8 novembre 1610 affirme que les Gitans ne sont pas chrétiens, puisqu'ils n'observent aucune pratique religieuse, et en conclut qu'ils sont pires que les "Morisques" (401); et dans une requête adressée au roi, le 24 décembre de la même année, on peut lire qu'ils vivent en concubinage et qu'ils ne sont chrétiens que de nom (402).

Dans le *Coloquio* de Cervantes, on trouve, dans la bouche de Berganza, un écho des Cortès de 1594 :

> *Pocas o ninguna vez he visto, si mal no me acuerdo, ninguna gitana a pie de altar comulgando, puesto que muchas veces he entrado en las iglesias* (403);

et dans *Pedro de Urdemalas*, un écuyer reproche aux Gitans de ne pas donner de prémices à l'Eglise (404).

En dehors des deux oeuvres de Cervantes que nous venons de citer, il existe fort peu de témoignages littéraires sur les pratiques religieuses des Gitans. Dans sa *Segunda parte de la vida de Lazarillo de Tormes*, J. de Luna affirme que les Gitans ne sont, en réalité, que des religieux défroqués. Lazarillo l'apprend de la bouche d'un vieillard :

> *Preguntéle en el camino si los que estaban allí eran todos gitanos nacidos en Egipto. Respondióme que maldito el que havía en España, mas que todos eran clérigos, frayles, monjas o ladrones que havían escapado de las cárceles o de sus conventos, pero que entre todos, los majores vellacos eran los que havían salido de los monasterios, mudando la vida especulativa en activa.* (405)

Dans *La Gitanilla de Madrid*, Solís, qui imite à la fois *La Gitanilla* de Cervantes et *Rinconete y Cortadillo*, compare la tribu gitane à un ordre religieux :

> JULIO   *Yo llego, y demando*
> *con humildad y obediencia*
> *deste convento al prelado*

---

(399) Actas de las Cortes de Castilla, t. XXI, p. 482.

(400) Ibid., t. XXV, pp. 68-69.

(401) Ibid., t. XXVI, pp. 163-165.

(402) Ibid., t. XXVI, p. 291.

(403) Cervantes, El coloquio..., ed. cit., p. 314.

(404) Id., Pedro de Urdemalas, ed. cit., p. 627.

(405) J. de Luna, op. cit., p. 59.

> *que me examine y admita*
> *a novicio de gitanos*
> ....
>
> SANCHO   *Pues sepa que es muy estrecha*
>   *esta religión, hermano.* (406)

Comme dans la "confrérie" du seigneur Monipodio, on commence par faire ses dévotions avant d'aller"jouer des doigts" :

> MALDONADO *En primer lugar encargo*
>   *la devoción, el comienzo*
>   *de la acción será rezar*
>   *en las Maravillas, puesto*
>   *que tirando a la garganta*
>   *el oficio es buen acuerdo*
>   *negociar con una Salve*
>   *que no se apresure el Credo.* (407)

Sancho de Moncada, qui ne fait pas de littérature et n'a pas coutume de plaisanter, rédige un réquisitoire complet sur l'irréligion des Gitans, en 1619 :

> *Lo sexto, porque muy graves hombres los tienen*
> *por Hereges, i muchos por Gentiles, Idólatras y Ateos,*
> *sin religión alguna, aunque en la apariencia exterior*
> *se acomodan con la religión de la Provincia donde andan,*
> *siendo con los Turcos Turcos, con los Hereges Hereges,*
> *i entre christianos bautizando algún muchacho por cum-*
> *plir. Frayme Jaime Bleda trae casi cien señales de donde*
> *colige que los Moriscos no eran christianos, todas las*
> *cuales se reconocen en los Gitanos, porque de pocos se*
> *sabe que bauticen sus hijos; no son casados, antes se*
> *cree que tienen las mujeres comunes; no usan dispensa-*
> *ciones, ni sacramentos algunos, imágenes, rosarios, bu-*
> *las; no oyen misa, ni oficios divinos; jamás entran en*
> *las iglesias; no guardan ayunos, Quaresma, ni precepto*
> *alguno eclesiástico, de que dicen todos que ay larga*
> *experiencia.* (408)

Salazar de Mendoza disait déjà dans son *Memorial* de l'année précédente que les Gitans ne savaient pas ce qu'était une église, qu'ils n'y rentraient que pour commettre des sacrilèges et qu'ils ne recevaient jamais les sacrements (409).

En matière de conclusion, Moncada suggère qu'on brûle les Gitans comme hérétiques. Onze ans plus tard, Quiñones reprend les mêmes arguments

---

(406) A. de Solís, op. cit., p. 61 a.

(407) Ibid., p. 73 b.

(408) S. de Moncada, op. cit., pp. 208-209.

(409) Pedro Salazar de Mendoza, op. cit.

pour condamner la race gitane. Il a vu, pour sa part, des Gitans qui s'apprêtaient à manger trois moutons un jour de Carême.

De son côté, Juan de Piña fait dire à son héros, don Juan, que
les Gitans ne se font pas baptiser, qu'ils ne se marient pas, ne vont pas
à la messe, ne se font pas enterrer chrétiennement et qu'ils mangent de
la viande toute l'année y compris le Vendredi saint (410).

Enfin, au XVIIIème siècle, Feijoo cite comme preuve de l'indifférence religieuse des Gitans le cas de l'un d'entre eux qui, condamné à
être pendu, à Oviedo,ne savait pas s'il était baptisé (411).

Sur les baptêmes gitans, on possède des témoignages assez anciens,
et, en particulier, un document de 1530, extrait du Registre des baptêmes
de la paroisse de Santa Escolástica, à Grenade (412).

Les parrains étaient généralement choisis parmi les gens riches
et influents, car c'étaient des protecteurs en puissance. C'est la raison
pour laquelle beaucoup de Gitans portent le nom de certaines grandes familles castillanes.

b) *Les moeurs*

On vient de voir que les Cortès de 1494 et 1603 accusent les Gitans de pratiquer l'inceste et que celles de 1610 leur reprochent de vivre
en concubinage.

Pour Sancho de Moncada, Gitans et Gitanes vivent dans une totale
promiscuité sexuelle, mais c'est contre les femmes qu'il se déchaîne particulièrement dans son discours tristement célèbre :

> *Lo tercero, porque las Gitanas son públicas rameras,
> comunes (a lo que se dice) a todos los Gitanos, i con
> bayles, ademanes, palabras, i cantares torpes, hacen
> gran daño a las almas de los Vassallos de V. Mag. siendo
> como es cosa notoria infinitos los daños que se han he
> cho en casas muy honestas, las casadas que han apartado
> de sus maridos, i las doncellas que han pervertido; i
> finalmente todas las señas que de una ramera dio el Rey
> Sabio, reconocen todos en la mejor Gitana, son vagantes
> habladoras, inquietas, siempre en plazas i corrillos,
> etc. (413)*

Quiñones n'est pas moins sévère; s'appuyant sur les témoignages
de don Pedro Salazar de Mendoza qu'il cite presque mot à mot, et de fray
Melchor de Huélamo, il attribue aux Gitans des moeurs étranges :

> *La mejor información que hazen para casarse (si
> es que se casan) es de la muger más diestra y astuta
> en hurtar y engañar sin reparar en que sea parienta o*

---

(410) Juan de Piña, op. cit., p. 4.

(411) Feijoo, op. cit., p. 59.

(412) Ortiz de Villajos, op. cit., p. 34.

(413) S. de Moncada, op. cit., p. 206.

> *casada : porque no han menester más que juntarse con*
> *ella, y dezir que es su muger. Algunas vezes las com-*
> *pran a sus maridos, o las reciben empeñadas. Assí lo*
> *dize el Doctor Salazar de Mendoza. Fr. Melchor de Gue-*
> *lamo dize que oyó afirmar por cosa muy cierta de dos*
> *Gitanos lo que de ninguna bárbara nación se avrá oídó,*
> *y es que trocaron las mugeres, y que por ser la una*
> *de mejor parecer que la otra, le dio el que llevó la*
> *hermosa cierta cantidad de moneda al que llevó la*
> *fea.* (414)

Quiñones rapporte, à ce sujet, des détails encore plus sensation-
nels. Il les tient du juge Martín Fajardo, dont les méthodes n'avaient aucun rapport avec l'ethnologie, on s'en doute, puisque c'est dans le cadre
d'une chambre de tortures qu'il avait coutume de recueillir des confidences :

> *Unos Gitanos y Gitanas confessaron ante don Martín*
> *Faxardo que no se casavan, sino que en los banquetes y*
> *combites que hazían, elegían las mugeres ỹ querían, y*
> *que les era permitido tener hasta tres amigas, y que*
> *por esso procreavan tantos hijos.* (415)

Le ton de Cervantes est assez différent, en particulier dans *La
Gitanilla*, et pour des raisons évidentes, puisque c'est à travers le discours
lyrique du vieux Gitan que nous abordons les moeurs de la tribu. Au sujet
du mariage, Cervantes évite de trancher :

> *Esta muchacha que es la flor y la nata de toda la*
> *la hermosura de las Gitanas que sabemos viven en Espa-*
> *ña, te la entregamos, ya por esposa, o ya por amiga;*
> *que en esto puedes hacer lo que fuere más de tu gusto,*
> *porque la libre y ancha vida nuestra no está sujeta a*
> *melindres ni a muchas ceremonias.* (416)

Les Espagnols du XVIIème siècle ne connaissent qu'une sorte de
mariage : c'est le sacrement administré par l'Eglise. Or, de tous temps,
les Gitans ont célébré leurs mariages selon leurs propres coutumes. Ils
ont eu, presque toujours, un certain mépris pour le mariage religieux que
Cervantes désigne ici, par la bouche du vieux Gitan, d'une façon assez
irrévérencieuse :

> *A melindres ni a muchas ceremonias.*

Voilà pourquoi on accuse les Gitans d'avoir des moeurs sexuelles
dissolues, voilà pourquoi on traite les femmes de prostituées publiques :

---

(414) J. de Quiñones, op. cit., fol. 11 v.

(415) Ibid., fol. 12.

(416) Cervantes, La Gitanilla, ed. cit., p. 66.

ils ne font pas bénir leurs unions par un prêtre. Cervantes, pas plus que ses contemporains, n'a évoqué les rites du mariage gitan, tout simplement parce qu'il les ignorait; mais ce qu'il dit, dans le *Coloquio*, prouve qu'il est loin de partager les erreurs grossières de Moncada, de Salazar de Mendoza et de Quiñones :

> *Cásanse siempre entre ellos, porque no salgan sus malas costumbres a ser conocidas de otros; ellas guardan el decoro a sus maridos, y pocas hay que les ofendan con otros que no sean de su generación.* (417)

Le ton est encore très prudent : Cervantes laisse aux Gitans une possibilité d'adultère au sein de leur groupe, mais le principe de la fidélité reste posé. Dans *La Gitanilla* ce principe sera affirmé de façon plus absolue :

> *Nosotros guardamos inviolablemente la ley de la amistad : ninguno solicita la prenda del otro; libres vivimos de la amarga pestilencia de los celos.*

Et un peu plus loin :

> *No hay ningún adulterio.* (418)

Cette affirmation est pourtant nuancée aussitôt :

> *y cuando le hay en la mujer propia...*

Cervantes nous explique pourquoi les Gitanes sont aussi fidèles :

> *Nosotros somos los jueces y los verdugos de nuestras esposas o amigas; con la misma facilidad las matamos y las enterramos por las montañas y desiertos como si fueran animales nocivos.*

L'habitude de tuer ou de mutiler les femmes adultères a été mentionnée fréquemment. Jules Bloch parle de femmes au nez ou aux oreilles coupées, et il ajoute :

> *Chez les Hongrois, le mari et le frère d'une femme adultère ont le droit de la tuer; en fait, la vengeance ne s'exerce vraiment que si l'adultère était au bénéfice d'un non-Tsigane; quant à l'homme, il a, dit-on, tous les droits.* (419)

Cervantes n'approuve pas ces méthodes, sans doute, mais ce qu'il

---

(417) Id., **El coloquio...**, ed. cit., p. 314.

(418) Id., **La Gitanilla**, ed. cit., p. 67.

(419) Jules Bloch, **op. cit.**, p. 69.

convient de remarquer ici, c'est que, contrairement à la plupart de ses
contemporains, il a une vision fort juste du problème de l'adultère chez
les Gitans, et il connaît l'existence d'une justice gitane, qui se pratique encore dans certains groupes sous le nom de "Kriss". Quel qu'en soit
le prix, la fidélité des Gitanes est un fait que personne d'autre n'a souligné à l'époque, à l'exception de Lope de Vega :

> FAJARDO   *Hay de aquéstas
>   algunas limpias y hermosas.*
>
> CASTELLANOS *Sí, pero muy desdeñosas
>   y notablemente honestas;
>   que tienen extraña ley
>   con sus maridos.*

Un peu plus loin, Fajardo fait l'éloge de la constance des Gitanes, qu'il dépeint arrivant au port, chargées de cadeaux pour leurs maris
galériens, et il conclut :

> *Que fuera forzado
>   por ver amor verdadero.* (420)

Cervantes semble aller dans le sens des   textes des Cortès de
1594 et 1603, lorsqu'il fait dire au vieux Gitan de *La Gitanilla* :

> *Entre nosotros, aunque hay muchos incestos, no hay
> ningún adulterio.* (421)

La phrase est nuancée par une prise de position très lucide au
sujet de l'adultère, comme nous venons de le voir. Mais sur quoi s'appuie
cette fameuse accusation d'inceste ? On peut être surpris par une telle
affirmation, alors que les contemporains de Cervantes n'ont pas l'air de
bien savoir si les Gitans se marient ou non. Le texte le plus précis, à cet
égard, est celui des Cortès de 1594 qui parle du mariage entre parents,
sans dispense, et de relations hors mariage sans égard pour les interdits
de parenté ou d'affinité.

Les *Siete Partidas* interdisent le mariage avec des parents et
alliés jusqu'au quatrième degré (422). Or, de même que les Gitans se marient
plus volontiers selon leurs coutumes, il est certain qu'ils ne respectent
pas les empêchements dirimants du droit canonique, ou les prohibitions du
code civil qui en découlent. En 1746, en Catalogne, les autorités séparèrent,
en les assignant à résidence dans deux villes éloignées l'une de l'autre,
un Gitan et une Gitane, qui vivaient en concubinage depuis 25 ans. Parents
au troisième degré, ils n'avaient pu se marier. Leurs cinq enfants furent
partagés entre le père et la mère (423). Tout ceci nous renseigne moins

---

(420) Lope de Vega, El arenal de Sevilla, ed. cit., p. 536.

(421) Cervantes, La Gitanilla, ed. cit., p. 67.

(422) Partida I, tít. 18, part. 7; cf. Covarrubias, op. cit., p. 734.

(423) Barcelona, Real Audiencia, Reg. 395, fol. 1

sur les moeurs des Gitans que sur l'incompréhension totale qui séparait
les deux communautés et qui est loin d'être abolie.

Pour en revenir à Cervantes, après avoir affirmé l'indissolubi-
lité du mariage gitan, le vieillard de La Gitanilla introduit une clause
assez curieuse :

> Entre nosotros así hace divorcio la vejez como
> la muerte : el que quisiere puede dejar la mujer vieja
> como él sea mozo, y escoger otra que corresponda al
> gusto de sus años. (424)

Le divorce des Gitans, s'il existe, est une rareté. Mais Cervantes avait dû recevoir un témoignage du même type que celui de Quiñones,
qui écrit, en 1630 :

> El licenciado Alonso Durán, Relator que aora es
> de nuestra sala, me ha dicho y certificado, que el año
> de 623 o 624, un Simón Ramírez Gitano, capitán que era
> de una tropa dellos, repudió a Teresa su mujer, porque
> era ya vieja, y se casó con una, que se dezía Melchora,
> que era moça y hermosa. (425)

On a parfois voulu prouver la profonde connaissance que Cervantes
aurait eu du milieu gitan (426), en s'appuyant sur le fameux discours de
Preciosa au sujet de la virginité :

> Flor es la de la virginidad que, a ser posible,
> aun con la imaginación no había de dejar ofenderse.
> Cortada la rosa del rosal, ¡ con qué brevedad y faci-
> lidad se marchita ! (427)

Il est un fait que les Gitans pratiquaient, et pratiquent encore, le reconnaissance de la virginité. Elle est exécutée par une vieille
matrone et matérialisée sous forme de gouttes de sang recueillies sur un
mouchoir qu'on exhibe solennellement. Cet acte, indispensable à la célébra-
tion du mariage gitan, est le thème de certaines "coplas" des chants de noces ou "alboreás" :

> En un verde prao
> tendí mi pañuelo,
> salieron tres rosas
> como tres luceros.

Cervantes et le chant "flamenco" se rencontrent à travers le
foklore, dans la métaphore de la rose, tache de sang et fleur de la virgi-

---

(424) Cervantes, La Gitanilla, ed. cit., p. 68.

(425) J. de Quiñones, op. cit., fol. 11 v.

(426) Walter Starkie, op. cit., p. 149.

(427) Cervantes, La Gitanilla, ed. cit., p. 39.

nité. Ceci est tout à fait naturel, mais faut-il voir dans la tirade de
Preciosa un trait d'observation des moeurs gitanes ? C'est peu probable.
D'abord la virginité n'est pas qu'un thème gitan; c'est également une conception chère à Cervantes et à son époque. Preciosa préfère emporter son
pucelage dans l'autre monde plutôt que de le perdre en dehors des liens
sacrés du mariage. Cela n'a rien de très gitan. D'ailleurs faut-il rappeler que Cervantes s'est servi constamment du truchement de Preciosa pour
exprimer ses propres idées sur l'amour et le mariage; d'où l'invraisemblance totale du personnage qui, à 15 ans, manifeste l'expérience de
l'auteur qui en a plus de 60 ? Enfin, Cervantes a été amené à singulari-
ser son héroïne le plus possible par rapport au milieu gitan. La fille de
don Fernando de Acevedo, chevalier de l'ordre de Calatrava, et corrégidor de Murcie, ne pouvait se conduire comme une vulgaire Gitane. Aussi
Cervantes précise-t-il, dès les premières pages de sa nouvelle, que Preciosa, bien qu'élevée au sein de la tribu, manifeste une distinction toute
"naturelle". On reproche aux Gitanes de mettre en péril l'âme des bons
sujets du royaume avec des paroles ou des chansons indécentes; or, personne n'ose prononcer des grossièretés devant Preciosa (428). La cupidité des Gitanes est proverbiale, mais Preciosa veut refuser les cent écus
de don Juan,puis elle le rend au page-poète l'écu qu'il avait glissé dans
un sonnet. Preciosa,enfin, qui va se montrer si soumise à la fin de la
nouvelle à des parents qu'elle ne connaît pas, refuse de se plier aux
lois de sa tribu. Si Cervantes fait tenir à son héroïne ce long discours
sur la virginité, c'est, en particulier, pour la distinguer encore davantage du milieu gitan,à une époque où on a tendance à considérer toutes les
Gitanes comme des catins.

c) Les coutumes

Même si le ton de La Gitanilla est bien différent de celui des discours de Moncada et de Quiñones ou des rapports des Cortès, faut-il considérer Cervantes comme le premier des tsiganologues ? L'analyse qui précède,
au sujet de la virginité, indique que la plus grande prudence est de rigueur
dans ce domaine. Quant à l'exemple qui va suivre, il tend à prouver que,
même dans des ouvrages à prétention scientifique, l'imprudence peut parfois
aller fort loin. C'est un extrait de l'article consacré aux Gitans par
l'Enciclopedia Universal Ilustrada Europeo-Americana; il concerne les rites
de mariage :

> En otras tribús los contrayentes se presentaban
> ante los jefes del aduar, los cuales ponían en manos
> del novio un martillo y unas tenazas, y al son de dos
> guitarras, que dos gitanos tañían, daba dos cabriolas,
> y luego le desnudaban el brazo derecho y con una cinta
> de seda nueva y un garrote le daban dos vueltas. La no-
> via y todas las mozas y mozos del cotarro estaban presen-
> tes a esta singular ceremonia, y en seguida el jefe to-
> maba por la mano a la desposada entregándosela al ma-
> rido y recomendando a los dos que mutuamente se guarda-
> sen inquebrantable fidelidad, bajo el más severo cas-
> tigo si hiciesen lo contrario. (429)

---

(428) Ibid., p. 4, 5.

(429) Enciclopedia Universal Ilustrada Europeo-Americana,Bilbao,1925,t.XXVI,
p. 224.

On aura reconnu , à peine modifié, le passage de *La Gitanilla*
que Cervantes ne présentait pas du tout comme un rite de mariage, mais
seulement comme

las ceremonias de la entrada de Andrés a ser Gitano.(430)

Plus circonspect que les auteurs de l'*Enciclopedia Universal*,
Rodríguez Marín s'écriait dans une de ses notes, en lançant un défi aux
commentateurs non-érudits :

¿ *De dónde tomó Cervantes la idea para estas ex-
trañas ceremonias* ? (431)

Si l'on s'autorise à voir dans *La Gitanilla* autre chose qu'un
traité scientifique sur la vie des Gitans, on peut admettre que Cervantes
pouvait aussi faire preuve d'imagination. En tout cas, les quelques symbo-
les de la cérémonie semblent assez faciles à analyser : le marteau et les
tenailles sont les outils du forgeron. Il s'agit du métier gitan par excellence, comme Cervantes lui-même le souligne dans le *Coloquio*. Les deux
guitares et les deux cabrioles évoquent également des activités spécifique-
ment gitanes : la musique, la danse et le batelage. Enfin, le garrot peut
symboliser la résistance à la torture, et Cervantes nous a laissé entendre
qu'elle est bien nécessaire quand on embrasse cette carrière.
          D'une façon générale, les contemporains de Cervantes se sont fort
peu souciés de nous fournir des descriptions exactes des coutumes gitanes.
A ce propos, il faut faire une exception pour Jerónimo de Alcalá, que Colocci reconnaissait déjà comme l'un des meilleurs observateurs des Gitans(432).
Cependant, comme nous l'avons dit plus haut, pour Rafael Salillas, Colocci
est dans l'erreur : Alcalá n'a jamais rien écrit qu'il n'ait tiré de quelques souvenirs de lecture et Cervantes reste le seul observateur valable(433).
Il est certain qu'Alcalá s'inspire parfois de ses prédécesseurs, et, en particulier, de Mateo Alemán. Mais le *Guzmán de Alfarache* est particulièrement
pauvre en témoignages sur les Gitans, et, sans enlever à l'auteur de *La Gitanilla* la place qui lui revient, il nous a paru juste de réhabiliter Alcalá qui nous a laissé, entre autres, une description d'enterrement tout à
fait authentique. Il est encore possible d'en observer de semblables et
l'on possède, à ce sujet, nombre de documents ethnologiques (434).
          Si le texte d'Alcalá n'est pas le fruit d'une observation directe,
il serait très intéressant de savoir à qui il a pu l'emprunter :

*Dos mozos hicieron un gran hoyo o sepultura donde
dejaron metido, aunque descubierto, el cuerpo difunto,*

---

(430) Cervantes, La Gitanilla, ed. cit., p. 66.

(431) Ibid., note 11.

(432) Adriano Colocci, Gli Zingari.Storia d'un popolo errante, Torino,1889.

(433) Rafael Salillas, op. cit., Hampa, p. 142.

(434) Cf. en particulier Mateo Maximoff, Coutumes des Tsiganes Kalderash,
dans Etudes Tsiganes, juil.-sept. 1962, p. 14.

echando con él algunos panes y poca moneda, como si
para el camino del otro mundo lo hubiera menester. Lue-
go de dos en dos iban las Gitanas, tendidos sus cabellos,
arañando su rostro, y la que más ensangrentadas sacaba
las uñas a su parecer cumplía mejor con su oficio a la pos-
tre iban los hombres llamando a los santos, y principal-
mente al divino Bautista, con quien ellos tienen parti-
cular devoción, pidiéndole a gritos, como si fuera sor-
do, que socorriese al difunto y le alcanzase perdón de
sus culpas. (435)

Cervantes et Alcalá signalent tous deux la coutume qu'ont les Gitans de laver les nouveaux-nés dans l'eau froide. Ce rite a très vite atti-
ré l'attention, puisqu'on en trouve la représentation sur une tapisserie
de Tournai et que Montaigne y fait également allusion (436).

CONCLUSIONS

Nous venons de reconstituer l'image du monde gitan, telle qu'elle
peut apparaître à travers la littérature des XVIème et XVIIème siècles.
Quelles conclusions pouvons-nous tirer de ce tour d'horizon ? Quelle place
pouvons-nous faire à Cervantes dans ce domaine ? Reprenons, dans l'ordre,
les différents sujets d'observation .

a) *Portraits des Gitans*
Vicente Espinel est le seul à fournir une description —très suc-
cincte, il est vrai— du costume gitan. En ce qui concerne l'aspect physique,
Cervantes et Lope de Vega sont sensibles à la beauté féminine, Alcalá à la
laideur des hommes. Les auteurs du Siècle d'Or ont négligé ce terrain d'observation; cependant, Cervantes et Alcalá soulignent tous deux, bien que
d'une façon très différente, l'agilité et la robustesse des Gitans.
C'est dans le domaine moral que l'originalité de Cervantes se manifeste le mieux. Il reprend à son compte les thèmes courants : "mensonge,
ruse, paresse", et ajoute, pour sa part des allusions à la cupidité des Gitanes; mais il est pratiquement le seul à ne pas présenter un portrait moral purement négatif. Personne d'autre ne parle de sagesse, de fraternité,
de discrétion et d'harmonie. Cependant, il serait dangereux de prendre à la
lettre les louanges contenues dans le discours du vieux Gitan. Dans *La Gi-*
tanilla, comme dans *Pedro de Urdemalas*, c'est un Gitan, un "voleur", un repris de justice, qui fait l'apologie du "gitanisme". Toutes ces qualités,
placées dans la propre bouche de ceux que Cervantes ne ménage guère par
ailleurs, témoignent d'un certain humour et posent un problème d'idéalisation que nous tenterons d'élucider plus loin. Lorsqu'on analyse l'attitude
de Cervantes vis-à-vis des Gitans, il est prudent de se référer au *Coloquio*,
car c'est le seul texte qu'on ne puisse taxer de partialité, et la seule qua-
lité à laquelle Berganza fasse allusion est la fidélité des Gitanes. Or,

(435) J. de Alcalá, op. cit., p. 547 b.

(436) Cervantes, El coloquio..., ed. cit., p. 313.
    - J. de Alcalá, op. cit., p. 551 b.
    - F. de Vaux de Foletier, Mille ans..., op. cit., p. 200.

dans *La Gitanilla*, Cervantes va la détruire, en tant que vertu morale,
puisqu'il nous expliquera qu'elle repose sur la crainte d'un châtiment
horrible. Il s'agit, cependant, d'un trait de moeurs authentique que nous
étudierons, en tant que tel, un peu plus loin.

b) *Mode de vie*

Les Gitans ont rarement été observés, à l'époque qui nous intéresse, dans leur vie intime, dans leurs campements. On se contente de développer à leur sujet le thème à la mode de la vie de nature, tout à fait
idéalisé chez Cervantes, et traité, au contraire, par Alcalá, sur un mode
plus burlesque que réaliste. Malgré ce ton, certains détails rapportés par
Alcalá donnent une impression de vécu et semblent relever de l'observation;
en particulier la scène du repas, celle du coucher et celle de l'enterrement. Il n'y a rien de semblable chez Cervantes. Ses Gitans, même ceux de
La Gitanilla, restent fort abstraits. On ne les voit pas vivre, pas plus
qu'on n'imagine l'ambiance du campement, avec son agitation et ce grouillement
d'enfants nus qui a vivement frappé Alcalá et Vicente Espinel.

Par contre, Cervantes nous a laissé des renseignements sur les dé-
placements des troupes gitanes, la coutume de déposer une garantie avant
de s'installer dans un village. Il sait, aussi, que les troupes errantes
gardent des contacts entre elles et peuvent se donner des rendez-vous.

Le thème de l'hospitalité et des Gitans d'adoption, présenté comme un fait historique dans le *Coloquio*, est illustré, dans *La Gitanilla*,
par les cas d'Andrés et de Clemente, par celui de Pedro, dans *Pedro de Ur-
malas*; et on pourrait ajouter celui de Ginés de Pasamonte, dans *Don Quijote*, car sa connaissance de la langue gitane suppose une longue fréquentation. L'accueil dont nous parle Cervantes n'est pas toujours désintéressé,
mais il semble chaleureux, spécialement dans *Pedro de Urdemalas*. Au contraire, Alonso, le héros de J. de Alcalá, se retrouve chez les Gitans d'une manière un peu forcée et ceux-ci s'empressent de le dépouiller de ses vêtements. Estebanillo González, contraint par le mauvais temps à se réfugier
sous un arbre, au sein d'un groupe de Gitans, est victime de la même mésa-
venture et c'est dans l'intention de lui dérober ses écus —lui semble-t-il—
que ses hôtes lui font une place près de leur feu.

c) *La langue*

Nous avons signalé l'inexistence des témoignages littéraires sur
la langue parlée par les Gitans. Les seules indications que nous possédions
—exception faite, peut-être, de la *Medora* de Rueda et l'*Aucto del finamento de Jacob*,— portent sur cette façon de parler, en partie conventionnelle,
qu'on appelle le "ceceo". Comme la plupart des écrivains, Cervantes la signale, et en donne quelques exemples. Mais il affirme que cette prononciation est artificielle.

d) *Les moyens de subsistance*

Le thème le plus négatif, celui du vol, est également le plus répandu. Presque tous les auteurs évoquent les Gitans sous ce jour, excepté
Gil Vicente, Timoneda et Lope de Vega. Cervantes l'aborde à la fois dans
le *Coloquio*, dans *Don Quijote*, dans *Pedro de Urdemalas* et dans *La Gitanilla*. Notons que son développement, dans cette nouvelle, procède davantage
de la dynamique du style que d'une indignation réelle.

Le vol d'enfants a peut-être un rapport, dans la réalité, avec
le commerce des esclaves, mais c'est surtout un thème littéraire, romanesque, qu'on peut situer dans une tradition médiévale et antique d'enfants

perdus et retrouvés. Utilisé pour le première fois comme ressort dramatique par Lope de Rueda, il est développé par Cervantes, dans *Pedro de
Urdemalas* et dans *La Gitanilla*, puis par Solís dans son adaptation pour
le théâtre de la nouvelle de Cervantes.

Le thème folklorique de la bonne aventure se situe aussitôt après
celui du vol dans l'ordre de fréquence. Déjà évoqué dans *La Celestina*, il
tient lieu d'argument dans la *Farça das Ciganas* de Gil Vicente. Dans cette
oeuvre, comme dans l'*Auto da festa* du même auteur, les Gitanes s'adressent
directement aux spectateurs. Leurs prédictions jouent un rôle très important
chez Lope de Rueda et chez Timoneda, alors que la bonne aventure est traitée sur le mode burlesque chez Negueruela et dans l'*Aucto del finamento de
Jacob*. Dans cette dernière pièce elle sert, de plus, à masquer un vol. Du
point de vue littéraire, la bonne aventure de Cervantes, qui utilise toutes
les ressources du genre, est la plus réussie. Elle baigne dans un climat
de complicité avec le lecteur et d'humour bien cervantin.

C'est également par le biais de l'humour que Cervantes aborde le
sujet de la magie, avec sa conjuration pleine de saveur populaire.

Le thème de la "Grande Farce" et du trésor caché se trouve déjà,
en puissance, chez Gil Vicente et Lope de Rueda, mais deux des trois grandes farces gitanes de la littérature du Siècle d'Or sont dues à Cervantes;
la troisième est décrite par Jerónimo de Alcalá.

Le maquignonnage est le métier gitan par excellence. Cervantes
évoque cette activité, à la fois dans *La ilustre fregona*, le *Coloquio*, *Don
Quijote* et *La Gitanilla*. On peut souligner que cela représente autant d'allusions que dans l'ensemble des oeuvres littéraires citées pour cette époque (cf. tableau synoptique nº 2).

Le thème de la forge est traité en négatif par Cervantes, qui
n'y voit qu'un prétexte, une façade, l'accessoire du vol; tandis qu'Alcalá
donne au métier de forgeron son importance réelle.

Par contre, c'est surtout chez Cervantes qu'il est question du
sport et du batelage. Le thème est particulièrement développé dans *La Gitanilla*, car il permet à Andrés et à Clemente de s'imposer aux Gitans, sans
avoir à rivaliser avec eux sur un terrain trop picaresque. On trouvera un
écho de ces activités dans l'adaptation de Solís.

Le chant et la danse, thèmes folkloriques par excellence, sont
assez exploités, surtout au théâtre. Cervantes les développe dans *La elección de los alcaldes de Daganzo*, *Pedro de Urdemalas* et surtout dans *La Gitanilla* qui, sur ce point encore, domine nettement la littérature de l'époque.

e) *Religion et moeurs*

En ce qui concerne l'attitude des Gitans vis-à-vis de la religion,
Cervantes est très influencé par le rapport des Cortès de 1594. Quant à Antonio de Solís, c'est dans la mesure où les Gitans symbolisent à l'époque
l'athéisme qu'il lui a semblé plaisant de faire du "gitanisme" une religion. Pour ce faire, il s'est inspiré très largement du discours du vieux
Gitan de *La Gitanilla*, et surtout de la "confrérie de Monipodio", dans *Rinconete y Cortadillo*.

Au sujet des moeurs, le ton de Cervantes tranche à côté de celui
d'un Moncada, d'un Salazar de Mendoza ou d'un Quiñones. Il suit les Cortès
de 1594 et l'opinion de son temps en ce qui concerne l'inceste; mais, seul
avec Lope de Vega, il donne un point de vue juste sur le problème de
l'adultère. Enfin, alors qu'il serait dangereux de considérer la cérémonie
d'intronisation d'Andrés comme une véritable coutume gitane, l'enterrement
décrit par Alcalá est bien authentique.

Si l'on retient les cinq écrivains qui, au XVIème et au XVIIème siècles, ont le plus parlé des Gitans : Gil Vicente, Lope de Rueda, Cervantes, Alcalá et Solís et si l'on examine sur un tableau synoptique le champ de leurs différentes observations, on constate que les deux premiers se cantonnent dans le domaine folklorique; spécialement Gil Vicente, qui ne montre que l'aspect pittoresque de ses personnages : le "ceceo", la mendicité, la bonne aventure, les philtres d'amour, le maquignonnage, le chant et la danse. Lope de Rueda a déjà une vision moins aimable des Gitans. Il évoque leurs vols et leurs tromperies et ne nous les montre jamais en train de danser ou de chanter. Après *La Gitanilla*, on ne trouvera guère de thèmes gitans que Cervantes n'ait pas traités. Cependant, pour ce qui est de l'observation proprement dite, seuls Espinel et, surtout, Alcalá, nous donnent quelques renseignements précis et concrets; le premier sur l'aspect physique des Gitans, et le second sur leur façon de vivre, leur nourriture, leurs coutumes. Quant à Solís, il se borne à copier Cervantes, en ne retenant de *La Gitanilla* que le côté folklorique. Il laisse de côté ce qu'il y avait de positif dans l'oeuvre de son modèle. A côté de l'attitude, ambiguë sans doute, mais nuancée, de Cervantes vis-à-vis des qualités morales des Gitans, le ton de Solís est franchement satirique, et l'intérêt de l'auteur de *La Gitanilla* pour les moeurs gitanes a disparu dans l'oeuvre de son imitateur, où seule subsiste l'ironie.

Bernard LEBLON

TABLEAU SYNOPTIQUE N° 1

	Vicente	Rueda	Cervantes	Alcalá	Solís
1 - Costume			-		
2 - Aspect physique			-	x	
3 - Portrait moral			x		-
4 - Habitat			-	x	
5 - Nourriture			-	x	
6 - Voyage			x		
7 - Hospitalité			x		
8 - Comte Maldonado			x		
9 - Langue	"ceceo"	"ceceo"	"ceceo"	"ceceo"	"ceceo"
10 - Vol		x	x	x	x
11 - Enfants volés		x	x		x
12 - Mendicité	x	x	x		
13 - Bonne Aventure	x	x	x	x	x
14 - Magie	x	-	x	-	x
15 - La"Grande Farce"		x	x	x	
16 - Maquignonnage	x		x	x	
17 - Forge			-	x	-
18 - Sport, batelage			x		x
19 - Chant, danse	x		x		x
20 - Religion			-		-
21 - Moeurs			x		
22 - Coutumes			-	x	

Nota : ce tableau réunit les cinq auteurs du Siècle d'Or qui ont le plus écrit sur les Gitans. Dans la première colonne, les sujets d'observation sont classés de 1 à 22. Dans les autres colonnes on trouvera le signe (x) si l'observation est positive et (-) si elle est négative ou incomplète.

TABLEAU SYNOPTIQUE N° 2

	1	2	3	4	5	6	7	8	9	10	11	12	13	14	15	16	17	18	19	20	21	22
La Celestina										x			x									
Cancioneiro Geral	-																					
Gil Vicente									c			x	x	x	x	x			x			
La lozana andal.														x								
El finam. de Jac.									x	x		x	x									
Lope de Rueda									?	x	x	x	x	x	x							
Negueruela									c			x	x									
Timoneda									c			x	x									
Mateo Alemán										x		x	x									
Elección alcaldes																			x			
Ilustre fregona																x						
Coloquio		x					x	x		x		x				x	-	x		x	x	
Don Quijote										x						x						
Pedro de Urdem.		x					x	-	c	x	x	x	x						x	x		
La Gitanilla		x					x		c	x	x	x	x	x	x	x		x	x		x	?
Góngora		-						-	c	x								x	x			
La pícara Justina									c	x						x						
Lope de Vega													x	x				x		x		
Vicente Espinel			x			x		-	c	x				x		x						
J. de Luna										x										-		
J. de Alcalá	x			x	x					x			x	-	x	x						x
Estebanillo Gonz.										x												
Céspedes y Menes.										x				x								
A. de Solís		-							c	x	x		x	x			-	x	x	-		
Calderón										x								x				

Nota : ce tableau présente, dans un ordre à peu près chronologique, un certain nombre d'oeuvres ou d'auteurs du Siècle d'Or qui font allusion aux Gitans. Les oeuvres de Cervantes apparaissent en caractère italiques. Les chiffres inscrits en haut de chaque colonne correspondent au classement des sujets d'observation adopté dans la page précédente. Les signes sont les mêmes que dans le tableau n° 1, le (c) représentant le "ceceo".

DEUXIÈME CHAPÎTRE

Les Gitans de Cervantes et les autres parias

Lorsque Berganza quitte les Gitans afin de ne pas être mêlé à une action que sa conscience de brave chien réprouverait, il va offrir ses services à un horticulteur "morisque". Ce n'est pas par hasard que Cervantes a juxtaposé les deux épisodes : Gitans et Morisques se trouvent dans une situation un peu analogue dans l'Espagne du Siècle d'Or. Les deux races maudites sont parfois soumises aux mêmes mesures, car on cherche soit à les assimiler, soit à les expulser, et en tout cas à les faire disparaître en tant que minorité ethnique, particularisme, corps étranger. Tout comme aux Gitans, on interdit aux Morisques de quitter leurs lieux de résidence, de se consacrer à d'autres métiers que ceux de la culture et de l'élevage, de posséder des armes, de parler leur langue et de vivre ensemble.

En 1596, les Cortès les associent dans la même pétition (1) et en 1610, dans un autre rapport des Cortès, une comparaison entre Morisques et Gitans conclut au désavantage de ces derniers (2).

Cette année-là, l'expulsion des Morisques commençait. Quant à celle des Gitans, même si elle a été envisagée en 1611, l'idée en a été rapidement abandonnée, sans doute parce qu'elle était difficilement réalisable. Les différences entre les deux communautés ne s'arrêtent pas là, bien sûr. Les Morisques étaient d'excellents cultivateurs, alors que les lois n'ont guère réussi à donner aux Gitans le goût du travail de la terre.

---

(1) Actas de las Cortes de Castilla, t. XVI, p. 598.

(2) Ibid., t. XXVI, pp. 163-165.

Gitans et Morisques étaient loin de partager le même mode de vie et de
se livrer aux mêmes activités.

Cervantes leur trouve au moins deux points communs, et ce sont
ceux des Cortès de 1610 : l'irréligion et le vol. Il y a,cependant, d'importantes nuances. A propos des Gitans, Cervantes écrit :

> *Pocas o ninguna vez he visto, si mal no me acuer-*
> *do, ninguna gitana a pie de altar comulgando,puesto*
> *que muchas veces he entrado en las iglesias.* (3)

Et au sujet des Morisques :

> *Por maravilla se hallará entre tantos uno que crea*
> *derechamente en la sagrada ley cristiana.* (4)

Ce qu'il blâme chez les premiers, c'est leur défaut de pratique
religieuse. La deuxième accusation a beaucoup plus de portée : Cervantes
soupçonne, comme la plupart des Espagnols de l'époque, que la conversion
des Morisques n'est guère sincère et qu'ils continuent à pratiquer en secret la religion musulmane.

En ce qui concerne le second point, Cervantes dit des Morisques :

> *Róbannos a pie quedo, y con los frutos de nuestros*
> *heredades, que nos revenden, se hacen ricos.* (5)

En réalité, ce qu'on leur reproche c'est de s'enrichir au détri-
ment des "vieux Castillans" en se livrant au commerce, et, en particulier
à celui de l'alimentation, que les Cortès de 1593 s'efforcent de leur interdire.

Ce n'est pas du tout du même type de vol qu'on accuse les Gitans,
et c'est pourquoi le thème trouve un tout autre développement lorsqu'il
s'agit de ceux-ci. L'ensemble du passage consacré aux Gitans est centré
sur le vol. Des premières lignes jusqu'à la fin, il n'est question pratiquement que de cela; les mots "hurto" et "hurtar" sont répétés dix fois et
l'on se souvient, à ce propos, du début de *La Gitanilla*.

Dans le passage qui vise les Morisques,c'est un thème bien différent qui occupe la première place : celui de l'avarice. C'est cette idée
que Cervantes développe, d'un bout à l'autre,avec sa verve habituelle.

Alors qu'il accuse plusieurs fois les Gitans de paresse, il dit
des Morisques :

> *Trabajan y no comen,*

et il leur reproche aussi de se multiplier, ce qu'il ne fait pas pour les
Gitans qui, moins nombreux, ne semblent pas représenter le même danger
pour l'intégrité de la "race" espagnole.

---

(3) Cervantes, El coloquio..., ed.cit., p. 314. Cf. p. 167.

(4) Ibid., p. 317.

(5) Ibid., p. 318.

A côté du vol, il est aussi question de l'astuce des Gitans. Cervantes en cite un exemple et cette anecdote amusante atténue quelque peu la sévérité de l'ensemble. Il est vrai que le passage se termine par cette conclusion sans indulgence :

> *Finalmente, ella es mala gente, y aunque muchos y muy prudentes jueces han salido contra ellos, no por eso se enmiendan.* (6)

Cependant, tout ce qui précède n'est pas uniquement négatif. Cervantes a souligné les qualités physiques, l'extraordinaire résistance des Gitans et même la remarquable fidélité des Gitanes.

On ne trouvera rien, par contre, en faveur des Morisques et la conclusion à leur sujet est nettement plus impitoyable :

> *Pero celadores prudentísimos tiene nuestra república, que considerando que España cría y tiene en su seno tantas víboras como moriscos, ayudados de Dios hallarán a tanto daño cierta, presta y segura salida.* (7)

Certains, comme Moncada et Quiñones, parlent des Gitans en des termes semblables. Cervantes ne l'a jamais fait.

Par leurs vols, leurs astuces, leurs vagabondages, les Gitans semblent plus proches des "pícaros" que des Morisques. Il est un fait que, si les Cortès ont parfois associé Morisques et Gitans, c'est avec la pègre qu'on trouve les "Egyptiens" dans la *Recopilación* de 1581 :

> *De los ladrones y rufianes y vagamundos, y egypcianos.* (8)

Deux nouvelles comme *La Gitanilla* et *Rinconete y Cortadillo* offrent des points de comparaison entre le monde gitan et celui des "pícaros", ou plus concrètement, la tribu de Preciosa et la bande de Monipodio, qui apparaissent comme des corporations organisées, avec leurs lois, leurs règlements, leur apprentissage. Preciosa dit à Andrés qu'il lui faudra faire deux ans d'études dans les "écoles" des Gitans, après quoi, il pourra devenir "soldat" dans leur "milice". La maison de Monipodio est, elle aussi, considérée comme une école ou une faculté, avec ses cours et ses grades. En ce qui concerne la "picaresque", cette comparaison est un lieu commun, et l'on se souvient que Cervantes déclare aussi, au sujet de Carriazo, dans *La ilustre fregona* :

> *Finalmente, él salió tan bien con el asumpto de pícaro, que pudiera leer cátedra en la facultad al famoso de Alfarache.* (9)

---

(6) Ibid., p. 316.

(7) Ibid., p. 319.

(8) Recopilación de las leyes de Castilla, 1581, 2a parte, lib. VIII, tit. XI.

(9) Cervantes, Las novelas ejemplares, Clás. cast., t. I, p. 222.

Au moment où il va devenir Gitan, Andrés parle, comme Rinconete et Cortadillo, de "confrérie", mais c'est seulement dans la nouvelle picaresque que l'accent est mis sur les aumônes et dévotions.

Le manque d'enthousiasme des Gitans pour les pratiques religieuses était trop connu de Cervantes pour qu'il pût leur attribuer certaines habitudes dévotes propres aux "pícaros". Solís, pour sa part, n'hésitera pas à faire fusionner *La Gitanilla* et *Rinconete y Cortadillo* dans sa *Gitanilla de Madrid*. Son vieux Gitan, Maldonado, a emprunté plus d'un trait à Monipodio. Comme lui, il consigne sur un registre les différentes activités de la troupe et il exhorte ses ouailles à la dévotion.

Pour Cervantes, Gitans et "pícaros" vivent en communauté, partagent équitablement le produit de leurs vols, obéissent à leurs chefs, respectent les lois, observent entre eux des règles de loyauté et de discrétion. Les uns et les autres se montrent courageux devant la torture :

> *Del sí al no no hacemos diferencia cuando nos conviene : siempre nos preciamos más de mártires que de confesores.* (10)

dit le vieux Gitan de *La Gitanilla*. Et Cortadillo s'exclame pour sa part :

> *¡ Cómo si tuviese más letras un no que un sí !* (11)

Bien que le ton des deux nouvelles soit très différent, l'ironie que Cervantes exerce contre la "confrérie" de Monipodio, quand il l'appelle

> *aquella virtuosa compañía* (12),

se manifeste à travers les propos d'Andrés, quand il déclare

> *que se holgaba mucho de haber sabido tan loables estatutos, y que él pensaba hacer profesión en aquella orden tan puesta en razón y en políticos fundamentos* (13),

et à travers ceux de Preciosa, qui appelle ses compagnons

> *estos señores legisladores.* (14)

Nous aurons à revenir, tout à l'heure, sur ce ton qui sépare malgré tout les deux nouvelles; mais on peut déjà percevoir, à première vue, un grand nombre de différences entre les "pícaros" de Cervantes et ses Gitans.

En plus de leur dévotion bien particulière, les "pícaros" ont un

---

(10) Ibid., p. 68.

(11) Ibid., p. 173.

(12) Ibid., p. 164.

(13) Ibid., p. 70.

(14) Ibid., p. 71.

certain nombre de "qualités" et de fonctions qui leur sont propres. Ils
sont ivrognes, fanfarons, proxénètes pour la plupart. Ils ont un costume
et un langage pittoresquesque Cervantes évoque avec un grand luxe de détails et nous atteignons ici la différence essentielle : les scènes de la
maison de Monipodio ressemblent à du vécu. Cervantes décrit, sur le vif,
des lieux et des personnages qui lui sont familiers. Toute la nouvelle est
criante de vérité, même si l'accent est mis fréquemment sur la note burlesque. Au contraire, les Gitans restent abstraits et, finalement presque
"absents", dans *La Gitanilla*, à l'exception de Preciosa elle-même et, dans
une moindre mesure, de la vieille Gitane. Les raisons de cette "absence"
peuvent être diverses. Nous allons essayer, maintenant, de les analyser.

TROISIÈME CHAPITRE

La double vision du Gitanisme

On peut penser que l'aspect un peu flou des Gitans de *La Gitanilla* tient à ce que Cervantes, comme certains l'ont dit, connaissait mal les Gitans, ou, du moins, qu'il n'en avait qu'une connaissance indirecte et n'avait pu les observer sur le vif comme ses "pícaros". Le fait que les Gitans étaient, d'une façon générale, moins facilement observables, dans leur vie intime spécialement, qu'on en connaissait les méfaits et les manifestations folkloriques publiques, pas les moeurs ni les coutumes, cette auréole de mystère, qui subsiste encore un peu de nos jours, permettait, en tout cas, à Cervantes de projeter sur eux toute une mythologie, ce qui était absolument impossible avec les truands de Séville. Cervantes connaissait l'intimité des "pícaros". Il avait pu noter les moindres gestes, les plus petits travers de ces personnages. Il lui était facile d'en révéler les ridicules et de faire surgir le comique en réunissant dans une nouvelle les traits qu'il avait recueillis dans la réalité et en les appuyant vers la caricature. Les Gitans ne se prêtaient pas à ce grossissement burlesque. Ils amusent ou ils font peur, mais ils échappent à l'analyse. C'est une des raisons pour lesquelles la seule nouvelle consacrée aux Gitans n'est pas picaresque.

Dans *Rinconete y Cortadillo*, la seule intention de l'auteur est l'évocation de cette picaresque sévillane qu'il connaît bien. L'intrigue est inexistante et les quelques péripéties sont déterminées par ce propos. *La Gitanilla*, au contraire, est une nouvelle à l'italienne, avec une intrigue sentimentale, des obstacles, des rivalités, une sombre histoire d'enfant volée et retrouvée, des coups de théâtre, un dénouement heureux. S'il faut la comparer, c'est près de *La ilustre fregona* qu'on va naturellement la situer et les points communs entre les deux nouvelles n'ont échappé à personne.

Quelles sont les recettes que Cervantes va employer pour réaliser une nouvelle conventionnelle, bien dans le goût de son époque ? Il
choisit le thème de l'enfant perdu, livré à l'aventure et retrouvé finalement par le plus extraordinaire des hasards. Le thème est médiéval et
chevaleresque. Ici, les antécédents directs sont la Tarsiana, du *Libro
de Apolonio*, la "Truhanilla" de Timoneda, et le "Medoro" de Lope de Rueda.

La "Truhanilla" (ou la Tarsiana) est une baladine; elle chante
des "romances" en s'accompagnant à la guitare ou avec des "sonajas". Sa
disparition n'a rien à voir avec les Gitans; et c'est ici qu'intervient
le "Medoro" de Lope de Rueda, volé par une Gitane, puis rendu à ses parents, et identifié grâce à un grain de beauté sur le front. De cette fusion est né un thème que Cervantes exploite dans ses deux oeuvres où les
Gitans jouent un rôle important : *La Gitanilla* et *Pedro de Urdemalas*. A
ce canevas s'ajoute l'intrigue sentimentale entre le prince et la bergère,
et, si les barrières sociales ont, là, leur importance, une Gitane prouve
encore mieux qu'une bergère que la passion n'a pas de frontières. Le lecteur du XVIIème siècle aura ressenti un frisson délicieux à la vue de
l'abîme ouvert à ses pieds, mais le dénouement lui fera retrouver sa quiétude. La Gitane est transformée, par un coup de baguette magique, en jeune
fille de bonne famille, charmante et bien élevée. La féministe contestatai-
re (1) revient au foyer et se soumet très docilement à la volonté de ses
parents. Tout rentre enfin dans l'ordre et les fondements de la société
ne seront pas ébranlés. Il est amusant de constater que cette fiction est
au-dessous de la réalité que Cervantes nous rapporte dans le *Coloquio*, où
le page Maldonado devient et reste, par amour, le chef d'une bande de Gitans. On pourrait évoquer, aussi, le cas non moins réel de don Diego Hurtado de Mendoza, amoureux de la Gitane María Cabrera. Il est vrai que ce
Grand d'Espagne n'aura pas besoin de se faire Gitan pour séduire sa "Gitanilla". Mais il est certain, également, que ces amours insolites ne trou-
bleront guère l'ordre social et que l'enfant qui en naîtra, bien que sur-
nommé le Gitan,deviendra aisément archidiacre de Guadalajara et de Talavera.

Dans *Pedro de Urdemalas*, l'abîme social est encore plus profond,
puisque le Prince Charment est ici le roi lui-même. Mon Dieu ! un souverain
peut avoir quelques faiblesses de cet ordre ! Ici,l'obstacle à ces amours
ne sera plus la présence d'un "rival", comme dans *La Gitanilla*, mais la jalousie de la reine qui provoquera un dénouement précipité. On notera que,
dans un cas comme dans l'autre, le fossé est parfaitement nul en réalité :
le père de don Juan est nommé corrégidor au dénouement de la nouvelle,
parce que Preciosa est fille de corrégidor; Belica, pour sa part, est la
fille du frère de la reine. Elle est donc l'égale du roi par le sang, et
de plus, ce lien de parenté rétablira l'ordre et la paix dans la famille
royale. Le roi ne pourra plus courtiser sa nièce; il ne pêchera donc pas,
et la reine pourra cesser d'être jalouse. La nouvelle se termine par un
somptueux mariage; la "comedia", pour échapper à ce lieu commun, par des
retrouvailles familiales. Dans les deux oeuvres, l'honneur est sauf et la
famille est triomphante.

---

(1) On nous pardonnera une vision résolument anachronique,mais chacun sait
que certaines oeuvres de Cervantes ne cessent de rajeunir.

Ce que nous venons de voir, en somme, c'est ce que *La Gitanilla* et *Pedro de Urdemalas* doivent au goût de l'époque, à une certaine mode littéraire et, aussi, sans doute, aux conditions qui sont imposées à l'écrivain du XVIIème siècle.

C'est un fait qu'à cette époque nul n'est libre d'écrire n'importe quoi n'importe comment, mais Cervantes est tout de même un homme de son temps, avec des goûts et des préoccupations de son temps. Ces goûts et ces préoccupations ne sont pas forcément en harmonie, car le Siècle d'Or est une époque de transition, agitée et contradictoire. Cervantes est capable d'écrire un roman pastoral et une amusante satire de ce roman pastoral, qu'il qualifiera de littérature pour oisifs. *Don Quijote* se présente comme une satire des romans de chevalerie, mais l'influence de cette littérature est souvent présente dans l'oeuvre de Cervantes, et, en particulier, dans *La Gitanilla*. La situation dans laquelle Andrés est placé vis-à-vis de Preciosa est typique de l'amour courtois; il devient le chevalier servant :

> *Levantaron, pues, el rancho, y diéronle a Andrés una pollina en que fuese; pero él no la quiso, sino irse a pie, sirviendo de lacayo a Preciosa, que sobre otra iba, ella contentísima de ver como triunfaba de su gallardo escudero, y él ni más ni menos de ver junto a sí a la que había hecho señora de su albedrío.* (2)

Bien qu'il soit chevalier, bien qu'elle ne soit que Gitane, il se soumet aux étranges conditions que sa "dame" lui inflige; il se déclare prêt à accepter toutes les épreuves qu'elle voudra bien lui imposer. Il est vrai que tout cela est modernisé, expliqué par l'aveuglement de la passion, mais la référence au monde chevaleresque est très nette.

Nous avons remarqué, également, qu'en bons chevaliers Andrés et Clemente triomphent dans tous les concours sportifs, comme le héros du *Persiles*. On pense ici, une fois de plus, à la onzième "Patraña" de Timoneda :

> *Después que el Rey y todos los caballeros se hubieron bañado, asentóse en una cuadra que había muy encerrada y mandó que todos los extranjeros que el trompeta había llamado viniesen en su presencia; y allí, por holgarse con ellos, como lo tenía de costumbre, había puestas cuatro joyas para quien mejor saltase y bailase y luchase y tirase barra. Habiéndose todos probado en estas cuatro habilidades, no hubo quien mejor los hiciese que Apolonio, y así le mandó librar el Rey las cuatro joyas.* (3)

Il ne s'agit pas, ici, de rechercher toutes les sources dont Cervantes a pu s'inspirer et toutes les circonstances qui ont pu l'influencer au moment où il écrivait *La Gitanilla*. Il nous suffit, pour l'instant, de nous souvenir que nous sommes en présence d'un thème romanesque tradi-

---

(2) Cervantes, La Gitanilla, ed. cit., p. 77.

(3) J. de Timoneda, El patrañuelo, Clás. cast., p. 197.

tionnel —l'enfant perdu et retrouvé— doublé d'une intrigue sentimentale
d'apparence pré-romantique. *La Gitanilla* aurait pu être l'histoire d'un
amour impossible et certains critiques ont presque reproché à Cervantes
de ne pas avoir écrit *Carmen* avec deux siècles d'avance ! Mais cette
idylle baigne plutôt dans un climat chevaleresque, jusqu'au moment où elle
réintègre un modèle social de l'époque et où elle "s'embourgeoise", en
quelque sorte.

Ainsi, *La Gitanilla* est l'histoire d'une évasion dans l'aventure
qui tourne court. Ce n'est pas par hasard si les contes merveilleux finissent tous par "ils se marièrent, vécurent heureux et eurent beaucoup d'enfants". C'est à peu près la conclusion du *Persiles*. La société a besoin
de rêver, mais il faut que les rêves aient une fin, sinon ils deviendraient
menaçants.

Les romans picaresques restent généralement "ouverts" : la dernière phrase du *Lazarillo* laisse entendre que ses aventures sont loin d'être
terminées; Quevedo promet une deuxième partie, Mateo Alemán, une troisième,
l'auteur de *La pícara Justina*, un second tome, etc. Chez Cervantes, au contraire, il n'y a pas de roman de ce type mais des héros de nouvelles qui,
à un moment donné, subissent la tentation picaresque, jettent leur gourme
et finissent par rentrer dans le droit chemin, comme l'enfant prodigue.

C'est le cas de Diego de Carriazo et de Tomás de Avendaño, les
héros de *La ilustre fregona*;et, malgré leur origine populaire, Rinconete et
Cortadillo rentrent également dans le rang. Il est vrai que Cervantes annonce une suite à leurs aventures; mais il laisse entendre que ses personnages
ne resteront pas plus de quelques mois dans ce milieu dépravé, car ils ont
conscience que cette vie picaresque est malsaine et seul leur jeune âge et
leur inexpérience ont pu le conduire à cette fréquentation provisoire.

Le choix du milieu gitan comme cadre de l'aventure tient à
plusieurs raisons.Les Gitans apportent une certaine vraisemblance au thème
de l'enfant volée; ils permettent le même jeu de contrastes que le milieu
picaresque : Preciosa dans sa tribu et Costanza dans son auberge brillent
avec l'éclat de la perle sur un tas de fumier; enfin, ils fournissent à
l'aventure un support idéal : perpétuels errants, plus rustiques encore que
les paysans ou les bergers, ils pourraient incarner, déjà, un idéal de liberté et de vie de nature. Qu'on écoute Maldonado, dans *Pedro de Urdemalas*:

> *Mira, Pedro : nueztra vida*
> *ez zuelta, libre, curioza,*
> *ancha, holgazana, extendida,*
> *a quien nunca falta coza*
> *que el deceo buzque y pida.*
> *Danoz el herbozo zuelo*
> *lechoz; círvenoz el cielo*
> *de pabellón dondequiera;*
> *ni noz quema el zol, ni altera*
> *el fiero rigor del yelo.* (4)

Le vieux Gitan de *La Gitanilla* tient le même langage et développe

---

(4) Cervantes, Pedro de Urdemalas, ed. cit., p. 619 a.

chacune de ces idées (5). Il y a, dans ce discours, des éléments véritable-
ment positifs : la vie simple et rude, la résistance physique, la robustesse et l'agilité des Gitans font l'admiration de Cervantes et de beaucoup
de ses contemporains. Dans le *Coloquio*, Berganza, qui n'est pas tendre
pour les Gitans, souligne cependant :

> *Todas ellas son parteras, y en esto llevan venta-*
> *ja a las nuestras, porque sin costa ni adherentes sacan*
> *sus partos a luz, y lavan las criaturas con agua fría*
> *en naciendo; y desde que nacen hasta que mueren se cur-*
> *ten y muestran a sufrir las inclemencias y rigores del*
> *cielo; y así verás que todos son alentados, volteadores,*
> *corredores y bailadores.* (6)

En dépit d'un ton assez sec, l'admiration est perceptible. Cervantes, qui a connu la rude vie de soldat et la captivité en Algérie, est
sensible à l'affadissement des moeurs qu'il constate autour de lui. L'époque héroïque s'achève; l'Espagne est en proie à une frénésie de jouissance
et de luxe. Les jeunes gens désertent les champs de bataille pour faire les
jolis coeurs dans les rues de Séville ou de la capitale, quand ce n'est
pas pour grossir les rangs de la pègre. La satire des raffinements de la
vie courtisane est, ici, implicite. Alcalá, quant à lui, n'hésite pas à
faire un parallèle entre Gitans et courtisans :

> *Considerando estos monstruos criados entre noso-*
> *tros, daba gracias a Dios, que todo lo sustenta, y con-*
> *forme la fuerza da los trabajos. Apelaba luego para*
> *las damas cortesanas, a quien el más delicado viente-*
> *cillo las ofende, y a las criaturas de los príncipes,*
> *criados como entre algodón y vidrieras, y no por eso*
> *menos sujetos a menores enfermedades, ni más robustos,*
> *antes por la mesma razón afeminados, de poco natural y*
> *de más flaca complexión.* (7)

Le déclin des vieilles vertus castillanes et les excès de la vie
de Cour, joints à la décadence de l'agriculture espagnole, expliquent, en
partie, la vogue d'Horace et le *Menosprecio de Corte y alabanza de aldea*,
d'Antonio de Guevara. Bien sûr, en prenant les Gitans comme support, le
thème va s'écarter quelque peu de l'idéal de vie paisible et bien ordon-
née du monde paysan. Plus voisin de l'exaltation de la vie militaire, dont
Cervantes peut difficilement taire les inconvénients, car il les connaît
trop bien, le thème gitan va chanter la vie libre, les voyages et l'aventure. Cependant, à cause de leur errance, loin des villes, à travers les
champs et les bois, les Gitans vont faire revivre la vision, idéalisée par
les poètes, des premiers âges de l'humanité :

> *Somos señores de los campos, de los sembrados, de*

---

(5) Cf. infra, pp. 194-195.

(6) Cervantes, El coloquio..., ed. cit., pp. 313-314.

(7) J. de Alcalá, op. cit., p. 551 b.

> *las selvas, de los montes, de las fuentes y de los*
> *ríos : los montes nos ofrecen leña de balde; los*
> *árboles, frutas; las viñas, uvas; las huertas, hor-*
> *taliza; las fuentes, agua; los ríos, peces, y los*
> *vedados, caza; sombra las peñas, aire fresco las*
> *quiebras, y casas las cuevas.* (8)

Etre paradisiaque, capable de perpétuer l'Age d'or, dans l'Espagne malade du XVIIème siècle, le Gitan va pouvoir, comme le paysan, servir de repoussoir au courtisan empêtré dans ses tracas et ses fausses valeurs. Il incarne le *Beatus ille* :

> *No nos fatiga el temor de perder la honra, ni*
> *nos desvela la ambición de acrecentarla, ni sustenta-*
> *mos bandos, ni madrugamos a dar memoriales, ni a*
> *acompañar magnates, ni a solicitar favores. Por dora-*
> *dos techos y suntuosos palacios estimamos estas barra-*
> *cas y movibles ranchos; por cuadros y países de Flan-*
> *des los que nos da la naturaleza en esos levantados*
> *riscos y nevadas peñas, tendidos prados y espesos*
> *bosques que a cada paso a los ojos se nos muestran.* (9)

La vie de nature a pour corollaire des moeurs saines, "naturelles". La communauté des biens est la règle, sauf en ce qui concerne les femmes :

> *Pocas cosas tenemos que no sean comunes a todos,*
> *excepto la mujer o la amiga, que queremos que cada una*
> *sea del que le cupo en suerte.* (10)

Oh ! merveille ! Ces gens-là ignorent la jalousie, cette plaie, cette maladie maligne dont Cervantes a dû souffrir plus que de raison pour lui consacrer tant d'oeuvres : la "comedia" *La casa de los celos*, les nouvelles du *Celoso extremeño* et du *Curioso impertinente*, l'intermède *El viejo celoso*, le sinistre "romance" *Los celos*; et pour montrer tant d'acharnement dans le cadre même de *La Gitanilla*, où la jalousie est tour à tour : "lanzas que traspasan el corazón", "amarga pestilencia", "dura espada", "amarga y dura presunción", "infernal enfermedad".

Mais les Gitans, eux, sont délivrés de cette calamité. Qui n'aurait envie d'être Gitan pour connaître cette douce quiétude ? :

> *Nosotros guardamos inviolablemente la ley de la*
> *amistad : ninguno solicita la prenda del otro; libres*
> *vivimos de la amarga pestilencia de los celos.* (11)

---

(8) Cervantes, La Gitanilla, ed. cit., p. 68.

(9) Ibid., p. 69.

(10) Ibid., p. 68.

(11) Ibid., p. 67.

La même idée est exprimée dans *Pedro de Urdemalas*, ce qui souligne encore son importance :

> *Gozamoz nueztroz amorez*
> *librez del dezazociego*
> *que dan los competidorez,*
> *calentándonoz zu fuego*
> *cin celoz y cin temorez.* (12)

De plus, le contact avec la nature a fait des Gitans des astrologues et des poètes; leur vie rude les a rendu stoïques; enfin, ils possèdent la souveraine richesse, puisqu'ils savent se contenter de ce qu'ils ont :

> *En conclusión, somos gente que vivimos por nuestra industria y pico, sin entremeternos con el antiguo refrán : "Iglesia, o mar, o casa real", tenemos lo que queremos, pues nos contentamos con lo que tenemos.* (13)

Ainsi, face à une société hypocrite et corrompue, basée sur des fausses valeurs telles que : "honra", "linaje", "limpieza de sangre", etc., le monde libre des Gitans nous offrirait tout un choix de vertus authentiques : fidélité, fraternité, loyauté, courage, sagesse...
Que Cervantes ait pu souffrir de ces fausses valeurs sociales c'est certain. On peut souligner :

> *Ni madrugamos a dar memoriales, ni a acompañar magnates, ni a solicitar favores.*

Les Gitans servent donc de prétexte à une légère satire de la société espagnole du XVIIème siècle. Ils révèlent, par contraste, ce que cette société peut avoir de négatif. Proposent-ils, en revanche, un modèle valable ? C'est là que le discours apparaît entièrement truqué, miné, sapé de l'intérieur. D'abord, qui prononce ce panégyrique du "gitanisme" ? Un vieux Gitan, le chef d'une bande de voleurs, l'un de ceux dont Cervanvient de dire au début de sa nouvelle :

> *Solamente nacieron en el mundo para ser ladrones* (14),

et dont il disait dans le *Coloquio* :

> *Es mala gente.* (15)

---

(12) Id., <u>Pedro de Urdemalas</u>, ed. cit., p. 619.

(13) Id., <u>La Gitanilla</u>, ed. cit., p. 70.

(14) <u>Ibid.</u>, p. 3.

(15) Id., <u>El coloquio...</u>, ed. cit., p. 316.

Dans *Pedro de Urdemalas*, c'est Maldonado, le "comte" Gitan,
qui chante, avec son "ceceo" caractéristique, la vie libre des Gitans.
Peut-on ajouter foi à ses paroles ? Ne faut-il pas croire, plutôt,
l'écuyer qui pense, comme Cervantes et comme tout le monde, que ces gens-
là ne sont que des vagabonds inutiles, sournois et voleurs ? Même si l'on
pouvait faire abstraction du thème du vol —sur lequel, cependant, Cervantes insiste beaucoup— leur oisiveté légendaire suffirait à les condamner:

La ociosidad, raíz y madre de todos los vicios (16),

dit Berganza dans le *Coloquio*, en reprenant un lieu commun. Mais écoutons,
surtout, Sancho lorsqu'il évoque le gouvernement de l'île Barataria :

*Que es mi intención limpiar esta ínsula de todo
género de imundicia y de gente vagabunda, holgazana, y
mal entretenida, porque quiero que sepáis, amigos, que
la gente baldía y perezosa es en la república lo mesmo
que los zánganos en las colmenas, que se comen la miel
que las trabajadoras abejas hacen.* (17)

Cervantes estime, et il n'est pas le seul, qu'il y a trop d'oisifs dans l'Espagne de Philippe II et de Philippe III. Dans ce peuple
d'"hidalgos", d'ecclésiastiques et de soldats, l'élément actif (les paysans)
est très minoritaire. Dans certaines régions il tombe au-dessous de 20%.
On sait aussi qu'à cette préoccupation économique de Cervantes correspond
une conception "utilitaire" de la littérature qui doit, selon la formule
d'Aristote, "instruire en distrayant" et se garder de devenir un simple
"divertissement d'oisifs".
Reprenons le discours du Gitan. Quelles sont les "valeurs" qu'il
revendique ?

1°) *La fidélité des femmes ?*
Ce trait de moeurs est considéré comme authentique,puisque Berganza le cite dans le *Coloquio*. Mais à quel prix obtient-on cette belle vertu conjugale ? Grâce au droit que se donnent les Gitans de tuer et d'enterrer leur femme, comme s'il s'agissait d'un animal, on l'a vu (18).
Cervantes, qui s'est montré féministe par la bouche de Preciosa,
peut-il admettre des méthodes aussi barbares ? Il se trouve que les Gitans
n'étaient pas les seuls à pratiquer cette "justice" sanguinaire : le "Fue-
ro Juzgo" livrait la femme adultère et son complice au mari trompé et, dans
le *Persiles*, Cervantes évoque cette vengeance légalisée, pour la condamner
par la bouche de "Periandro" :

*¿ Qué pensáis que os sucederá cuando la justicia
os entregue a vuestros enemigos atados y rendidos, encima de un teatro público, a la vista de infinitas
gentes, y a vos blandiendo el cuchillo encima del ca-*

---

(16) Ibid., p. 230.

(17) Id., Don Quijote, II, XLIX, p. 1676.

(18) Id., La Gitanilla, ed. cit., p. 67.

dalso, amenazando el segarles las gargantas, como si
pudiera su sangre limpiar, como vos decís, vuestra
honra ? (19)

Peut-on vraiment louer les Gitans pour le respect qu'ils montrent envers leurs lois quand on sait que celles-ci permettent à l'homme
de répudier sa femme dès qu'il la trouve trop vieille et de la tuer comme
un chien s'il la soupçonne d'adultère ?

2°) *La communauté des biens ?*
C'est celle des produits du vol, tout comme chez Monipodio.

3°) *La vie de nature ?*
Comment les Gitans sont-ils les "maîtres de la campagne" ? C'est
à dessein que Cervantes évoque ici les "champs ensemencés", les vergers,
les vignes, les potagers, les réserves de chasse. Que reproche-t-on à ces
disciples de Cacus, sinon de faire main basse sur les fruits et légumes, de
s'approprier le gibier d'autrui ? Et l'idée est complétée un peu plus loin:

Para nosotros se crían las bestias de carga en
los campos y se cortan las faldriqueras en las ciuda-
des. (20)

4°) *Un corps sain, robuste, agile ?*
C'est la santé qu'il faut pour mener cette vie de proscrits et
l'agilité nécessaire pour s'introduire dans la propriété d'autrui ou pour
fuir la justice. Cela aussi Cervantes le souligne :

A nuestra ligereza no la impiden grillos, ni la
detienen barrancos, ni la contrastan paredes. (21)

5°) *Le courage ?*
C'est celui qu'il faut pour résister à la torture. Le thème est
assez développé, afin d'éviter toute méprise :

A nuestro ánimo no le tuercen cordeles, ni le me-
noscaban garrochas, ni le ahogan tocas, ni le doman
potros. Del sí al no no hacemos diferencia cuando nos
conviene : siempre nos preciamos más de mártires que
de confesores. (22)

6°) *Une liberté et une quiétude dignes de l'Age d'or ?*
C'est une liberté et une quiétude qui vous conduisent tout droit
en prison ou à la torture, quand ce n'est pas aux galères ou au gibet. Ici,
l'ironie de Cervantes est très visible :

---

(19) Id., Persiles, Lib. III, cap. VII, ed. Aguilar, p. 1914 b.

(20) Id., La Gitanilla, ed. cit., p. 69.

(21) Ibid., p. 68.

(22) Ibid.

> Y finalmente, tenemos muchas habilidades que feli-
> ce fin nos prometen : porque en la cárcel cantamos, en
> el potro callamos, de día trabajamos, y de noche hurta-
> mos. (23)

7°) L'astrologie rustique ?

Cela se borne à savoir lire l'heure en regardant les astres, ce
que tous les bergers savent faire. Pour ce qui est de la véritable astro-
logie, J. de Alcalá a traité longuement la question et a conclu avec beaucoup d'humour. Ce serait sous-estimer Cervantes que de penser qu'il accorde
davantage d'importance à la science astrologique des Gitans.

8°) La poésie de l'aurore ?

Ce Gitan poète et amateur de poésie est fort plaisant ! Cette
accumulation de clichés n'est rien d'autre, en vérité, qu'une reprise de
la satire de la littérature pastorale, commencée avec beaucoup d'humour
dans le Coloquio.

9°) Une sagesse toute horacienne ?

N'est-elle pas contredite quelques lignes plus haut ? :

> No hay águila, ni ninguna otra ave de rapiña que
> más presto se abalance a la presa que se le ofrece, que
> nosotros nos abalanzamos a las ocasiones que algún in-
> terés nos señalen. (24)

Le jeune don Juan va-t-il être séduit par les beautés rhétoriques
de ce discours ? Oui, si l'on en croit les apparences :

> Calló en diciendo esto el elocuente y viejo gitano,
> y el novicio dijo que se holgaba mucho de haber sabido
> tan loables estatutos, y que él pensaba hacer profesión
> en aquella orden tan puesta en razón y en políticos fun-
> damentos, y que sólo le pesaba no haber venido más pres-
> to en conocimientos de tan alegre vida, y que desde
> aquel punto renunciaba la profesión de caballero y la
> vanagloria de su ilustre linaje, y lo ponía todo debajo
> del yugo, o, por mejor decir, debajo de las leyes con
> que ellos vivía, pues con tan alta recompensa le satis-
> facían el deseo de servirlos, entregándole a la divi-
> na Preciosa, por quien él dejaría coronas e imperios,
> y sólo los desearía para servirla. (25)

L'humour qui fait éclater des expressions comme "tan loables es-
tatutos", "aquella orden tan puesta en razón y en políticos fundamentos",
"tan alegre vida"... est du même type que celui qui transforme la bande
de truands réunie chez Monipodio en "aquella virtuosa compañía" (26).

---

(23) Ibid., p. 69.

(24) Ibid.

(25) Ibid., p. 70.

(26) Id., Rinconete y Cortadillo, ed. cit., p. 164.

Les véritables motivations du jeune hidalgo apparaissent déjà; elles deviendront encore plus manifestes lorsqu'il pensera librement ce qu'il n'ose exprimer :

> *De todo lo que había visto y oído, y de los inge-*
> *nios de los Gitanos, quedó admirado André, y con pro-*
> *pósito de seguir y conseguir su empresa sin entremeter-*
> *se en nada en sus costumbres, o, a lo menos, escusarlo*
> *por todas las vías que pudiese, pensando exentarse de*
> *la jurisdicción de obedecellos en las cosas injustas*
> *que le mandasen, a costa de su dinero.* (27)

Au dénouement, lorsque la "Gitanilla" deviendra fille de corré- gidor, don Juan se montrera moins méprisant pour "la profession de gentil- homme et la vaine gloire de son ilustre lignage".
Quant à Preciosa, elle s'oppose violemment à ceux qu'elle nomme "ces messieurs les législateurs", avec toute l'ironie que contient ce ti- tre, à une époque où l'on ne cesse d'accuser les Gitans de vivre "sans loi" (28), et elle refuse de toutes ses forces ce qu'elle appelle :

> *La bárbara e insolente licencia que estos mis pa-*
> *rientes se han tomado dejar las mujeres o castigarlas,*
> *cuando se les antoja.* (29)

Ainsi, tout l'édifice du "gitanisme", avec ses valeurs et ses vertus s'effondre. S'il fallait un modèle qui servît de contraste à la so- ciété de l'époque, celui du monde gitan est bien mal choisi. Les Gitans peuvent être à l'opposé des courtisans de Philippe III, en valent-ils mieux pour autant ? La béatification des Gitans est une entreprise parfai- tement impossible au XVIIème siècle, et Cervantes a suffisamment montré que telle n'était pas son intention. Faire de ces "barbares" le dernier avatar du *Beatus ille*, c'était saboter et faire sombrer irrémédiablement le thème horatien du retour à la nature.
Quelle était, en fin de compte, l'intention de Cervantes ? Faire la satire de la société de son temps ? Celle des Gitans ? Les deux à la fois ? Faut-il la chercher dans la réussite d'une intrigue romanesque à la mode ? Ou bien ailleurs ?

---

(27) Id., La Gitanilla, ed. cit., p. 76.

(28) Cortes de 1594, 1603, 1609.

(29) Cervantes, La Gitanilla, ed. cit., p. 72.

QUATRÌÈME CHAPÌTRE

Une littérature de l'échec

La littérature est aussi un moyen de transcender la réalité
vers la réalisation d'un très vieux rêve de l'humanité : celui d'une société parfaite, fraternelle et juste. C'est un rêve qui apparaît, selon
la conjoncture, comme plus ou moins réalisable ou plus ou moins impossible.

Or, transcender la réalité par la littérature, c'est quitter le
réel pour la fiction. La transposition littéraire peut donc être ressentie
comme un abandon, un aveu d'impuissance, un exutoire, voire une lâcheté.
On se réfugie dans la littérature parce qu'on se sent impuissant à transformer le réel sur son propre terrain, et, à ce niveau, la différence n'est
peut-être pas si grande entre ceux qui écrivent à la machine, sur du papier,
et ceux qui écrivent à la main sur les murs. Ecrire, c'est toujours une
évasion, et un constat d'échec.

Le héros problématique n'existe qu'en s'opposant. Il prétend dé-
noncer un système de valeurs périmées, dévoyées, faussées, parce qu'engluées
dans le réel, au nom d'une idéologie qui le singularise. Mais les valeurs
idéologiques sont, par essence, hors du monde; elles ne peuvent se réaliser
que dans et à travers la fiction, et la fiction n'a pas de prise sur le
réel. Elle ne parvient pas à y pénétrer; elle s'y brise.

Par rapport à cette réalité, à laquelle il s'oppose, le héros
problématique est toujours un raté. Dès qu'elle se réfère au réel, la littérature va entraîner une prise de conscience de l'échec. Ainsi, la littérature de Cervantes est toute entière une littérature de l'échec, dans la mesure où elle provoque délibérément la douloureuse confrontation, en intro-
duisant le réel dans la fiction, ou la fiction dans le réel.

La littérature transcende la réalité, mais, en même temps, elle
est ressentie comme fiction par rapport à cette réalité, à laquelle elle
s'oppose : elle a la fragilité du rêve, la fragilité du verre. En fin de

compte, la vulnérabilité de la fiction est toujours démasquée par l'épaisseur du monde réel. L'un des mythes cervantins qui illustrent le mieux
cette fragilité est celui du *Licencié de verre*. Le héros craint de se
briser tant qu'il incarne la vérité contre la réalité. Sa lucidité disparaîtra en même temps que sa folie et il redeviendra un homme comme les
autres, un individu sans intérêt.

Cervantes transpose, dans ses oeuvres, la confrontation du réel
et de la fiction, qui est à l'image de la confrontation de sa tentative
personnelle et de la réalité de son temps, ou de ses propres oeuvres et
du monde réel, dans lequel elles sont écrites et lues. Ainsi, l'oeuvre
contient sa propre critique implicite, son constat d'échec intégré, et
c'est pourquoi elle est tout à la fois burlesque et tragique.

Lorsque Cervantes tente de s'opposer à la société de son temps
en défendant des valeurs qui n'y ont pas cours, il devient aussi anachronique et aussi fou que son héros Don Quichotte. Précisément,Don Quichotte
est anachronique et fou parce qu'il vit dans la fiction littéraire. Il
s'est tellement imprégné de lecture, qu'il a fini par devenir un personnage
de fiction; mais, s'il est ridicule et vain, c'est parce qu'il s'obstine à
défendre une idéologie dans un monde qui la refuse. De la même façon, Cervantes est ridicule et vain lorsque ce qu'il exprime dans sa fiction littéraire va à contre-courant du monde réel dans lequel il vit,et il est très
conscient de la consistance et de la dureté de ce monde réel. Il a été à
même de l'apprécier, trop souvent à son gré, dans la prison de Séville.

En dépit de sa faiblesse naturelle, la fiction peut-elle avoir
un impact sur le réel ? On est frappé par l'insistance avec laquelle Cervantes souligne le rôle didactique de la littérature, soit qu'il s'adresse
à l'écrivain pour le conseiller, comme il le fait, dans la deuxième partie
du *Quichotte*, par la bouche du curé :

> *Que tire lo más que fuere posible a la verdad, sin
> duda compondrá una tela de varios y hermosos lizos te
> jida, que, después de acabada, tal perfección y hermo
> sura muestre, que consiga el fin mejor que se pretende
> en los escritos, que es enseñar y deleitar juntamente,
> como ya tengo dicho;*

soit qu'il s'explique directement devant ses lecteurs, comme dans le prologue de ses nouvelles :

> *Heles dado nombre de Ejemplares, y, si bien lo mi
> ras, no hay ninguna de quien no se pueda sacar algún
> ejemplo provechoso; y si no fuera por no alargar este su
> jeto, quizá te mostrara el sabroso y honesto fruto que
> se podría sacar, así de todas juntas, como de cada una
> de por sí.*

Mais tout le problème de la littérature est dans cet effort pour
approcher le plus possible de la vérité. De quelle vérité ? Pour atteindre
son but, la littérature doit être au plus près du réel; mais plus elle s'en
approche et moins elle peut refléter cette vérité plus profonde qui devrait
toucher le lecteur dans sa conscience. Ne pouvant être vraie, la fiction
doit être, au moins, vraisemblable; sinon l'écart serait tel que le mythe
resterait inaccessible et inefficace. Mais ce mouvement vers le réel ne
cesse de se heurter à l'élan centrifuge qui entraîne irrésistiblement le

héros vers le monde des idées. C'est de ce double mouvement contradictoire
que naît le hiatus que nous avons observé à propos des Gitans. Ils apparaissent tantôt sur le mode réel, comme une bande de voleurs, et tantôt sur le mode
idéalisé, comme des modèles de vertu et de sagesse.

L'évasion dans le "gitanisme" n'est réalisable que si les Gitans
sont traités comme un thème littéraire; et leur idéalisation est rendue
possible parce qu'il s'agit d'un monde à part qui s'oppose au monde réel
dans lequel Cervantes est contraint de vivre non plus dans le temps, comme
la Chevalerie ou l'Age d'or, mais dans le présent, grâce à leur vie de parias, d'asociaux, de marginaux, parce qu'ils constituent un monde différent
isolé et mystérieux.

Mais Cervantes triche avec le temps parce qu'il cède à la tentation de confronter sa fiction au réel présent. C'est ainsi que se forge
la figure d'un Don Quichotte qui vit, ici et maintenant, avec le costume,
le langage et l'idéologie d'une époque révolue, ou simplement rêvée, puisque c'est de la fiction littéraire, et non du passé, qu'il se réclame directement. C'est ainsi que le thème littéraire pastoral est ressenti drama-
tiquement comme tel par Cervantes, qui va jusqu'à se pasticher lui-même
et faire basculer son oeuvre dans le burlesque sous les coups de l'ironie
la plus amère. Vus de plus près, les bergers sont des loups.

Il se trouve que le *Coloquio* fournit l'antithèse de presque tous
les thèmes littéraires chers à Cervantes. La satire du réel entraîne dans
son mouvement celle de la fiction et cela finit par une espèce d'autodes-
truction, proche du désespoir.

La Gitanilla ne peut bien se comprendre que confrontée au *Coloquio*; et ce n'est peut-être pas par hasard si les deux nouvelles se font
pendant, au début et à la fin du recueil, dans un ordre vraisemblablement
inverse à celui de la chronologie. Pour le cas où l'on ferait abstraction
du *Coloquio*, Cervantes s'arrange pour révéler le dessous des cartes. Dans
La Gitanilla, les Gitans apparaissent, d'emblée, comme des voleurs incorrigibles. Il n'y a pas réellement d'évasion dans le mythe gitan, car la
"folie" d'Andrés n'est rien d'autre qu'une passion amoureuse; et, grâce à
un dénouement très conventionnel, la brebis égarée rentrera dans le ber-
cail social. Quant à Clemente, le page-poète, proscrit d'honneur, il disparaît définitivement de la scène, et s'embarque pour l'aventure.

L'aventure est toujours le meilleur moyen d'échapper à une réalité mesquine, prosaïque, étouffante :

> *Enfadóme la vida estrecha del aldea y el desamora-*
> *do trato de mi madrasta* (1),

dit Rinconete.

Au Siècle d'Or, l'aventure c'est les Flandres, l'Italie, l'Amérique..., ou les madragues de Zahara. Mais il faut nécessairement prendre
ses distances vis-à-vis du réel; s'il s'agit de la vie militaire, ne rien
dire du froid, de la faim, du danger...

> *Con otras cosas deste jaez, que algunos las toman*
> *y tienen por añadiduras del peso de la soldatesca,*

---

(1) Cervantes, Rinconete y Cortadillo, ed. cit., p. 188.

y son la carga principal della. (2)

Les valeurs picaresques résistent encore moins à l'analyse.
Voleurs et "pícaros" ne font que reconstituer une micro-société qui est,
en quelque sorte, une caricature grotesque de la première.

Quant aux Gitans, ils ne s'opposent à la société ambiante que
d'une façon dépravée, dangereuse et éphémère. Ils restent prisonniers de
leur triste sort de gibier de potence. Face à cette réalité, un Gitan poète et moraliste, qui pourrait citer Horace, Sénèque, Garcilaso et Fray
Luis de León, est une chose aussi plaisante qu'un Monipodio qui présente
sa bande de truands comme une confrérie religieuse et bienfaisante.

Certes, il y a une réalité à la base de toute idéalisation. Etre
voleur n'empêche pas une forme de piété superstitieuse. Les Gitans vivent
réellement dans la nature. Mais Cervantes transforme cette réalité; il lui
ajoute des valeurs qu'elle n'a pas et qu'elle ne peut avoir. Le ton de la
transposition nous fait descendre vers le burlesque ou, au contraire, nous
élève sur les ailes de la poésie. Dans un cas comme dans l'autre, il s'a-
git d'un simple jeu littéraire. Il est certain que bien des valeurs attri-
buées par Cervantes aux Gitans, aux bergers, aux "pícaros", pourraient constituer un idéal opposé à la réalité sociale décadente qu'il connaît, mais
c'est un idéal projeté dans la dérision. Cervantes n'est jamais dupe de
lui-même. Ce qu'il donne aux Gitans d'une main, il s'empresse de le leur
enlever de l'autre. Bien sûr, cette idéalisation factice des Gitans est,
pour Cervantes, l'occasion de se livrer à une satire très fine, pleine
d'humour et de sous-entendus, de la société de son temps; mais, en même
temps, ce même humour est employé à détruire ces valeurs idéales, à les
dégrader, en en faisant l'apanage des parias, en les noyant sous le mépris
et l'ironie. La critique d'une société malade s'exerce au nom de valeurs
que Cervantes s'emploie à ridiculiser et à détruire, ce qui signifie qu'elles ne peuvent exister hors de son imagination ou hors des fables des poètes. Elles exigent toujours une distorsion démesurée de la réalité.

Tout ceci implique une vision du monde bien pessimiste ou, du
moins, sans illusions : la société réelle est bien imparfaite, mais le monde des valeurs n'existe pas, par définition. L'idéal, c'est l'inaccessible,
et c'est là que se situe Cervantes, dans un effort, un envol incessant, à
la frontière de l'impossible, pour retomber sans cesse vers une réalité
prosaïque et désolante.

---

(2) Id., El licenciado vidriera, dans Las novelas ejemplares, Clás. cast.
t. II, p. 16

CONCLUSION

Les Gitans et la fête

Nous avons pu constater, dans la première partie de cette étude, que les deux catégories de thèmes —baptisés de façon un peu manichéenne, pour la commodité de l'exposé,"positive" et "négative"—, apparaissent presque simultanément au début du XVIème siècle. Cependant, alors que les thèmes"négatifs"ne font l'objet que d'allusions rapides et isolées, dans certaines oeuvres comme *La Celestina, La lozana andaluza* ou *El buen placer trovado*, les deux pièces de théâtre de Gil Vicente entièrement dédiées aux Gitans les présentent plutôt sous un jour sympathique. Si toute allusion au vol n'est pas écartée, l'auteur insiste sur les talents folkloriques de ses personnages, qui chantent, dansent et disent la bonne aventure et il faut remarquer que l'une de ces oeuvres s'intitule, de façon très significative,l'*Auto da festa*. Le ton est donné pour plusieurs siècles, du moins en ce qui concerne le théâtre; car, en prose,les Gitans vont connaître une utilisation plus picaresque. Toutefois, la prose consacrée aux Gitans est dominée par *La Gitanilla* de Cervantes, où les danses et les chansons de Preciosa, ainsi que les acrobaties de toute la troupe, font assez vite oublier les quelques lignes du début, cette prouesse verbale sur le thème du vol.

Preciosa de tarde pas à sauter sur les planches et, jusqu'au XIXème siècle, lorsque nous évoquons les Gitans dans la littérature, il s'agit presque toujours du théâtre;et cela aussi est significatif, car le théâtre est avant tout spectacle et les Gitans, dans la réalité, sont prodigieusement doués pour toutes les manifestations spectaculaires. De plus, il ne s'agit guère du théâtre tragique ou sérieux,mais presque essentiellement de celui qui nous mène des "autos", "farsas", "pasos", "entremeses", "bailes" et "mojigangas" jusqu'à la moderne "zarzuela", en passant par les "sainetes" et "tonadillas"; autrement dit,le théâtre le plus léger, le plus

propre à charmer et à divertir. L'abondance des exemples pourrait faire
penser à une sorte d'exorcisme: cherchait-on à dissiper la crainte inspirée
par les Gitans en les faisant danser en public comme l'ours des saltimbanques ? Mais non !; sur scène le Gitan n'est jamais ridicule et c'est son
adversaire, alcade ou alguazil, qui joue le rôle du "bobo". L'antagonisme
classique que nous retrouverons chez García Lorca, dans le *Romancero Gitano*
et dans la *Escena del teniente coronel de la Guardia Civil*, est déjà en
place et le public est déjà du côté du Gitan contre le représentant de l'ordre. Si l'on vient se défouler en regardant ce théâtre-là, ce n'est pas en
assistant à l'arrestation du voleur, mais en riant de la bêtise du gendarme
et le spectateur ne peut s'identifier qu'à ce Gitan plein de malice, qui
joue un bon tour à l'alcade et danse une joyeuse séguedille, avant de repartir en chantant. Cette littérature est proprement subversive et il n'est
guère étonnant que les lois aient cherché à l'interdire. Cependant, nous
n'avons constaté aucune interruption en ce qui concerne ce genre de spectacle, même aux époques où la répression se fait le plus durement sentir.
Nous avons déjà fait observer que les Gitans qui accompagnent la "Gitanilla"
dans ses pérégrinations à travers l'Espagne sont sans cesse en infraction.
Mais, que dire de tous ceux qui chantent et dansent sur la scène tout au
long du XVIIIème siècle, au temps des battues effectuées par la troupe, de
la grande rafle de 1749 et de la déportation dans les arsenaux ! C'est à
ce moment-là que, dans une saynète anonyme intitulée *Las Gitanas desterradas*, le médecin, le barbier et le pharmacien du village protestent contre
l'expulsion des Gitans, qui ne tarderont pas à revenir, à la demande de
l'alcade, avec de nouveaux chants et de nouvelles danses. C'est en 1752,
trois ans après l'arrestation générale, que le thème du droit d'asile est
abordé sur le mode burlesque dans le *Sainete de los Gitanos*, de Torres
Villarroel. Enfin, c'est en 1770, alors que le Conseil hésite encore sur la
forme que doit prendre l'"extermination", que la justice est superbement
bafouée dans la saynète de Ramón de la Cruz intitulée *Las Gitanillas*. Non
seulement l'alcade et l'alguazil sont, comme à l'accoutumée, ridiculisés
et, par surcroît, délestés de leurs montres, mais, comble d'infamie !,
lorsqu'un courrier arrive muni d'une commission rogatoire réclamant l'arrestation de Gitans qui auraient commis de nombreux vols dans la région,
l'alcade accepte quand même de les laisser partir en échange d'une chanson.
Voilà une inconséquence que le malheureux aurait payé bien cher s'il était
tombé entre les mains de certains juges-commissaires, sortes de chasseurs
de primes qui sévissaient à l'époque et dont la spécialité était la pour-
suite des représentants de l'ordre trop complaisants envers les Gitans.
Mais sommes-nous du côté du rêve ou du côté de la réalité ? La situation
décrite n'est pas sans rapport avec une scène réelle extraite d'un procès
de la Santa Hermandad, où l'on voit un personnage influent de Zalamea, ami
de l'alcade, écouter depuis son balcon un groupe de Gitanes qui chantent
des séguedilles en son honneur (1). Nous avons vu que les censeurs de 1770
qui ont examiné la pièce de Ramón de la Cruz se sont contentés de lui sug-
gérer quelques modifications de détail pour la rendre plus vraisemblable
et de minimiser un peu les méfaits commis par les Gitans (2). Mais nous
sommes au théâtre; un alcade authentique qui aurait, à l'époque, fermé les

---

(1) Archivo Histórico Nacional, Consejos, leg. 82,exp. n°8,pieza n°2,fol.17.

(2) Cf. supra, p. 37.

yeux sur le vol d'un seul âne se serait vu infliger une très forte amen-
de, en plus de la suspension définitive de sa charge. Et dans la réalité,
sauf exception, on ne vous libère pas contre une chanson !

    Voilà donc ce qu'incarnent les Gitans au plus fort des persécu-
tions. Une dose de rêve d'autant plus explosive que la réalité est plus
dure. Ainsi, tous les documents officiels que nous pouvons consulter —textes législatifs, rapports de police ou procès— nous cachent une face de
la vérité. Au moment où les Gitans sont enchaînés, déportés, envoyés aux
galères, voire traqués ou abattus comme du gibier, il y a, en Espagne, tout
un public capable d'applaudir ces incorrigibles hors-la-loi qui viennent,
sur scène, faire trois petits tours en musique, avant de prendre la poudre
d'escampette pour semer leurs poursuivants. La chose est d'autant plus évidente qu'après 1783 et les mesures plus libérales signées par Charles III
le thème que nous venons d'évoquer va disparaître. En 1779, quatre ans
avant la dernière pragmatique concernant les Gitans, nous en voyons surgir
un autre dans *Los Gitanos tragedistas*. Ces Gitans-là sont derrière des
grilles, ils chantent tristement leur sort tragique et, bien que le ton de
l'oeuvre soit plutôt tragi-comique, un sentiment nouveau est en train de
naître : la pitié. D'ailleurs, ce spectacle fait justement son apparition
au moment où les derniers Gitans détenus dans les présides ont été relâchés
et où le texte de la nouvelle loi est prêt. Par la suite, nous verrons fleu-
rir d'autres tendances, le tableau de moeurs, le culte du pittoresque et de
l'exotisme. Le rêve prend ainsi d'autres formes, mais jamais il ne redeviendra aussi triomphant que lorsqu'il était le plus impossible.

    Les résultats décevants d'une intégration forcée nous laissent
penser que les Gitans n'ont pas encore trouvé dans notre société une place
bien définie. Par contre, il est certain qu'ils occupent depuis toujours,
dans notre mentalité et dans notre sensibilité, un lieu privilégié; celui
de l'imagination, de la fantaisie et du rêve. Ici, "rêve" ne s'oppose pas
systématiquement à "réalité"; il en est plutôt la face cachée, celle qui
aide à supporter l'autre. Il ne s'agit pas de confondre une certaine image
du Gitan, tantôt idyllique et tantôt hostile, née dans notre imagination de
sédentaires, avec une quelconque réalité tsigane mais seulement d'attirer
l'attention sur le rôle important, bien qu'obscur, que les Gitans ont joué
à travers nos phantasmes. Cela dit, que vaut l'image théâtrale, faite de
gaîté et d'insouciance, que nous venons d'évoquer ? Pas grand-chose, en
vérité ! Le Tsigane n'est pas un homme gai et son insouciance n'est qu'apparente. S'il chante, c'est davantage pour exprimer sa mélancolie ou chasser son angoisse que pour crier sa joie de vivre. "Quien canta, sus males
espanta", dit le proverbe. Le chanteur qui entonne la "soleá" ou la "siguiriya gitana" commence par un " ¡ay !" angoissé et une "copla" ajoute ingé-
nuement :

                    Todo aquel que dice : ¡ ay !
                    es señal que le ha dolio.

    Cela ne veut pas dire que le Gitan n'ait pas conservé, à une épo-
que où le plaisir solitaire de la télévision a remplacé les antiques veil-
lées, un remarquable sens de la fête. Il est exact qu'une tentative de sé-
dentarisation pratiquée sur des Tsiganes, dans l'Est de la France, et qui
devait amener un groupe de nomades à vivre dans des H.L.M., a été vouée à
l'échec parce que les nouveaux locataires faisaient encore de la musique,
en famille ou entre amis, à l'heure où leurs voisins devaient se lever pour
aller à l'usine ou au fond de la mine. Encore une fois, nous n'avons pas

l'intention de suivre les traces de Cervantes et de créer un nouveau mythe autour de l'existence que mènent nos Tsiganes sur les aires de station-
nement ou dans nos tristes bidonvilles, mais il nous paraît indispensable
d'attirer l'attention sur un système de valeurs radicalement différent du
nôtre, maintenu contre vents et marées par ces anachroniques baladins. Au-
delà de vertus morales incontestables, dont il n'y a pas lieu de faire l'in-
ventaire ici —mais dont certaines, comme l'attachement à la famille et à
la communauté, le mépris des biens matériels, la frugalité, l'hospitalité
et la générosité spontanée sont liées à ce fameux sens de la fête dont
nous venons de parler—, nous voudrions revenir une dernière fois sur cette
vocation artistique qui nous ramène au vif de notre sujet. Il est inutile
de rappeler que les Tsiganes ont toujours été des musiciens exceptionnels
et qu'ils ont donné une impulsion originale au chant flamenco, comme au
jazz et au folklore d'Europe centrale. Par contre, on connaît généralement
moins bien le rôle joué par les Gitans d'Espagne entre le XVIème et la fin
du XVIIIème siècle, en tant que musiciens professionnels, dans la conserva-
tion et la transmission d'une musique populaire et d'un folklore qui vont
contribuer précisément à la naissance du "Cante jondo". Toute une littérature nous le dit et les archives nous le confirment. Fort heureusement,
c'est cet aspect-là du "gitanisme" que la littérature a privilégié, tandis-
que les législateurs de l'époque s'efforçaient de le faire disparaître en
même temps que tous les autres. Aujourd'hui, cependant, dans un monde qui
se veut plus tolérant, les Gitans et leurs musiques sont menacés plus que
jamais, même s'il est convenu d'appeler maintenant "intégration" ou "assi-
milation" ce qui portait jadis le nom d'"extermination". Or, il serait af-
fligeant de penser que notre société de fourmis n'a plus de place pour
quelques cigales. Les Gitans nous sont un bien précieux que nous aurions
tort de ne pas respecter : dans un univers standardisé où les voyages dé-
paysent chaque jour un peu moins, ils sont encore, plus que la fête, l'indispensable différence.

BİBLİOGRAPHİE

Actas de las Cortes de Castilla. Madrid, Impr. de la Viuda é Hijos de
J.A. García, 1877.

AGUILAR, Gaspar de. *La Gitana melancólica.* Dans *Doce comedias famosas de
cuatro poetas naturales de la insigne y coronada ciudad de Valencia.*
Barcelona, 1609.
(*B.A.E.*, t. XLIII, *Dramáticos contemporáneos de Lope de Vega*, I, pp.
143-162).

ALARCOS LLORACH, Emilio. *Fonología española.* Madrid, 1954.

ALBERTI, Rafael. *El alba del alhelí.* Dans *Poesías completas.* Buenos Aires,
Losada, 1961, pp. 138-141.

ALCALÁ YÁÑEZ Y RIBERA, Jerónimo de. *Alonso, mozo de muchos amos...*, 2a
parte. Valladolid, Gerónymo Morillo, 1626.

——— *El donado hablador, Alonso mozo de muchos amos.* Madrid, 1851.
(*B.A.E.*, vol. XVIII, pp. 491-584).

El alcalde engitanado. Entremés nuevo. Dans *Manuscritos varios.* Bibl. Nac.
de Madrid, 4.064, ff. 181-188.

ALEMÁN, Mateo. *Guzmán de Alfarache.* 1a parte. Madrid, 1599.
(*Clás. Cast.*, nº 73, p. 60; *Clás. Cast.*, nº 83, p. 183).

——— *Id.*, 2a parte. Lisboa, 1604.
(*Clás. Cast.*, nº 90, p. 122; *Clás. Cast.*, nº 93, p. 111).

ALMIRALL, Valentí. *Consideraciones sobre lo ball de Gitanos en lo Vallés.*
Dans *Folk-Lore Catalá.* Barcelona, 1887, vol. 4.

ALONSO CORTÉS, Narciso. *Casos cervantinos que tocan a Valladolid.* Madrid,
1916.

Amadís de Gaula. Madrid, C.S.I.C., 1959.

La Andaluza afortunada de soltera y de casada. Tonadilla. Bibl. Nac. de
Madrid, Man. 14.063 [81].

Antología de poetas líricos castellanos. Madrid, 1899, t. IX, vol. II.
(*Biblioteca Clásica*, vol. CCIX).

ARNICHES, Carlos et GARCÍA ÁLVAREZ, Enrique. *Alma de Dios. Zarzuela en
un acto, letra de los señores Arniches y García Álvarez, música del
maestro Serrano.* Barcelona, s.d.

ASTRANA MARÍN, Luis. "Cervantes y los Gitanos". Dans *Estudio crítico de la
Edición IV Centenario de "Don Quijote".* Madrid, Ed. Castilla, 1945,
pp. XLII-XLIII.

Aucto de la huida de Egipto. Dans ROUANET, Léo. *Colección de autos, farsas y coloquios del siglo XVI.* Barcelona-Madrid, 1901, t. II, pp. 374-
387.

Aucto del finamento de Jacob. Dans ROUANET, Léo. *Colección de autos, farsas y coloquios del siglo XVI.* Barcelona-Madrid, 1901, t. I, pp. 200-216.

AVELLANEDA, Alonso F. de. *Vid.* FERNÁNDEZ DE AVELLANEDA.

AVELLANEDA, Francisco de. *Entremés de la hija del Doctor* (attribué à José de Figueroa). Dans *Floresta de entremeses y rasgos del ocio.* Madrid, 1691, pp. 137-148.

BAROJA, Pío. *Los Gitanos.* Dans *Vitrina pintoresca.* Madrid, 1935.

BÉCQUER, Gustavo Adolfo. *Páginas desconocidas.* Madrid, 1923.

BENÍTEZ DE CASTRO, Miguel. *La Gitana catequista. Obra cómica en un acto para ser representada por niñas y jovencitas, original y en prosa.* Madrid, 1958.

BESSES, Luis. *Diccionario de argot espanol o lenguaje jergal gitano, delincuente, profesional y popular.* Barcelona, Sucesores de Manuel Soler, 1906.

BLASCO IBÁÑEZ, Vicente. *La Bodega.* Barcelona, Planeta, 1948.

BLOCH, Jules. *Les Tsiganes.* Paris, P.U.F., 1969. (*Que sais-je ?*, n° 580).

BÜLH DE FABER, Cecilia. *Vid.* FERNÁN CABALLERO.

BORROW, George Henry. *The Gipsies in Russia and in Spain.* Dans *The Athenaeum,* january-december. London, 1936.
——— *Criscote e majaró Lucas.* London, 1937.
——— *The Zincali, or an account of the Gipsies in Spain. With an original collection og their songs and poetry, and a copious dictionary of their language.* London, John Murray, 1841.
——— *The Bible in Spain. Or the journeys, adventures, and imprisonments of an Englishman, in an attempt to circulate the Scriptures in the Península.* London, John Murray, 1843.
——— *The Zincali (Los Zincali).* Traducción de D. Manuel Azaña. Madrid, La Nave, 1932.
——— *La Bible en Espagne.* Trad. de l'anglais par René Fréchet. Paris, La Palatine, 1967.

BOTEY, Francesc. *El Gitano, una cultura folk desconocida.* Barcelona, Nova Terra, 1970.

BUENDÍA, Felicidad. *Antología del entremés.* Madrid, Aguilar, 1965.

C., D.A. de. *Diccionario del dialecto gitano. Origen y costumbre de los Gi-*

tanos. Contiene más de 4.500 voces con su correspondencia castellana y sus definiciones. Barcelona, 1851.

CABRERA DE CÓRDOVA, Luis. *Historia de Felipe II, rey de España.* Madrid, 1876.

CALDERÓN DE LA BARCA, Pedro. *La muerte.* Dans *Flores del Parnaso.* Zaragoza, 1708.
(B.A.E., t. XIV, pp. 645-648).

CAMPUZANO, Ramón. *Origen, usos y costumbres de los Jitanos, y diccionario de su dialecto. Con las voces equivalentes del castellano y sus definiciones.* Madrid, 1848.

CAMUS, Jean-Pierre. *L'innocente Egyptienne.* Dans *L'Amphitéâtre sanglant.* Paris, 1930, pp. 85-106.

CÁNCER Y VELASCO, Jerónimo de. *Los Gitanos.* Dans *Autos sacramentales y al nacimiento de Christo, con sus loas y entremeses, recogidos de los maiores ingenios de España.* Madrid, 1675. Bibl. Nac. de Madrid,R.11.809.

———— *Id.* Dans BUENDÍA, Felicidad. *Antología del entremés.* Madrid, Aguilar, 1965, pp. 619-634.

CARO BAROJA, Julio. *Los Gitanos en la literatura española. Vid.* CLEBERT, J.P. *Los Gitanos.* Barcelona, Ayma, 1965, pp. 278-312.

CASTILLO, Fermín. *Los Gitanos.* Zaragoza, La Editorial, 1958.

CAXESI, Juan de. *Los trabajos de Joseph.* Ed. de A. RESTORI. Tiré à part de *La Revue Hispanique.* Paris, 1902, nº IX, pp. 15-18.

CEJADOR Y FRAUCA, Julio. *La lengua de Cervantes. Gramática y Diccionario de la lengua castellana en el "Ingenioso hidalgo don Quijote de la Mancha".* Madrid, 1906, t. II.

CERVANTES SAAVEDRA, Miguel de. *La elección de los alcaldes de Daganzo.* Dans *Entremeses.*
(Clás. Cast., nº 125, pp. 80-86).

———— *El ingenioso hidalgo don Quijote de la Mancha.* Edición IV Centenario con los comentarios de Diego CLEMECÍN. Madrid, Castilla, 1947.

———— *El ingenioso hidalgo don Quijote de la Mancha.* Madrid, 1605. Dans *Obras completas.* Madrid, Aguilar, 1965, pp. 1207-1481.

———— *Segunda parte del ingenioso caballero don Quijote de la Mancha.* Madrid, 1615. Dans *Obras completas.* Madrid, Aguilar, 1965, pp. 1483-1773.

———— *Pedro de Urdemalas.* Dans *Obras completas.* Madrid, Aguilar, 1965, pp. 609-658.

———— *Novelas ejemplares.* Madrid, 1613.
(Clás. Cast., nº 27, 36).

CÉSPEDES Y MENESES, Gonzalo de. *Fortuna varia del soldado Píndaro.* Madrid, 1661.

(B.A.E., vol. XVIII, pp. 325-337).

CLAVERÍA, Carlos. *Estudios sobre los gitanismos del español*. Madrid, 1931.
(*Anejos de la Revista de Filología Española*, nº 53).

———— *Miscelánea Gitano-Española, I : "mangante" y "pirandón"*. Dans *Nueva Revista de Filología Hispánica*, t. II, 1948, pp. 373-376.

———— *Nuevas normas sobre los gitanismos del español*. Dans *Boletín de la Real Academia Española*, nº 35, 1953, pp. 73-93.

———— *Notas sobre el Gitano Español*. Dans *Strenae. Estudios de Filología e historia dedicados al profesor Manuel García Blanco. Filosofía y Letras* (Salamanca), t. XVI, 1962.

CLEBERT, Jean-Paul. *Les Tziganes*. Paris, Arthaud, 1961.

———— *Los Gitanos*. Epílogo de CARO BAROJA, Julio : *Los Gitanos en la literatura española*, pp. 278-312. Barcelona, Aymá, 1965.

CLEMENCÍN, Diego. *Comentarios al Quijote. Vid.* CERVANTES, M. de. *El ingenioso hidalgo...*

COELHO, Adolpho. *Os Ciganos de Portugal*. Lisboa, 1892.

COLOCCI, Adriano. *Gli Zingari. Storia d'un popolo errante*. Torino, 1889.

Constitutions y altres drets de Cathalunya... Barcelona, 1588, vol. I.

COROMINAS, Joan. *Breve Diccionario etimológico de la lengua castellana*. Madrid, Gredos, 1961.

Cortes de los antiguos Reinos de León y Castilla, publicados por la Real Academia de la Historia, Madrid, 1861.

COTARELO Y MORI, Emilio. *Colección de entremeses, loas, bailes, jácaras y mojigangas, desde fines del siglo XVI a mediados del XVIII*. Madrid, 1911.
(*Nueva B.A.E.*, vol. XVII-XVIII).

COVARRUBIAS OROZCO, Sebastián de. *Tesoro de la lengua castellana o española*. Madrid, L. Sánchez, 1611.

———— *Id.* Ed. Martín de Riquer, Barcelona, 1943.

CRUZ, Ramón de la. *Sainetes, en su mayoría inéditos. Colección ordenada por D. Emilio COTARELO Y MORI*. Madrid, 1917, t. I.
(*Nueva B.A.E.*, vol. XXIII, pp. 380-383).

———— *Id.* Madrid, 1928, t. II.
(*Nueva B.A.E.*, vol. XXVI, pp. 99-105).

La Chápira. 2a parte de los Gitanos. Sainete en verso. Cádiz, 1777. Bibl. Nac. de Madrid, Man., 14.526[16].

DÁVILA, Barsaly et INFANTE PÉREZ, Blas. *Apuntes del dialecto "caló" o gitano puro.* Madrid, Diana, 1943.

DELICADO, Francisco. *La lozana Andaluza.* Madrid, Taurus, 1967.

Departamento de Ética y Sociología. Universidad de Murcia. Direct. : Jesús María VÁZQUEZ. *Los Gitanos en Murcia hoy : 1980.* Salamanca, Impr. "Calatrava", 1981.

DESBARROLLES, Adolphe. *Deux artistes en Espagne.* Paris, 1862.

DOÑATE SEBASTIÁ, José María. *Gitanos en Villarreal.* Dans *Boletín de la Sociedad Castellonense de cultura,* t. XL, 1964, pp. 172-182.

DUMAS, Alexandre (père). *De Paris à Cadix.* Paris, 1847-1848.

Enciclopedia universal ilustrada Europeo-Americana. Bilbao, Espasa-Calpe, 1925, vol. XXVI.

Entremés de la dama encerrada. Dans *Laurel de entremeses varios, repartido en diez y nueve entremeses nuevos escogidos de los mejores ingenios de España.* Zaragoza, 1660, pp. 120-127.

Entremés del alcalde nuevo. Dans *Floresta de entremeses y rasgos del ocio.* Madrid, 1680.

Entremés de Pedro Hernández y el Corregidor. Dans *Comedias de Lope de Vega,* 1a parte. Valladolid, 1609.

———— *Id.* Dans COTARELO Y MORI. *Colección de entremeses, loas, bailes, jácaras y mojigangas, desde fines del siglo XVI a mediados del XVIII.* Madrid, 1911. (*Nueva B.A.E.,* vol. XVII, pp. 123-129).

La escoba. Entremés. Bibl. Nac. de Madrid, Man., 14.516[15].

ESPINEL, Vicente. *Relaciones de la vida del escudero Marcos de Obregón.* 1a ed. 1618. (*B.A.E.,* vol. XVIII).

ESTÉBANEZ CALDERÓN, Serafín. *Escenas andaluzas.* Buenos Aires, Espasa-Calpe, 1944. (*Austral,* nº 188).

FALLA, Manuel de. *El Cante Jondo.* Dans *Escritos sobre música y músicos.* (*Austral,* nº 950, pp. 125-130).

FEIJOO Y MONTENEGRO, Fr. Benito Jerónimo. *Teatro crítico universal o discursos varios en todo género de materias para desengaño de errores comunes.* Madrid, 1728.

FERNÁN CABALLERO (BÖLH DE FABER, Cecilia). *Chascarrillos. La predicción
    de la Gitana.* Dans *Obras completas.*
    (B.A.E., vol. CXL, pp. 117-118, 186-187).

FERNÁNDEZ DE AVELLANEDA, Alonso. *El ingenioso hidalgo Don Quijote de la
    Mancha.* Tarragona, 1614.
    (B.A.E., vol. XVIII).

FERNÁNDEZ DE CÓRDOVA, Francisco. *De Aegyptanis, seu Zingariis; et unde
    illis origo.* Dans *Didascalia multiplex.* Lyon, 1615, pp. 403-413.

FERREIRA, Antonio. *Comedia do Fanchono ou de Bristo.* 1562.

————— Ed. de ROIG, Adrien. *La Comédie de Bristo ou l'entremetteur,*
    d'Antonio Ferreira. Paris, P.U.F., 1973.

FERRER BENIMELI, José Antonio. *También los Gitanos.* Barcelona, 1965.
    (*Publicaciones de Caritas diocesana de Barcelona,* n° 13).

FLECNIAKOSKA, Jean-Louis. *Las fiestas del Corpus en Segovia (1594-1636).*
    Dans *Estudios Segovianos,* t. VIII, 1956.

Floresta de entremeses y rasgos del ocio, a diferentes assumptos de Bay-
    les, y Mogigangas, Escritos por las mejores plumas de nuestra España.
    Madrid, A. de Zafra, 1691.

GARCÍA ÁLVAREZ, Enrique. *Vid.* ARNICHES, Carlos.

GARCÍA GUTIÉRREZ, Antonio. *El trovador.* Zaragoza, Libr. de Juan Repilando,
    1839.

GARCÍA LORCA, Federico. *Arquitectura del Cante Jondo.* Dans *Obras completas.*
    Madrid, Aguilar, 1957, pp. 1537-1542.

————— *Cantares populares. Ibid.,* pp. 563-576.

————— *Poema del Cante Jondo. Ibid.,* pp. 223-270.

————— *Romancero Gitano. Ibid.,* pp. 353-395.

————— *Teoría y juego del duende. Ibid.,* pp. 36-48.

GARCÍA DE RESENDE. *Cancioneiro geral.* Lisboa, 1516.

GARRIDO ATIENZA, Miguel. *Antiguallas granadinas : las fiestas del Corpus.*
    Granada, 1889.

GAUTIER, Théophile. *Voyage en Espagne. Tra los montes.* Paris, Fasquelle,
    1929.

GIMÉNEZ, Alfredo (El Gitano poeta). *Los Gitanos en romance.* Zaragoza, 1965.

La Gitana azucena, comedia en un acto y en prosa. Madrid, Bruno del amo,
    1961.
    (*Teatro Moral, colección de obras escénicas propias para colegios,*
    centros y sociedades recreativas).

La Gitana, o memorias egipcias. Madrid, 1817.

Las Gitanas desterradas. Sainete en verso. Bibl. Nac. de Madrid, Man., 14.530[18].

La Gitanilla. Baile. Bibl. Nac. de Madrid, Man., 14.513[48].

La Gitanilla. Zarzuela cómica en un acto y en verso. Bibl. Nac. de Madrid, Man., 14.237[6].

La Gitanilla de Madrid. Nueva relación en la que se declara la peregrina y rara historia de la Gitanilla de Madrid; de la suerte que la robó una Gitana de Zaragoza; y los varios sucesos que acaecieron, como verá el curioso lector. Madrid, José M. Mares, 1846.

La Gitanilla honrada. Sainete en verso. Bibl. Nac. de Madrid, Man.,14.530[17].

El Gitano Canuto Mojarra, o el día de toros en Sevilla. Vid. Sainete nuevo...

Los Gitanos. Vid. Tonadilla a duo...

Los Gitanos en la feria. Drama jocoso en música para representarse en el teatro de los caños del Peral. Madrid, Impr. de Herrera, 1790.

Los Gitanos en la sociedad española. Dans *Documentación Social. Revista de Estudios sociológicos y de sociología aplicada*, nº 41, octubre-diciembre 1980.

Los Gitanos tragedistas. Vid. Sainete nuevo...

GODÍNEZ, Felipe. *El premio de la limosna y rico de Alejandría. Navidad de Corpus Christi.* 1664.

GÓNGORA Y ARGOTE, Luis de. *Letrillas.* Ed. de Robert JAMMES, Madrid, 1980. (*Clásicos Castalia*, nº 101).

——— *Obras completas.* Ed. de Juan et Isabel MILLÉ Y GIMÉNEZ. Madrid, Aguilar, 1956.

GONZALVO, C.E. *Gitanería. Boceto de sainete de costumbres en un acto y en prosa original.* Madrid, 1909.

GRELLMANN, H.M.G. *Historischer Versuch über die Zigeuner.* Dessau und Leipzig, 1784.

——— *Recherches historiques sur le peuple nomade, appelé en France Bohémien et en Allemagne Zigeuner; avec un vocabulaire comparatif des langues indiennes et bohémienne...* Paris, 1787.

——— *Histoire des Bohémiens, ou tableau des moeurs, usages et coutumes de ce peuple nomade, suivie de recherches historiques sur leur origine, leur langage et leur première apparition en Europe.* Paris, 1810.

GUILLAMET, Joan. *Els Gitanos. Aproximació a un racisme.* Barcelona, Portic, 1970.

HAINSWORTH, M.A. *Les "Novelas ejemplares" de Cervantes en France au XVIIème siècle. Contribution à l'étude de la nouvelle en France.* Paris, Librairie Honoré Champion, 1933.

HARDY, Alexandre. *La belle Egyptienne. Tragi-comédie.* Paris, 1628.

La hermosa Gitanilla en el Coliseo. Tonadilla a solo. Bibl. Nac. de Madrid, Man., 14.063[19].

HERVÁS Y PANDURO, Lorenzo. *Catálogo de las lenguas de las naciones conocidas.* Madrid, 1800-1805.

HIDALGO, Juan. *Romances de Germanía de varios autores con su vocabulario al cabo por orden de a,b,c, para declaración de sus términos y lengua.* Barcelona, Sebastián de Cormellas, 1609.

———— *Romances de Germanía de varios autores, con el vocabulario por la orden de a,b,c, para declaración de sus términos y lengua. Compuesto por Juan Hidalgo. El discurso de la expulsión de los Gitanos que escribió el Doctor Don Sancho de Moncada y los Romances de la Germanía que escribió Don Fr. de Quevedo.* Madrid, A. de Sancha, 1779.

HUÉLAMO, Fray Melchor de. *Libro primero de la vida y milagros del glorioso confesor Sant Ginés de la Xara y de algunas cosas notables que hay en el monasterio.* Murcia, 1607. Bibl. Nac. de Madrid, Man., 64.915[3].

HUGO, Victor. *Notre-Dame de Paris, 1482.* /Paris_7, Garnier Frères, 1961.

HURTADO DE MENDOZA, Juan. *Buen placer trovado en trece discantes de cuarta rima castellana.* Alcalá, 1550.

IDOATE, Florencio. *Los Gitanos en Navarra.* Dans *Príncipe de Viana,* n°XXXVII, 1949, pp. 433-447.

J.M. *Historia de los Gitanos.* Barcelona, Impr. de A. Bergnes, 1832.

JAMMES, Robert. *Etudes sur l'oeuvre poétique de Don Luis de Góngora y Argote.* Bordeaux, Institut d'Etudes Ibériques et Ibéro-Américaines de l'Université de Bordeaux, 1967.

———— *Vid.* GÓNGORA, L. de. *Letrillas.*

———— *Dos sátiras vallisoletanas de Góngora.* Dans *Criticón,* 10, 1980, pp. 31-57.

JIMÉNEZ, Augusto. *Vocabulario del dialecto gitano, con... una relación exacta del carácter, procedencia, usos... de esta gente...* Sevilla, Impr. de J.M. Gutiérrez de Alba, 1846.

JIMÉNEZ, Juan Ramón. *Platero y yo. Elegía andaluza.* Madrid, Aguilar, 1959.

Journal d'un Bourgeois de Paris sous le règne de Charles VII. Dans *Nouvelle collection des mémoires pour servir à l'histoire de France.* Paris, 1851, t. III, pp. 235-300.

KOCHANOWSKI, Jan. *Gypsy studies.* New-Delhi, 1963, 2 vol.

KRANTZ, Albrecht. *Rerum Germanicorum historici clariss. Saxonia.* Francfort, 1580.

LAFUENTE, Rafael. *Los Gitanos, el flamenco y los flamencos.* Barcelona, Barna, 1955.

LARREA PALACÍN, Arcadio de. *La saeta.* Dans *Anuario Musical,* vol. IV, Barcelona, C.S.I.C., 1949.

——— *La canción andaluza.* Jerez, 1961.

——— *El flamenco en su raíz.* Madrid, 1974.

Laurel de entremeses varios repartidos en diez y nueve entremeses nuevos escogidos de los mejores ingenios de España. Zaragoza, Juan de Ybar, 1660.

LAYNA SERRANO. *Historia de Guadalajara y sus Mendozas en los siglos XV y XVI.* Madrid, 1942.

Lazarillo de Tormes. Vid. *Vida de...*

LEBLON, Bernard. *Les Gitans dans la Péninsule ibérique. I.* Dans *Etudes Tsiganes,* mars-juin 1964, pp. 1-24.

——— *Les Gitans dans la péninsule ibérique. II.* Dans *Etudes Tsiganes,* octobre 1964, pp. 1-28.

LEÓN MARCHANTE, Manuel. *Mojiganga de la manzana.* Dans *Floresta de entremeses y rasgos del ocio.* Madrid, 1691, pp. 67-68.

LÓPEZ DE MENESES, Amada. *La inmigración gitana en España en el siglo XV.* Tiré à part de *Martínez Ferrando, Archivero. Miscelanea de estudios dedicados a su memoria.* S.L., Asociación Nacional de bibliotecarios, archiveros y arqueólogos, 1968, pp. 239-263.

——— *Los Gitanos llegan a Andalucía en el segundo tercio del siglo XV.* Dans *Pomezia,* nº 31, mayo 1968, pp. 104-107.

——— *Un arcediano gitano, Don Martín de Mendoza (1481-1555).* Dans *Pomezia,* nº 35-36, sept-oct. 1968, pp. 273-274.

——— *Una Gitana prima de Miguel de Cervantes : Martina de Cervantes.* Dans *Pomezia,* nº 37, nov. 1968, pp. 303-304.

——— *Una prima gitana de Miguel de Cervantes.* Dans *Estudis romànics,* vol. XIV, 1969, pp. 247-250.

————— *Noves dades sobre la immigració gitana a Espanya al segle XV.* Dans *Estudis d'Història medieval*, vol. IV, 1971, pp. 145-160.

LÓPEZ RODRÍGUEZ, Manuel. *Tras las huellas del flamenco. El mundo gitano en la obra de Cervantes.* Jerez de la Frontera, 1971.

LÓPEZ DE ÚBEDA, Francisco. *La pícara Justina.* Medina del Campo, 1605.

————— *Id.* Barcelona, Sopena, 1960.

LUJÁN DE SAYAVEDRA, Mateo (Juan MARTÍ). *Segunda parte de la vida del pícaro Guzmán de Alfarache.* Valencia, 1602.
(B.A.E., vol. III, pp. 374-410).

LUNA, José Carlos de. *Gitanos de la Bética.* Madrid, E.P.E.S.A., 1951.

LUNA, Juan de. *La segunda parte de la vida de Lazarillo de Tormes sacada de las corónicas antiguas de Toledo.* Paris, Rolet Boutonné, 1620.

————— *Id.* Dans *La novela picaresca española.* Ed. de Angel VALBUENA Y PRAT. Madrid, Aguilar, 1966, pp. 113-146.

LUQUE, Juan de. *Auto tercero al sacramento.* Dans *Divina poesía y varios conceptos a las fiestas principales del año que se ponen por su calendario. Con los santos nuebos y todo género de poesías.* Lisboa, Juan de Lira, 1608.

MANFREDI CANO, Domingo. *Los Gitanos.* Madrid, 1957.

MARTÍNEZ ALCUBILLA, Marcelo. *Diccionario de la administración española. Compilación de la novísima legislación de España peninsular y ultramarina en todos los ramos de la administración pública.* 5a ed. Madrid, 1893.

MAS Y PRAT, Benito. *La tierra de María Santísima. Colección de cuadros andaluces.* Barcelona, Ramírez, 1891.

————— *Costumbres andaluzas.* Sevilla, Fernández, s.d.

MASPONS Y LABRÓS, Fr. *Ball de Gitanos en lo Vallés.* Dans *Folk-Lore Català,* Barcelona, 1887, vol. IV, pp. 50-77.

MAXIMOFF, Mateo. *Coutumes des T iganes Kalderash.* Dans *Etudes Tsiganes,* juil.-sept. 1962, pp. 10-17.

MAYO, Francisco de Sales (alias QUINDALÉ). *El Gitanismo. Historia, costumbres y dialecto de los Gitanos, con un epítome de gramática gitana y un diccionario caló-castellano...* Madrid, 1870.

MENDEZ DOS REMEDIOS. *Vid.* VICENTE, Gil.

MENÉNDEZ PIDAL, Ramón. *Flor nueva de romances viejos.* Madrid, 1955.
(Austral, nº 100).

MÉRIMÉE, Prosper. *Carmen*. Dans *Nouvelles*. Paris, Michel Lévy Frères, 1852.

———— *Correspondance générale (période 1822 à 1860)*. Publ. par Maurice PARTURIER, Paris et Toulouse, 1941 à 1958, 10 vol.

MIRA DE AMESCUA, Antonio. *Pedro Telonario*. Dans *Teatro*, Madrid, 1959, t. I. (*Clás. Cast.*, nº 70).

Mojiganga de la Gitanada (Moxiganga de la Xitanada). Dans *Mojigangas manuscritas*. Madrid, 1672. Bibl. Nac. de Madrid, Man., 14.090, ff.84-90.

MONCADA, Sancho de. *Discurso contra los Gitanos*. Dans *Restauración política de España y Deseos públicos,...* Madrid, Luis Sánchez, 1619.

———— *Id*. Madrid, Juan de Zúñiga, 1746.

MONTESER, Francisco Antonio de. *El Maulero*. Bibl. Nac. de Madrid, Man., 14.851[21].

———— *Id*. Dans BUENDÍA, Felicidad. *Antología del entremés*. Madrid, Aguilar, 1965, pp. 845-858.

MORETO Y CABAÑA, Agustín. *Todo es enredos amor*. Dans *Comedias escogidas*. Ed. de Luis FERNÁNDEZ GUERRA Y ORBE. Madrid, 1856. (*B.A.E.*, vol. XXXIX).

MÜNSTER, Sebastien. *De Gentilibus Christianis, quos vulgo Zuginer avocant, et latine Errones*. Dans *Cosmographiae universalis lib. VI*. Bâle, 1550. Lib. III, pp. 267-268.

MUÑOZ, Eugenio. *Vid*. NOEL, Eugenio.

MURATORI, Ludovico Antonio. *Rerum italicarum scriptores storici*. Bologna, 1922-1939, t. XVIII, pp. 568-570.

NEGUERUELA, Diego de. *Farsa llamada Ardamisa*. Réimpression publiée par Léo ROUANET. Barcelona, L'Avenç, 1900 et Madrid, Libr. de M. Murillo, 1900.

———— *Id*. Dans *Autos, Comedias y Farsas de la Biblioteca Nacional*. Ed. Homenaje a Lope de Vega. Madrid, 1964. pp. 133-160.

NOEL, Eugenio (MUÑOZ, Eugenio). *Escenas y andanzas de la campaña antiflamenca*. Valencia, s.d.

———— *Nuestro Gitano*. Dans *Revista España*. Madrid, 1915.

———— *Señoritos, chulos, fenómenos gitanos y flamencos*. Madrid, 1916.

Novísima Recopilación de las leyes de España mandada formar por el señor don Carlos IV. Paris, V.Salvá, 1845.

ORTIZ DE VILLAJOS, Cándido G. *Gitanos de Granada, la zambra*. Granada, Andalucía, 1949.

PABANÓ, F.M. Historia y costumbres de los Gitanos; colección de cuentos viejos y nuevos, dichos y timos graciosos, maldiciones y refranes netamente gitanos. Diccionario español-gitano-germanesco, dialecto de los Gitanos. Barcelona, Montaner y Simón, 1915.

PALACIO VALDÉS, Armando. Los Cármenes de Granada. Dans Obras completas. Madrid, Aguilar, 1952.

PALMIRENO, Lorenzo. El estudioso cortesano. Alcalá de Henares, 1587.

PÉREZ DE AYALA, Ramón. La tradición y los Gitanos. Dans Las Máscaras. Buenos Aires, Espasa Calpe, 1948.
(Austral, nº 147).

————— Los trabajos de Urbano y Simona. Madrid, Alianza Editorial, 1969.

PÉREZ GALDÓS, Benito. Nazarín. Madrid, 1895.

————— Id. Dans Obras completas. Madrid, Aguilar, 1951, t. IV, p. 1680.

PÉREZ DE MONTALBÁN, Juan. La Gitana de Menfis, Santa María Egypciaca. Madrid, 1635.

————— Id. Córdoba, Luis de Ramos y Coria, s.d.

PIÑA, Juan de. Casos prodigiosos y cueva encantada. Madrid, Impr. del Reyno, 1638, t. I.

PRIMERÍA, Juan. La Gitana rusa. Episodio anecdótico de la última campaña entre Turcos y Rusos... Dans Novelas varias. Barcelona, Libr. de José Solà, 1831.

QUINDALÉ, Francisco. Vid. MAYO, Francisco de Sales.

QUIÑONES, Juan de. Discurso contra los Gitanos. Madrid, J. González, 1631.

QUIÑONES DE BENAVENTE, Luis. Entremés cantado : La puente segoviana, 1a parte. Dans COTARELO Y MORI, Emilio. Colección de entremeses, loas, bailes, jácaras y mojigangas desde fines del siglo XVI a mediados del XVIII. Madrid, 1911.
(Nueva B.A.E., vol. XVIII).

————— Entremés cantado : La verdad. Ibid.

RAMÍREZ HEREDIA, Juan de Dios. Nosotros los Gitanos. Barcelona, Ediciones 29, 1971.

Recopilación de las leyes destos Reynos, hecha por mandado de la Magestad Catholica del Rey don Philippe Segundo nuestro señor. Alcalá de Henares, Juan Iñiguez de Liquerica, 1581.

Relaçam verdadeira dos trabalhos que ho governador don Fernando de Souto *e certos fidalgos portugueses passarom no descobrimento da Frolida.* Evora, 1557. Dans *Colecção de opusculos reimpressos relativos a historia das navegacões.* Lisboa, 1844, t. I.

RIO, Martín del. *Disquisitionum Magicarum libri sex.* Lyon, 1606, t. II, pp. 538-546.

RIPOLL, Domingo. *Entremés nuevo : El alcalde verdulero, y chasco de las Gitanas.* Dans *Varios entremeses.* Bibl. Nac. de Madrid, Man., 15.279, ff. 120-131.

RIVAS, Duque de (SAAVEDRA RAMÍREZ DE BAQUEDANO, Ángel de). *Don Álvaro o la fuerza del sino, drama original en cinco jornadas, en prosa y verso.* Dans *Obras completas.* Madrid, 1957, t. II. (B.A.E., vol. CI).

RODRIGO, Antonina. *García Lorca en Cataluña.* Barcelona, 1975.

RODRÍGUEZ MARÍN, Francisco. *Vid.* CERVANTES, Miguel de. *Novelas Ejemplares.*

RODRÍGUEZ RUBÍ, Tomás. *La feria de Mairena, cuadro de costumbres andaluzas en un acto y en verso.* Madrid, Impr. de Yenes, 1843.

ROIG, Adrien. *Vid.* FERREIRA, Antonio.

ROJAS, Fernando de. *La Celestina.* Burgos, 1499. (*Clás. Cast.*, nº 23).

Romancero General (*1600, 1604, 1605*). Ed. de Ángel GONZÁLEZ PALENCIA. Madrid, 1941, t. II. (*Clásicos Españoles*, nº IV).

ROUANET, Léo. *Colección de autos, farsas y coloquios del siglo XVI.* Barcelona, Madrid, 1901.

RUEDA, Lope de. *Comedia Eufemia.* Dans *Pasos.* Madrid, 1909. (B.A.E., vol. II, pp. 248-262).
———— *Comedia llamada Medora.* Dans *Teatro completo, con un estudio preliminar confeccionado por Da. Ángeles Cardona de Gibert y por D. Garrido Pallardo.* Barcelona, Bruguera, 1967, pp. 279-355.

RUEDA, Salvador. *La Gitana* (*idilio en la sierra*), *novela andaluza.* Madrid, Luis Aguado, 1892.
———— "La Pandereta", "Los Gitanos", "Trenos gitanos". Dans *Poesías completas.* Barcelona, Maucci, 1911.

RUIZ MORCUENDE, Federico. *Vid.* TIMONEDA, Juan, *El Patrañuelo.*

SAAVEDRA RAMÍREZ DE BAQUEDANO, Ángel de. *Vid.* RIVAS, Duque de.

Saynete nuevo : Los Gitanos tragedistas. s.l., 1779. Bibl. Nac. de Madrid, Man., 14.498[41].

SALAS BARBADILLO, Alonso Jerónimo de. *El subtil cordobés Pedro de Urde-malas*. Madrid, Juan de la Cuesta, 1620.

———— *La sabia Flora malsabidilla*. Madrid, Luis Sánchez, 1621.

SALAZAR DE MENDOZA, Pedro. *Memorial de el Hecho de los Gitanos para infor-mar el ánimo de el Rey nuestro Señor, de lo mucho que conviene al ser-vicio de Dios, y bien de estos Reynos, desterrallos de España*. Toledo, 1618.

SALILLAS, Rafael. *El delincuente español. El lenguaje : estudio filológico, psicológico y sociológico, con dos vocabularios jergales*. Madrid,1896.

———— *El delincuente español. Hampa (Antropología picaresca)*. Madrid,1898.

SALOM, Pere. *Festa major i ball de Gitanes*. Dans *Revista Futurisme*.(Tarrasa), nº 26, 1908.

———— *L'Isidre Nonell i les Gitanes*. Dans *Revista Futurisme*, nº 27,1908.

———— *Commemoració*. Dans *Revista Futurisme*, nº 36, 1908.

———— *La ecspulsió d'una caravana*. Dans *Revista Futurisme*, nº 55, 1909.

———— *El robo en els Gitanos*. Dans *Revista Futurisme*, nº 59, 1909.

———— *Gitanos : llibre d'amor i de pietat*. Barcelona, La Neotipia, 1911.

SAN ROMÁN, Teresa. *Vecinos gitanos*. Madrid, Akal, 1976.

SÁNCHEZ DEL ARCO, Francisco. *¡¡ Es la chachí !!, zarzuela andaluza*. 2a ed. Cádiz, Impr. y libr. de La Revista Médica, 1847.

———— *La sal de Jesús, zarzuela andaluza*. Cádiz, Impr. y libr. de la Re-vista Médica, 1853.

SÁNCHEZ OCAÑA, Juan. *Granada y sus Gitanos*. Granada, Publicaciones del C.E.P.P.A.M., 1963.

SANZ PÉREZ, José. *No fiarse de compadres. Pieza de costumbres gitanescas en un acto y en verso original*. Cádiz, 1848.

———— *El parto de los montes, capricho trágico-gitanesco, en un prólogo y un acto original y en verso*. Dans *Museo Dramático Ilustrado* (entre-gas 73 y 74). Barcelona, Vidal y Cía., 1863.

———— *El tío Caniyitas o el mundo nuevo de Cádiz*. Madrid, 1864.

Saynete nuevo intitulado El Gitano Canuto Mojarra, o el día de toros en Sevilla para trece personas. Valencia, José Ferrer de Orga, 1816.

SERRANO, Francisco. *Mogiganga del Doctor Alcalde*. Dans *Vergel de entreme-ses y conceptos del donayre con diferentes bayles, loas, y mogigangas, compuesto por los mejores ingenios destos tiempos*. Zaragoza, Diego Dormer, 1675.

———— *Id*. Ed. de Jesús CAÑEDO FERNÁNDEZ, Madrid, 1970. (*Biblioteca de antiguos libros hispánicos*, vol. XXXI, pp. 169-177).

SOLÍS Y RIBADENEYRA, Antonio de. *La Gitanilla de Madrid*. Madrid, 1716.

———— *El retrato de Juan Rana*, 1660.

———— *La salta en banco*, 1690.

STARKIE, Walter Fitzwilliam. *Cervantes and the Gypsies*. Traduction espagnole dans *Anales Cervantinos*, n° 4, 1954, pp. 138-186.

———— *Id*. Dans *Journal of the Gypsy Lore Society*, n° XXIX, juil.-oct. 1960, pp. 131-151.

SWINBURNE, Henry. *Travels through Spain in the years 1775 and 1776*. London, 1779.

———— *Voyage de Henri Swinburne en Espagne en 1775 et 1776, traduit de l'anglois*. Paris, 1786.

TÉLLEZ, Fray Gabriel. *Vid*. TIRSO DE MOLINA.

TIMONEDA, Juan. *El Patrañuelo*. Ed., prólogo y notas de Federico RUIZ MORCUENDE, Madrid, 1949.
(*Clás. Cast.*, n° 101).

———— *Comedia llamada Aurelia*. Valencia, Joan Mey, 1564.

———— *Id*. Dans *Obras completas*. T. I. *Teatro profano*. Valencia, Establ. tipográfico Domenech, 1911, pp. 315-376.

TINEO REBOLLEDO, J. *A chipicallí : la lengua gitana... Diccionario Gitano-Español y Español-Gitano (9.000 voces)... Historia de los Gitanos desde su aparición en Europa*. Granada, F. Gómez de la Cruz, 1900.

———— *Gitanos y Castellanos. Diccionario Gitano-Español y Español-Gitano. Modelos de conjugación de verbos auxiliares y regulares en caló. Cuentos gitanos y castellanos. Historia de los Gitanos desde su origen hasta nuestros días*. Barcelona, Maucci, 1909.

TIRSO DE MOLINA (fray Gabriel TÉLLEZ). *El vergonzoso en palacio*. Dans *Obras dramáticas completas*. Madrid, Aguilar, 1946, t. I.

Tonadilla a dúo de los Gitanos. Bibl. Nac. de Madrid, Man., 14.500[13].

TORRES VILLARROEL, Diego de. *Sainete de los Gitanos*. Dans *Sainetes*. Madrid, Taurus, 1969, pp. 95-105.

TRUJILLO, E. *Vocabulario del dialecto gitano*. Madrid, 1844.

VALDIVIESO, José de. *La amistad en peligro*. Toledo, 1622.
(*B.A.E.*, vol. LVIII).

VALERA Y ALCALÁ GALIANO, Juan. *Cuentos y chascarrillos andaluces, tomados de la boca del vulgo. Coleccionados y precedidos de una introducción erudita y algo filosófica por Fulano, Zutano, Mengano y Perengano*. Madrid, Fé, 1898.

VALLE-INCLÁN, Ramón del. *Viva mi dueño*. Dans *Opera omnia*. Madrid, Ruedo Ibérico, 1928, t. XXII.

VALLMITJANA COLOMINAS, Juli. *Sota Montjuic*. Barcelona, L'Avenç, 1908.

———— *Criminalitat típica local*. Barcelona, L'Avenç, 1910.

———— *La Xava*. Barcelona, L'Avenç, 1910.

———— *Els Jambus, dialeg*. Barcelona, L'Avenç, 1911.

———— *Els Zin-calós (Els Gitanos)*. Barcelona, L'Avenç, 1911.

———— *Entre Gitanos. Escenas comíques*. Barcelona, Salvador Bonavía,1911.

———— *La Gitana verge, quadro de costums gitanes*. Barcelona, Lib. Espanyola, 1917.

———— *Ruji (Rosa), quadro de costums gitanes*. Barcelona, Libr. Espanyola, 1917.

———— *Los Churdeles (Els Jambus)*. Barcelona, s.d.

———— *De la raça que's perd*. Barcelona, s.d.

VANEL. *Histoire du baron de Mérargues et de la belle Egyptienne*. Dans *Histoire du temps. Journal galant*. Paris, 1685.

VAUX DE FOLETIER, François de. *Les Tsiganes dans l'ancienne France*. Paris, Société d'Edition Géographique et Touristique, 1961.

———— *Mille ans d'histoire des Tsiganes*. Paris, Fayard, 1970.

———— *Les Bohémiens en France au 19ème siècle*. Paris, J.C. Lattès, 1981.

VÁZQUEZ, Jesús María. *Vid*. Departamento de Ética y Sociología. Universidad de Murcia.

VECELLIO, Cesare. *Degli habiti antichi e moderni di diverse parti del mondo*. Venetia, 1540, t. II.

VEGA CARPIO, Lope de. *El arenal de Sevilla*. Dans *Comedias escogidas*, t.III. (B.A.E., vol. XLI, pp. 527-546).

———— *La madre de la mejor*. Dans *Obras de Lope de Vega*, t. VIII. (B.A.E., vol. CLIX, pp. 181-223).

———— *El nacimiento de Cristo*. Dans *Obras*, t. VIII. (B.A.E., vol. CLIX, pp. 225-251).

———— *El primer rey de Castilla*. Dans *Obras*, t. VII. (B.A.E., vol. CLVII)

———— *El tirano castigado. Auto famoso del nacimiento de Dios*. Dans *Obras*, t. VIII. (B.A.E., vol. CLIII, pp. 33-61).

———— *La vuelta de Egipto*. Dans *Obras*, t. IV. (B.A.E., vol. CLVII, pp. 345-358).

Vergel de entremeses y conceptos del donayre con diferentes bayles, loas y mojigangas. Zaragoza, 1675. Ed. de Jesús CAÑEDO FERNÁNDEZ. Madrid, 1970.

(*Biblioteca de Antiguos Libros hispánicos*, vol. XXXI).

VERY, Francis George. *The spanish Corpus Christi Procession, a literary and folkloric study*. Valencia, 1962.

VICENTE, Gil. *Auto da festa*. Dans *Obras completas*. Lisboa, 1944. (*Clássicos Sá da Costa*, vol. V, pp. 131-169).

———— *Auto de las Gitanas*.
(*Clás. Cast.*, n° 156, pp. 119-236).

———— *Farça das Ciganas*. Dans *Obras de Gil Vicente*. Ed., préface et notes de MENDES DOS REMÉDIOS. Coimbra, França Amado, 1914, t. III, pp. 238-243.

Vida y hechos de Estebanillo González, hombre de buen humor... Amberes, 1646.

———— *Id*. Dans *La novela picaresca española*. Ed. de Ángel VALBUENA Y PRAT. Madrid, Aguilar, 1966, pp. 1719-1848.

VILANOVA, Emilio. *Cometa la Gitana o el regrés dels confinats*. Dans *Obres completes*. Barcelona, Selecta, 1949, pp. 1169-1192.

———— *Quadros populars : Gitanesca. Ibid.*, pp. 148-154.

ZAMORA, Antonio de. *Bayle de la Gitanilla* (acompaña la comedia *La Poncella de Orleans*). Dans *Comedias nuevas*. Madrid, Diego de Martínez Abad, 1722, t. I, pp. 305-312.

———— *Entremés para la fiesta de "Todo lo vence el Amor". Ibid.*, pp. 21-30.

INDEX DES NOMS D'AUTEURS ET DE TITRES

TABLE DES PLANCHES

Pages

TABLE DES MATIÈRES